D1327383

THE ENCYCLOPÉDIE
OF DIDEROT AND D'ALEMBERT

THE ENCYCLOPÉDIE
OF DIDEROT AND D'ALEMBERT

SELECTED ARTICLES

EDITED BY
J. LOUGH

*Professor of French in the Durham Colleges
of the University of Durham*

CAMBRIDGE
AT THE UNIVERSITY PRESS
1954

PUBLISHED BY
THE SYNDICS OF THE CAMBRIDGE UNIVERSITY PRESS

London Office: Bentley House, N.W. 1
American Branch: New York

Agents for Canada, India, and Pakistan: Macmillan

Printed in Great Britain at the University Press, Cambridge
(Brooke Crutchley, University Printer)

CONTENTS

INTRODUCTION

The publication of the seventeen volumes of the *Encyclopédie* in the years from 1751 to 1765 is acclaimed by historians of French thought in the century which preceded the Revolution of 1789 as an event of outstanding importance. 'L'*Encyclopédie*', writes one, 'est le vrai centre d'une histoire des idées au XVIIIe siècle.' 'L'*Encyclopédie*', declares another, 'fut une irrésistible machine dressée contre l'esprit, les croyances, les institutions du passé.' Nor, scholars are agreed, was the influence of its mighty volumes confined to France; in different ways and in different degrees they influenced men's ideas throughout the whole of Europe.

Much has been done in the last thirty years to give to such an important work the close study which it deserves. Not only did the bicentenary of the appearance of its first two volumes in 1751 call forth a large number of articles and other publications.[1] Since the appearance in 1923 of M. René Hubert's scholarly study, *Les sciences sociales dans l'Encyclopédie*, a number of highly interesting works have been published.[2] Two of them in

[1] Such as the catalogue of the exhibition 'Diderot et l'*Encyclopédie*', held at the Bibliothèque Nationale in 1951; 'Diderot et l'*Encyclopédie*' in the *Revue d'histoire littéraire de la France*, July–September 1951; 'L'*Encyclopédie* et son rayonnement à l'étranger' in the *Cahiers de l'Association internationale des études françaises*, May 1952; a series of articles in the *Revue d'histoire des sciences et de leurs applications*, July–December 1951, republished in book form under the title *L'Encyclopédie et le progrès des sciences et des techniques* (Paris, 1952); and the special number of the *Annales de l'Université de Paris*, October 1952, which reproduces lectures delivered at the Sorbonne in March and April 1952.

[2] Joseph Legras, *Diderot et l'Encyclopédie* (Amiens, 1928); R. Hubert, *Rousseau et l'Encyclopédie* (Paris, 1928); R. Naves, *Voltaire et l'Encyclopédie* (Paris, 1938); and J. E. Barker, *Diderot's Treatment of the Christian Religion in the Encyclopédie* (New York, 1941). The once useful work of synthesis by L. Ducros, *Les Encyclopédistes* (Paris, 1900), has now been superseded by P. Grosclaude, *Un audacieux message. L'Encyclopédie* (Paris, 1951), which, although it ignores some important recent publications, provides an interesting introduction to the subject.

particular stand out—both the result of lucky finds. The first,[1] by M. Louis Philippe May, brought to light the accounts of the publishers of the *Encyclopédie*, so important for a detailed study of the chequered history of its publication from its first origins as a mere translation of Ephraim Chambers's *Cyclopaedia*. The second[2] was the result of the discovery of an extra volume in a set of the *Encyclopédie* which in the 1930's found its way from the Soviet Union via Germany to the United States. This volume contains, among other interesting material, 318 pages of proofs of various volumes of the work and helps towards solving the mystery of the nature and extent of the cuts made in the text of the last ten volumes by the publisher Le Breton before they at last appeared in 1765. Work on the recently discovered papers of Diderot in the Fonds Vandeul may be expected ultimately to add something to our knowledge of his own contribution to the work which he edited, although so far the new information obtained from them on this subject is for the most part rather meagre.[3] There still remain, it is true, many gaps in our knowledge both about the publication of the *Encyclopédie* and more especially its contents, but anyone interested will have plenty to occupy him if he wishes to read about the work.

But what if he should want to read something of the work itself? If he is fortunate enough to have a set of the original edition available in the nearest library, he can turn over its pages at his leisure. Inevitably, however, he will tend to lose himself in the seventeen folio volumes, and unless he has a good deal of time and patience, he may find that he cannot see the wood for the trees. Or he can have recourse to articles by some of the main contributors which have been reprinted in nineteenth-

---

[1] 'Documents nouveaux sur l'*Encyclopédie*. Histoire et sources de l'*Encyclopédie* d'après le registre des délibérations et des comptes et un mémoire inédit', *Revue de Synthèse*, 1938.

[2] D. H. Gordon and N. L. Torrey, *The Censoring of Diderot's Encyclopédie and the Re-established Text* (New York, 1947).

[3] H. Dieckmann, 'L'*Encyclopédie* et le Fonds Vandeul', *Revue d'histoire littéraire de la France*, 1951, pp. 318–32.

century editions of their works. Thus D'Alembert's articles can be exhumed from the 1821 edition of his works, while Diderot's contribution—swollen by articles that are not his, and at the same time shorn of quite a number that are—fills most of volumes XIII–XVII of the Assézat-Tourneux edition of his works (Paris, 1875–7). Yet, even supposing a reader can lay his hands on such books, they offer him both more and less than he wants: more, because he has no desire to plough his way through pages of what is often mere compilation, but also less, because an edition such as that of the works of Diderot necessarily confines itself to the articles of one man.

What is wanted by the student of eighteenth-century France, inside our universities as well as outside, is a collection of some of the more interesting and characteristic articles of the *Encyclopédie* which will enable him to form for himself some notion of the contents and tone of the work.[1] Legitimate as this desire undoubtedly is, it must be admitted that it presents certain dangers, both for reader and editor. The reader may be misled by the selection offered him, since it would clearly be possible to make a considerable number of books of this size out of the seventeen folio volumes of the *Encyclopédie*, each of which has on an average some 900 double-column pages. Since there are over 1200 words on a typical page, the whole work must contain not far short of twenty million words. Even an editor who is heartily sick of discussing the ideas of the *Encyclopédie* before an audience which has seldom read a word of it except in brief quotations, is conscious that he is a sitting target for reviewers who, it goes without saying, would have made a better as well as a different selection.

However, difficult as it is, compressing the bulky volumes of the *Encyclopédie* into a book of these modest dimensions is not an absurdly impossible task. One can perhaps exaggerate the

[1] At present he can choose between two brief volumes of selections from the *Encyclopédie*, that published in 1934 in the 'Classiques Larousse' collection, and the more recent *Textes choisis de l'Encyclopédie*, ed. A. Soboul (Paris, 1952).

obstacles to giving a fair notion of the underlying ideas of a work of its size. A considerable part of its space is taken up by articles of a purely technical nature; although of great interest to the specialists concerned, and even occasionally to the historian of eighteenth-century thought, since the most unorthodox ideas are sometimes to be found hidden away in unexpected places in the *Encyclopédie*, they are unlikely to excite the average reader. Articles on the different trades and manufactures of eighteenth-century France, on medicine, higher mathematics, physics, chemistry, biology, grammar, cookery, gardening and a dozen other technical subjects account for a vast number of the pages in these seventeen volumes. Again, many long articles contain pages and pages of pure compilation with only an odd paragraph or two of original, or even daring, ideas to cheer the reader on his way. No doubt all the really significant articles in the *Encyclopédie* would fill a great many volumes of this size if they were printed in full, but such a collection would be of no value except to a very small group of specialists.

The editor's aim in the following pages has been to offer, so far as severe limitations of space would permit, a reasonably representative selection of the articles dealing with religion, philosophy, and political and social ideas, while not ignoring other themes, such as science and education, in which the Age of Reason was passionately interested. Inevitably the majority of the articles chosen are those which are most bold and challenging in their ideas. Though this may tend to give a slightly misleading notion of the tone of the work as a whole, it seemed right to choose those articles which are most interesting and original and which at the same time reflect most faithfully the real outlook of their authors. Not that the deliberate, tongue-in-cheek conformism of so many contributions to the *Encyclopédie* goes unrepresented in the pages of our selection. Even in articles which, both to us today and to various critics of the time who vigorously denounced them when they appeared, are obviously subversive, the bold thrust is often followed by a prudent retreat into harmless platitudes or even the most smug religious or political orthodoxy. Many of the articles reproduced here have to be carefully read and put back in the context of the accepted outlook on the world of mid-eighteenth-century France before their full boldness is grasped.

In some quarters today it is fashionable to play down the unorthodoxy of the ideas contained in the *Encyclopédie*. Certainly one must beware of exaggeration, of speaking of the subversive trends in the work in such terms as to leave the reader wondering why, before a new France was actually born, the country should have had to pass through the social and political upheaval of 1789. It is also true that quite often two or more very different views are put forward on the same question in different places in the *Encyclopédie*, according as circumstances or the whim or degree of prudence of the contributors dictated. Again, one must distinguish clearly the import of different types of article. In the 1750's and 1760's there was no longer anything particularly bold in proclaiming, for instance, the need for religious toleration, even if the principle was only very slowly being translated into practice in France. Still less bold are the attacks on the Jesuits in the last ten volumes of the work; by the time they appeared in 1765, the Jesuits had been expelled from France, after obloquy had been cast on their teachings by the Paris Parlement. On the other hand, the religious and philosophical outlook of the main contributors—Diderot, D'Alembert and D'Holbach, for instance—shows up through the veil of orthodoxy in which they cautiously enveloped it, as clearly today as it did two hundred years ago. Even the political principles of the contributors are not quite so timid as they are sometimes painted. True, Diderot, D'Holbach and the worthy Chevalier de Jaucourt were not the forerunners of Robespierre; but the political articles of the *Encyclopédie*, however far removed in tone from the most radical phase of the French Revolution, contain ideas which certainly could not have found public expression half a century earlier. If they were no revolutionaries, these writers cautiously, but none the less firmly, sought to replace the theory of absolute monarchy by the principles of government by consent and even of representative government.[1] An English reviewer of the 1760's[2] could declare that 'the same manly freedom of sentiment which is observable in the philosophical and other departments of this work, is eminently conspicuous in the political. In short, whoever takes the trouble of combining the several political articles, will find that they form a noble system of civil liberty.' If one may easily give an exaggerated impression of the subversive outlook of the main contributors to the *Encyclopédie*, it is also possible to go too far in the opposite direction. That the *Encyclopédie* was no milk-and-water publication is obvious from the hostility shown to it by the authorities both in Church and State from the appearance of the first two volumes in 1751.

The problem of fitting into this slight volume a reasonably representative selection of articles from the *Encyclopédie* has been solved by omitting not only such preliminary matter as the Prospectus, the *Discours Préliminaire*, and the prefaces to certain of the later volumes,[3] but also all really long articles, since many of these would occupy as much as a third of the space at the editor's disposal. It might be tempting to extract from these and shorter articles a series of snippets, full of bold and subversive ideas, but, torn from their context, these would often give a most misleading impression. With one single exception,[4] the principle of reproducing only complete articles has been followed throughout; the reader can thus see for himself exactly how such bold ideas as they may happen to contain are presented. Reasons of space have inevitably determined the choice of articles on different

[1] See in particular the article REPRÉSENTANTS (pp. 197 ff.).

[2] Owen Ruffhead, in the *Monthly Review*, vol. XXXIX (1768), pp. 543–5.

[3] The Prospectus, written by Diderot, was reprinted in 1950 by the Imprimerie Nationale. The *Discours Préliminaire*, by D'Alembert, is still available in a reprint edited by F. Picavet. The *Avertissements* to volumes III and VIII are particularly important.

[4] The article ENCYCLOPÉDIE was much too long to be reproduced here in full, but it is too important to be left out. Substantial extracts from it have therefore been given.

subjects; for instance, among the large number of articles denouncing religious intolerance and all forms of persecution, FANATISME was far too long for inclusion, while TOLÉRANCE had finally to give way to the much briefer INTOLÉRANCE. By thus concentrating on short and medium-length articles, this edition offers the reader some idea of the scope and variety of the contents of the *Encyclopédie*.

There are two highly complicated problems which, while they are of considerable interest to scholars, perhaps concern the average reader rather less—the sources and authorship of the articles reproduced here. Like any other encyclopaedia, the *Encyclopédie* is essentially a work of compilation. The Prospectus describes it as 'recueilli des meilleurs auteurs et particulièrement des dictionnaires anglais de Chambers, d'Harris, de Dyche, etc.'[1] Many and varied were the sources drawn upon by its contributors. Even a person with only a limited knowledge of eighteenth-century French literature will have the pleasure of identifying in the following pages passages which he has read before in, say, Montesquieu or Voltaire—very often without quotation marks or any of the usual references. Modern writers often profess themselves shocked at the failure of the contributors to the *Encyclopédie* to conform to the usual conventions in these matters, forgetting that in the very different literary world of the eighteenth century the law of copyright scarcely existed and that consequently contributors to the *Encyclopédie* did not have to show the same skill and ingenuity in getting round it as is necessary today. While precise references to the sources of certain articles are frequently given, contributors would sometimes content themselves with only the vaguest of acknowledgements, and quite often they simply lifted their material without the slightest scruple. In an edition of this kind it is not possible

---

[1] The first edition of Ephraim Chambers's *Cyclopaedia, or an Universal Dictionary of the Arts and Sciences* appeared in 1728 and that of John Harris's *Lexicum technicum, or an Universal English Dictionary of the Arts and Sciences* in 1704; Thomas Dyche's *A New General English Dictionary* reached its third edition in 1740.

or indeed desirable to specify in great detail the sources of the individual articles. Where the source is of some interest, it has been briefly indicated, but no attempt has been made to show how certain of the articles reproduced here are a kind of mosaic of borrowings. In any case, whether or not large parts of an article have been derived from other sources is of little concern to the reader who wishes merely to know what ideas the *Encyclopédie* was putting before the reading public in the 1750's and 1760's.

The question of the authorship of a considerable number of articles in the *Encyclopédie* is equally complicated in another way. A high proportion of the articles are, of course, signed, either with the contributor's name or his symbol: (O), for instance, stands for D'Alembert and (S) for Jean Jacques Rousseau. But considerable difficulties arise over the attribution of unsigned articles. The *Avertissement* to the first volume informs us that 'les articles qui n'ont point de lettres à la fin, ou qui ont une étoile au commencement, sont de M. Diderot; les premiers sont ceux qui lui appartiennent comme étant un des *auteurs* de l'Encyclopédie; les seconds sont ceux qu'il a suppléés comme *éditeur*'. Unfortunately, from the ninth volume onwards asterisks no longer appear at the beginning of articles, while the reader is somewhat perplexed to discover, as early as the second volume, a revised version of the statement in the first; he is now informed that 'les articles dont l'auteur n'est ni nommé ni désigné sont de M. Diderot, ou de plusieurs auteurs qui en ont fourni les matériaux, ou de différentes personnes qui n'ont pas voulu être connues, ou qui sont nommées dans le Discours Préliminaire'. It is therefore impossible to be certain which of the unsigned articles one should attribute to Diderot and which to a considerable number of contributors who wished to remain anonymous. Thus among the interesting discoveries made by Professor Dieckmann in the Diderot papers in the Fonds Vandeul is a document which attributes to Baron d'Holbach three of the boldest unsigned articles in the *Encyclopédie*, which hitherto had always been

attributed to Diderot and consequently reprinted in his works.[1]
Where the prefaces of the different volumes fail to give information about the authorship of unsigned articles, we must continue
to attribute them to Diderot except when, as in the case just
mentioned, other information is available to us. Unsatisfactory
as this state of affairs is, the ordinary reader is unlikely to be
seriously worried by it, since this uncertainty about the authorship of individual articles does not affect the outlook of the work
as a whole.

In the following selection of articles the text reproduced is that
of the first edition of the *Encyclopédie* (vols. I–VII, Paris, 1751–7;
vols. VIII–XVII, Neuchâtel, 1765); the spelling and punctuation
have been modernized throughout. Careful attention has been
given to the annotation of the text, especially in those matters
which might give trouble to English-speaking readers. The pages
of this book could have been made to bristle with footnotes, but
in accordance with the traditions of the series they have been kept
to the minimum compatible with an understanding of the text.

In his peregrinations around British universities the editor has
always had the good fortune to find a copy of the first edition
of the *Encyclopédie* available in a nearby library. In the con-
cluding stages of the preparation of this edition he has been
allowed very liberal use of the set in the Chapter Library of
Durham Cathedral. It is therefore a pleasant duty to take this
opportunity of thanking the Librarian, Canon S. L. Greenslade,
Van Mildert Professor of Divinity, and his assistant, Miss M.
Graham, for the help they have given him. Thanks are also due
to Mr A. I. Doyle, Assistant Librarian in the Durham University
Library, who has given valuable assistance in unearthing works of
reference and other books necessary for the annotation of the text.

J. L.

DURHAM
May 1953

---

[1] *Revue d'histoire littéraire de la France*, 1951, pp. 330–2. See the articles
PRÊTRES, REPRÉSENTANTS and THÉOCRATIE reproduced below.

THE PUBLICATION OF THE *ENCYCLOPÉDIE*

Eleven volumes of plates appeared between 1762 and 1772. Diderot had no part in the *Supplément* (four volumes of text and one of plates) and the *Table générale* (two volumes), which appeared between 1776 and 1780.

KEY TO THE NAMES OF CONTRIBUTORS

*	Diderot
(D.J.)	Chevalier de Jaucourt
(O)	D'Alembert

Unsigned articles are generally to be attributed to Diderot (but see Introduction, p. xiv, and the notes to individual articles).

L'ENCYCLOPÉDIE:
SELECTED ARTICLES

*ADORER, *honorer*, *révérer*; ces trois verbes s'emploient également pour le culte de religion et pour le culte civil. Dans le culte de religion on *adore* Dieu, on *honore* les saints, on *révère* les reliques et les images. Dans le culte civil on *adore* une maîtresse, on *honore* les honnêtes gens, on *révère* les personnes illustres et celles d'un mérite distingué. En fait de religion, *adorer*, c'est rendre à l'Être suprême un culte de dépendance et d'obéissance; *honorer*, c'est rendre aux êtres subalternes, mais spirituels un culte d'invocation; *révérer*, c'est rendre un culte extérieur de respect et de soin à des êtres matériels, en mémoire des êtres spirituels auxquels ils ont appartenu.

Dans le style profane on *adore* en se dévouant entièrement au service de ce qu'on aime et en admirant jusqu'à ses défauts; on *honore* par les attentions, les égards et les politesses; on *révère* en donnant des marques d'une haute estime et d'une considération au-dessus du commun.

La manière d'*adorer* le vrai Dieu ne doit jamais s'écarter de la raison, parce que Dieu est l'auteur de la raison et qu'il a voulu qu'on s'en servît même dans les jugements de ce qu'il convient de faire ou ne pas faire à son égard. On n'*honorait* peut-être pas les saints, ni on ne *révérait* peut-être pas leurs images et leurs reliques dans les premiers siècles de l'Église comme on a fait depuis, par l'aversion qu'on portait à l'idolâtrie, et la circonspection qu'on avait sur un culte dont le précepte n'était pas assez formel.

La beauté ne se fait *adorer* que quand elle est soutenue des grâces; ce culte ne peut presque jamais être justifié, parce que le caprice et l'injustice sont très souvent les compagnes de la beauté.

L'éducation du peuple se borne à le faire vivre en paix et familièrement avec ses égaux. Le peuple ne sait ce que c'est que s'*honorer* réciproquement; ce sentiment est d'un état plus haut. La vertu mérite d'être *révérée*; mais qui la connaît? Cependant sa place est partout.

*AGNUS SCYTHICUS (*Hist. nat. bot.*).[1] Kircher[2] est le premier qui ait parlé de cette plante. Je vais d'abord rapporter ce qu'a dit Scaliger[3] pour faire connaître ce que c'est que l'*agnus scythicus*; puis Kempfer[4] et le savant Hans Sloane[5] nous apprendront ce qu'il en faut penser. 'Rien, dit Jules-César Scaliger, n'est comparable à l'admirable arbrisseau de Scythie. Il croît principalement dans le Zaccolham, aussi célèbre par son antiquité que par le courage de ses habitants. L'on sème dans cette contrée une graine presque semblable à celle du melon, excepté qu'elle est moins oblongue. Cette graine produit une plante d'environ trois pieds de haut qu'on appelle *boramets* ou *agneau*, parce qu'elle ressemble parfaitement à cet animal par les pieds, les ongles, les oreilles et la tête; il ne lui manque que les cornes, à la place desquelles elle a une touffe de poil. Elle est couverte d'une peau légère dont les habitants font des bonnets. On dit que sa pulpe ressemble à la chair de l'écrevisse de mer, qu'il en sort du sang quand on y fait une incision et qu'elle est d'un goût extrêmement doux. La racine de la plante s'étend fort loin dans la terre; ce qui ajoute au prodige, c'est qu'elle tire sa nourriture des arbrisseaux circonvoisins et qu'elle périt lorsqu'ils meurent ou qu'on vient à les arracher. Le hasard n'a point de part à cet accident; on lui a causé la mort toutes les fois qu'on l'a privée de la nourriture qu'elle tire des plantes voisines. Autre merveille, c'est que les loups sont les seuls animaux carnassiers qui en soient

---

[1] The material for the first five paragraphs of this article is taken from the *Philosophical Transactions* (No. 247, p. 461, and especially No. 390, pp. 353–60).

[2] Athanasius Kircher, a German Jesuit (1602–80).

[3] 1484–1558.

[4] Engelbert Kaempfer, German physician and traveller (1654–1716).

[5] Sir Hans Sloane (1660–1753), a physician who was Secretary of the Royal Society and whose collections were purchased by the nation and later incorporated in the British Museum.

avides.' (Cela ne pouvait manquer d'être.) On voit par la suite que Scaliger n'ignorait sur cette plante que la manière dont les pieds étaient produits et sortaient du tronc.

Voilà l'histoire de l'*agnus scythicus* ou de la plante merveilleuse de Scaliger, de Kircher, de Sigismond Herberstein, d'Hayton Arménien, de Surius, du chancelier Bacon (*du chancelier Bacon*, notez bien ce témoignage), de Fortunius Licetus, d'André Libavius, d'Eusèbe de Nuremberg, d'Adam Olearius, d'Olaus Vormius et d'une infinité d'autres botanistes.

Serait-il bien possible qu'après tant d'autorités qui attestent l'existence de l'agneau de Scythie, après le détail de Scaliger, à qui il ne restait plus qu'à savoir comment les pieds se formaient, l'agneau de Scythie fût une fable? Que croire en histoire naturelle, si cela est?

Kempfer, qui n'était pas moins versé dans l'histoire naturelle que dans la médecine, s'est donné tous les soins possibles pour trouver cet agneau dans la Tartarie, sans avoir pu y réussir. 'On ne connaît ici, dit cet auteur, ni chez le menu peuple ni chez les botanistes, aucun zoophyte qui broute, et je n'ai retiré de mes recherches que la honte d'avoir été trop crédule.' Il ajoute que ce qui a donné lieu à ce conte, dont il s'est laissé bercer comme tant d'autres, c'est l'usage que l'on fait en Tartarie de la peau de certains agneaux dont on prévient la naissance et dont on tue la mère avant qu'elle les mette bas, afin d'avoir leur laine plus fine. On borde avec ces peaux d'agneaux des manteaux, des robes et des turbans. Les voyageurs, ou trompés sur la nature de ces peaux par l'ignorance de la langue du pays ou par quelque autre cause, en ont ensuite imposé à leurs compatriotes en leur donnant pour la peau d'une plante la peau d'un animal.

M. Hans Sloane dit que l'*agnus scythicus* est une racine longue de plus d'un pied, qui a des tubérosités, des extrémités desquelles sortent quelques tiges longues d'environ trois à quatre pouces et assez semblables à celles de la fougère, et qu'une grande partie de sa surface est couverte d'un duvet noir jaunâtre, aussi luisant que la soie, long d'un quart de pouce et qu'on emploie pour le crachement du sang. Il ajoute qu'on trouve à la Jamaïque plusieurs plantes de fougère qui deviennent aussi grosses qu'un arbre et qui sont couvertes d'une espèce de duvet pareil à celui qu'on remarque sur nos plantes capillaires, et qu'au reste il semble qu'on ait employé l'art pour leur donner la figure d'un agneau, car les racines ressemblent au corps et les tiges aux jambes de cet animal.

Voilà donc tout le merveilleux de l'agneau de Scythie réduit à rien, ou du moins à fort peu de chose, à une racine velue à laquelle on donne la figure, ou à peu près, d'un agneau en la contournant.

Cet article nous fournira des réflexions plus utiles contre la superstition et le préjugé que le duvet de l'agneau de Scythie contre le crachement de sang. Kircher et, après Kircher, Jules-César Scaliger écrivent une fable merveilleuse, et ils l'écrivent avec ce ton de gravité et de persuasion qui ne manque jamais d'en imposer. Ce sont des gens dont les lumières et la probité ne sont pas suspectes; tout dépose en leur faveur; ils sont crus. Et par qui? par les premiers génies de leur temps; et voilà tout d'un coup une nuée de témoignages plus puissants que le leur qui le fortifient et qui forment pour ceux qui viendront un poids d'autorité auquel ils n'auront ni la force ni le courage de résister, et l'agneau de Scythie passera pour un être réel.

Il faut distinguer les faits en deux classes: en faits simples et ordinaires, et en faits extraordinaires et prodigieux. Les témoignages de quelques personnes instruites et véridiques suffisent pour les faits simples; les autres demandent, pour l'homme qui pense, des autorités plus fortes. Il faut en général que les autorités soient en raison inverse de la vraisemblance des faits, c'est-à-dire d'autant plus nombreuses et plus grandes que la vraisemblance est moindre.

Il faut subdiviser les faits, tant simples qu'extraordinaires, en transitoires et permanents. Les transitoires, ce sont ceux qui n'ont existé que l'instant de leur durée; les permanents, ce sont ceux qui existent toujours et dont on peut s'assurer en tout temps.

On voit que ces derniers sont moins difficiles à croire que les premiers, et que la facilité que chacun a de s'assurer de la vérité ou de la fausseté des témoignages, doit rendre les témoins circonspects et disposer les autres hommes à les croire.

Il faut distribuer les faits transitoires en faits qui se sont passés dans un siècle éclairé, et en faits qui se sont passés dans des temps de ténèbres et d'ignorance; et les faits permanents, en faits permanents dans un lieu accessible ou dans un lieu inaccessible.

Il faut considérer les témoignages en eux-mêmes, puis les comparer entre eux: les considérer en eux-mêmes pour voir s'ils n'impliquent aucune contradiction et s'ils sont de gens éclairés et instruits; les comparer entre eux pour découvrir s'ils ne sont point calqués les uns sur les autres, et si toute cette foule d'autorités de Kircher, de Scaliger, de Bacon, de Libavius, de Licetus, d'Eusèbe, etc. ne se réduirait pas par hasard à rien ou à l'autorité d'un seul homme.

Il faut considérer si les témoins sont oculaires ou non; ce qu'ils ont risqué pour se faire croire; quelle crainte ou quelles espérances ils avaient en annonçant aux autres des faits dont ils se disaient témoins oculaires. S'ils avaient exposé leur vie pour soutenir leur déposition, il faut convenir qu'elle acquerrait une grande force; que serait-ce donc s'ils l'avaient sacrifiée et perdue?

Il ne faut pas non plus confondre les faits qui se sont passés à la face de tout un peuple, avec ceux qui n'ont eu pour spectateurs qu'un petit nombre de personnes. Les faits clandestins, pour peu qu'ils soient merveilleux, ne méritent presque pas d'être crus. Les faits publics, contre lesquels on n'a point réclamé dans le temps ou contre lesquels il n'y a eu de réclamation que de la part de gens peu nombreux et mal intentionnés ou mal instruits, ne peuvent presque pas être contredits.

Voilà une partie des principes d'après lesquels on accordera ou l'on refusera sa croyance, si l'on ne veut pas donner dans des rêveries et si l'on aime sincèrement la vérité. *Voyez* CERTITUDE, PROBABILITÉ, etc.

*L'AIGLE est un oiseau consacré à Jupiter, du jour où ce dieu, ayant consulté les augures dans l'île de Naxos sur le succès de la guerre qu'il allait entreprendre contre les Titans, il parut un *aigle* qui lui fut d'un heureux présage. On dit encore que l'*aigle* lui fournit de l'ambroisie pendant son enfance et que ce fut pour le récompenser de ce soin qu'il le plaça dans la suite parmi les astres. L'*aigle* se voit dans les images de Jupiter, tantôt aux pieds du dieu, tantôt à ses côtés, et presque toujours portant la foudre entre ses serres. Il y a bien de l'apparence que toute cette fable n'est fondée que sur l'observation du vol de l'*aigle* qui aime à s'élever dans les nuages les plus hauts et à se retirer dans la région du tonnerre. C'en fut là tout autant qu'il en fallait pour en faire l'oiseau du dieu du ciel et des airs et pour lui donner la foudre à porter. Il n'y avait qu'à mettre les païens en train quand il fallait honorer leurs dieux; la superstition imagine plutôt les visions les plus extravagantes et les plus grossières que de rester en repos. Ces visions sont ensuite consacrées par le temps et la crédulité des peuples; et malheur à celui qui, sans être appelé par Dieu au grand et périlleux état de missionnaire, aimera assez peu son repos et connaîtra assez peu les hommes pour se charger de les instruire. Si vous introduisez un rayon de lumière dans un nid de hiboux, vous ne ferez que blesser leurs yeux et exciter leurs cris. Heureux cent fois le peuple à qui la religion ne propose à croire que des choses vraies, sublimes et saintes, et à imiter que des actions vertueuses; telle est la nôtre, où le philosophe n'a qu'à suivre sa raison pour arriver aux pieds de nos autels.

AUTORITÉ POLITIQUE. Aucun homme n'a reçu de la nature le droit de commander aux autres. La liberté est un présent du ciel, et chaque individu de la même espèce a le droit d'en jouir aussitôt qu'il jouit de la raison. Si la nature a établi quelque *autorité*, c'est la puissance paternelle; mais la puissance paternelle a ses bornes, et dans l'état de nature elle finirait aussitôt que les enfants seraient en état de se conduire. Toute autre *autorité* vient d'une autre origine que de la nature. Qu'on examine bien et on la fera toujours remonter à l'une de ces deux sources: ou la force et la violence de celui qui s'en est emparé, ou le consentement de ceux qui s'y sont soumis par un contrat fait ou supposé entre eux et celui à qui ils ont déféré l'*autorité*.

La puissance qui s'acquiert par la violence, n'est qu'une usurpation, et ne dure qu'autant que la force de celui qui commande l'emporte sur celle de ceux qui obéissent; en sorte que si ces derniers deviennent à leur tour les plus forts et qu'ils secouent le joug, ils le font avec autant de droit et de justice que l'autre qui le leur avait imposé. La même loi qui a fait l'*autorité*, la défait alors: c'est la loi du plus fort.

Quelquefois l'*autorité* qui s'établit par la violence change de nature; c'est lorsqu'elle continue et se maintient du consentement exprès de ceux qu'on a soumis; mais elle rentre par là dans la seconde espèce dont je vais parler, et celui qui se l'était arrogée, devenant alors prince, cesse d'être tyran.

La puissance qui vient du consentement des peuples, suppose nécessairement des conditions qui en rendent l'usage légitime, utile à la société, avantageux à la république, et qui la fixent et la restreignent entre des limites; car l'homme ne doit ni ne peut se donner entièrement et sans réserve à un autre homme, parce qu'il a un maître supérieur au-dessus de tout, à qui seul il appartient tout entier. C'est Dieu, dont le pouvoir est toujours immédiat sur la créature, maître aussi jaloux qu'absolu, qui ne perd jamais de ses droits et ne les communique point. Il permet pour le bien commun et pour le maintien de la société que les hommes établissent entre eux un ordre de subordination, qu'ils obéissent à l'un d'eux; mais il veut que ce soit par raison et avec mesure, et non pas aveuglément et sans réserve, afin que la créature ne s'arroge pas les droits du Créateur. Toute autre soumission est le véritable crime de l'idolâtrie. Fléchir le genou devant un homme ou devant une image n'est qu'une cérémonie extérieure, dont le vrai Dieu qui demande le cœur et l'esprit, ne se soucie guère et qu'il abandonne à l'institution des hommes pour en faire, comme il leur conviendra, des marques d'un culte civil et politique ou d'un culte de religion. Ainsi ce ne sont point ces cérémonies en elles-mêmes, mais l'esprit de leur établissement, qui en rend la pratique innocente ou criminelle. Un Anglais n'a point de scrupule à servir le roi, le genou en terre; le cérémonial ne signifie que ce qu'on a voulu qu'il signifiât. Mais livrer son cœur, son esprit et sa conduite sans aucune réserve à la volonté et au caprice d'une pure créature, en faire l'unique et le dernier motif de ses actions, c'est assurément un crime de lèse-majesté divine au premier chef. Autrement ce pouvoir de Dieu, dont on parle tant, ne serait qu'un vain bruit dont la politique humaine userait à sa fantaisie et dont l'esprit d'irréligion pourrait se jouer à son tour, de sorte que, toutes les idées de puissance et de subordination venant à se confondre, le prince se jouerait de Dieu, et le sujet du prince.

La vraie et légitime puissance a donc nécessairement des bornes. Aussi l'Écriture nous dit-elle 'que votre soumission soit raisonnable': *sit rationabile obsequium vestrum.* 'Toute puissance qui vient de Dieu est une puissance réglée': *omnis potestas a Deo ordinata est.* Car c'est ainsi qu'il faut entendre ces paroles, conformément à la droite raison et au sens littéral, et non conformément à l'interprétation de la bassesse et de la flatterie, qui prétendent que toute puissance, quelle qu'elle soit, vient de Dieu. Quoi donc, n'y a-t-il point de puissances injustes? n'y a-t-il pas des *autorités* qui, loin de venir de Dieu, s'établissent contre ses ordres et contre sa volonté? les usurpateurs ont-ils Dieu pour eux? faut-il obéir en tout aux persécuteurs de la vraie religion? et pour fermer la bouche à l'imbécillité, la puissance de l'Antéchrist sera-t-elle légitime? Ce sera pourtant une grande puissance. Énoch et Élie qui lui résisteront, seront-ils des rebelles et des séditieux qui auront oublié que toute puissance vient de Dieu, ou des hommes raisonnables, fermes et pieux, qui sauront que toute puissance cesse de l'être dès qu'elle sort des bornes que la raison lui a prescrites et qu'elle s'écarte des règles que le Souverain des princes et des sujets a établies; des hommes enfin qui penseront, comme saint Paul, que toute puissance n'est de Dieu qu'autant qu'elle est juste et réglée?

Le prince tient de ses sujets mêmes l'*autorité* qu'il a sur eux, et cette *autorité* est bornée par les lois de la nature et de l'état. Les lois de la nature et de l'état sont les conditions sous lesquelles ils se sont soumis, ou sont censés s'être soumis, à son gouvernement. L'une de ces conditions est que, n'ayant de pouvoir et d'*autorité* sur eux que par leur choix et de leur consentement, il ne peut jamais employer cette *autorité* pour casser l'acte ou le contrat par lequel elle lui a été déférée; il agirait dès lors contre lui-même, puisque son *autorité* ne peut subsister que par le titre qui l'a établie. Qui annule l'un détruit l'autre. Le prince ne peut donc pas disposer de son pouvoir et de ses sujets sans le consentement de la nation et indépendamment du choix marqué dans le contrat de soumission. S'il en usait autrement, tout serait nul et les lois le relèveraient des promesses et des serments qu'il aurait pu faire, comme un mineur qui aurait agi sans connaissance de cause, puisqu'il aurait prétendu disposer de ce qu'il n'avait qu'en dépôt et avec clause de substitution, de la même manière que s'il l'avait eu en toute propriété et sans aucune condition.

D'ailleurs le gouvernement, quoique héréditaire dans une famille et mis entre les mains d'un seul, n'est pas un bien particulier, mais un bien public, qui par conséquent ne peut jamais être enlevé au peuple, à qui seul il appartient essentiellement et en pleine propriété. Aussi est-ce toujours lui qui en fait le bail; il intervient toujours dans le contrat qui en adjuge l'exercice. Ce n'est pas l'état qui appartient au prince, c'est le prince qui appartient à l'état; mais il appartient au prince de gouverner dans l'état, parce que l'état l'a choisi pour cela, qu'il s'est engagé envers les peuples à l'administration des affaires et que ceux-ci de leur côté se sont engagés à lui obéir conformément aux lois. Celui qui porte la couronne peut bien s'en décharger absolument s'il le veut; mais il ne peut la remettre sur la tête d'un autre sans le consentement de la nation qui l'a mise sur la sienne. En un mot, la couronne, le gouvernement et l'*autorité* publique sont des

9

biens dont le corps de la nation est propriétaire et dont les princes sont les usufruitiers, les ministres et les dépositaires. Quoique chefs de l'état, ils n'en sont pas moins membres, à la vérité les premiers, les plus vénérables et les plus puissants, pouvant tout pour gouverner, mais ne pouvant rien légitimement pour changer le gouvernement établi, ni pour mettre un autre chef à leur place. Le sceptre de Louis XV passe nécessairement à son fils aîné, et il n'y a aucune puissance qui puisse s'y opposer: ni celle de la nation, parce que c'est la condition du contrat, ni celle de son père par la même raison.

Le dépôt de l'*autorité* n'est quelquefois que pour un temps limité, comme dans la république romaine. Il est quelquefois pour la vie d'un seul homme, comme en Pologne; quelquefois pour tout le temps que subsistera une famille, comme en Angleterre; quelquefois pour le temps que subsistera une famille par les mâles seulement, comme en France.

Ce dépôt est quelquefois confié à un certain ordre dans la société; quelquefois à plusieurs choisis de tous les ordres, et quelquefois à un seul.

Les conditions de ce pacte sont différentes dans les différents états. Mais partout la nation est en droit de maintenir envers et contre tous le contrat qu'elle a fait; aucune puissance ne peut le changer, et quand il n'a plus lieu, elle rentre dans le droit et dans la pleine liberté d'en passer un nouveau avec qui, et comme il lui plaît. C'est ce qui arriverait en France, si par le plus grand des malheurs la famille entière régnante venait à s'éteindre jusque dans ses moindres rejetons; alors le sceptre et la couronne retourneraient à la nation.

Il semble qu'il n'y ait que des esclaves dont l'esprit serait aussi borné que le cœur serait bas, qui pussent penser autrement. Ces sortes de gens ne sont nés ni pour la gloire du prince, ni pour l'avantage de la société; ils n'ont ni vertu, ni grandeur d'âme. La crainte et l'intérêt sont les ressorts de leur conduite. La nature ne les produit que pour servir de lustre aux hommes vertueux, et la providence s'en sert pour former les puissances tyranniques dont elle châtie pour l'ordinaire les peuples et les souverains qui offensent Dieu, ceux-ci en usurpant, ceux-là en accordant trop à l'homme de ce pouvoir suprême que le Créateur s'est réservé sur la créature.

L'observation des lois, la conservation de la liberté et l'amour de la patrie sont les sources fécondes de toutes grandes choses et de toutes belles actions. Là se trouvent le bonheur des peuples et la véritable illustration des princes qui les gouvernent. Là l'obéissance est glorieuse et le commandement auguste. Au contraire, la flatterie, l'intérêt particulier et l'esprit de servitude sont l'origine de tous les maux qui accablent un état, et de toutes les lâchetés qui le déshonorent. Là les sujets sont misérables, et les princes haïs; là le monarque ne s'est jamais entendu proclamer *le bien aimé*;[1] la soumission y est honteuse, et la domination cruelle. Si je rassemble sous un même point de vue la France et la Turquie, j'aperçois d'un côté une société d'hommes que la raison unit, que la vertu fait agir et qu'un chef également sage et glorieux gouverne selon les lois de la justice; de l'autre, un troupeau d'animaux que l'habitude assemble, que la loi de la verge fait marcher et qu'un maître absolu mène selon son caprice.

Mais pour donner aux principes répandus dans cet article toute l'*autorité* qu'ils peuvent recevoir, appuyons-les du témoignage d'un de nos plus grands rois.[2] Le discours qu'il tint à l'ouverture de l'Assemblée des Notables en 1596, plein d'une sincérité que les souverains ne connaissent guère, était bien digne des sentiments qu'il y porta. 'Persuadé, dit M. de Sully,[3] *pag.* 467, *in*-4°, *tom.* I, que les rois ont deux souverains, Dieu et la loi; que la justice doit présider sur le trône et que la douceur doit être assise à côté d'elle; que Dieu étant le vrai propriétaire de tous les royaumes et les rois n'en étant que les administrateurs, ils doivent représenter aux peuples celui dont ils tiennent la place; qu'ils

---

[1] 'Louis le bien aimé' was the title applied to Louis XV.
[2] As discontent with Absolutism grew in eighteenth-century France, there developed a regular cult of Henri IV.
[3] Maximilien de Béthune, Duc de Sully (1559–1641).

ne régneront comme lui qu'autant qu'ils régneront en pères; que dans les états monarchiques héréditaires il y a une erreur qu'on peut appeler aussi *héréditaire*, c'est que le souverain est maître de la vie et des biens de tous ses sujets; que moyennant ces quatre mots, *tel est notre plaisir*, il est dispensé de manifester les raisons de sa conduite, ou même d'en avoir; que, quand cela serait, il n'y a point d'imprudence pareille à celle de se faire haïr de ceux auxquels on est obligé de confier à chaque instant sa vie, et que c'est tomber dans ce malheur que d'emporter tout de vive force. Ce grand homme, persuadé, dis-je, de ces principes que tout artifice de courtisan ne bannira jamais du cœur de ceux qui lui ressembleront, déclara que pour éviter tout air de violence et de contrainte, il n'avait pas voulu que l'assemblée se fît par des députés nommés par le souverain et toujours aveuglément asservis à toutes ses volontés, mais que son intention était qu'on y admît librement toutes sortes de personnes, de quelque état et condition qu'elles pussent être, afin que les gens de savoir et de mérite eussent le moyen d'y proposer sans crainte ce qu'ils croiraient nécessaire pour le bien public; qu'il ne prétendait encore en ce moment leur prescrire aucunes bornes; qu'il leur enjoignait seulement de ne pas abuser de cette permission pour l'abaissement de l'*autorité* royale, qui est le principal nerf de l'état; de rétablir l'union entre ses membres; de soulager les peuples; de décharger le trésor royal de quantité de dettes auxquelles il se voyait sujet sans les avoir contractées; de modérer avec la même justice les pensions excessives, sans faire tort aux nécessaires, afin d'établir pour l'avenir un fonds suffisant et clair pour l'entretien des gens de guerre. Il ajouta qu'il n'aurait aucune peine à se soumettre à des moyens qu'il n'aurait point imaginés lui-même, d'abord qu'il sentirait qu'ils avaient été dictés par un esprit d'équité et de désintéressement; qu'on ne le verrait point chercher dans son âge, dans son expérience et dans ses qualités personnelles un prétexte bien moins frivole que celui dont les princes ont coutume de se servir pour éluder les règlements, qu'il montrerait au contraire par son exemple qu'ils ne regardent pas moins les rois pour les faire observer, que les sujets pour s'y soumettre. *Si je faisais gloire*, continua-t-il, *de passer pour un excellent orateur, j'aurais apporté ici plus de belles paroles que de bonne volonté, mais mon ambition a quelque chose de plus haut que de bien parler. J'aspire au glorieux titre de libérateur et de restaurateur de la France. Je ne vous ai donc point appelés, comme faisaient mes prédécesseurs, pour vous obliger d'approuver aveuglément mes volontés. Je vous ai fait assembler pour recevoir vos conseils, pour les croire, pour les suivre, en un mot, pour me mettre en tutelle entre vos mains. C'est une envie qui ne prend guère aux rois, aux barbes grises et aux victorieux, comme moi; mais l'amour que je porte à mes sujets et l'extrême désir que j'ai de conserver mon état, me font tout trouver facile et tout honorable.*

'Ce discours achevé, Henri se leva et sortit, ne laissant que M. de Sully dans l'assemblée, pour y communiquer les états, les mémoires et les papiers dont on pouvait avoir besoin.'

On n'ose proposer cette conduite pour modèle, parce qu'il y a des occasions où les princes peuvent avoir moins de déférence, sans toutefois s'écarter des sentiments qui font que le souverain dans la société se regarde comme le père de famille, et ses sujets comme ses enfants. Le grand monarque que nous venons de citer, nous fournira encore l'exemple de cette sorte de douceur mêlée de fermeté, si requise dans les occasions où la raison est si visiblement du côté du souverain qu'il a droit d'ôter à ses sujets la liberté du choix et de ne leur laisser que le parti de l'obéissance. L'édit de Nantes ayant été vérifié, après bien des difficultés, du Parlement, du clergé et de l'Université, Henri IV dit aux évêques: *Vous m'avez exhorté de mon devoir; je vous exhorte du vôtre. Faisons bien à l'envi les uns des autres. Mes prédécesseurs vous ont donné de belles paroles, mais moi, avec ma jaquette, je vous donnerai de bons effets. Je verrai vos cahiers, et j'y répondrai le plus favorablement qu'il me sera possible.* Et il répondit au Parlement qui était venu lui faire des remontrances: *Vous me voyez en mon cabinet où je viens vous parler, non pas en habit royal, ni avec l'épée et la cape, comme mes prédécesseurs, mais vêtu comme un père de famille, en pourpoint, pour parler familièrement à ses enfants. Ce que j'ai à vous dire, est que je vous prie de vérifier l'édit que j'ai accordé à ceux de la religion. Ce que j'en ai fait est pour le bien de la paix. Je l'ai faite au dehors; je la veux faire au dedans de mon royaume.* Après leur avoir exposé les raisons qu'il avait eues de faire l'édit, il ajouta: *Ceux qui empêchent que mon édit ne passe, veulent la guerre; je la déclarerai demain à ceux de la religion; mais je ne la ferai pas; je les y enverrai. J'ai fait l'édit, je veux qu'il s'observe. Ma volonté devrait servir de raison; on ne la demande jamais au prince dans un état obéissant. Je suis roi. Je vous parle en roi. Je veux être obéi.* Mém. de Sully, in-4°, pag. 594, tom. I.

Voilà comment il convient à un monarque de parler à ses sujets, quand il a évidemment la justice de son côté; et pourquoi ne pourrait-il pas ce que peut tout homme qui a l'équité de son côté? Quant aux sujets, la première loi que la religion, la raison et la nature leur imposent, est de respecter eux-mêmes les conditions du contrat qu'ils ont fait, de ne jamais perdre de vue la nature de leur gouvernement; en France de ne point oublier que tant que la famille régnante subsistera par les mâles, rien ne les dispensera jamais de l'obéissance, d'honorer et de craindre leur maître, comme celui par lequel ils ont voulu que l'image de Dieu leur fût présente et visible sur la terre; d'être encore attachés à ces sentiments par un motif de reconnaissance de la tranquillité et des biens dont ils jouissent à l'abri du nom royal; si jamais il leur arrivait d'avoir un roi injuste, ambitieux et violent, de n'opposer au malheur qu'un seul remède, celui de l'apaiser par leur soumission et de fléchir Dieu par leurs prières; parce que ce remède est le seul qui soit légitime, en conséquence du contrat de soumission juré au prince régnant anciennement et à ses descendants par les mâles, quels qu'ils puissent être; et de considérer que tous ces motifs qu'on croit avoir de résister, ne sont, à les bien examiner, qu'autant de prétextes d'infidélités subtilement colorées; qu'avec cette conduite on n'a jamais corrigé les princes, ni aboli les impôts, et qu'on a seulement ajouté aux malheurs dont on se plaignait déjà, un nouveau degré de misère.

Voilà les fondements sur lesquels les peuples et ceux qui les gouvernent pourraient établir leur bonheur réciproque.[1]

*BELBUCH & ZEOMBUCH (*Myth.*), divinités des Vandales. C'étaient leur bon et leur mauvais génie. *Belbuch* était le dieu blanc et *Zeombuch* le dieu noir; on leur rendait à l'un et à l'autre les honneurs divins. Le manichéisme[2] est un système dont on trouve des traces dans les siècles les plus reculés et chez les nations les plus sauvages; il a la même origine que la métempsycose, les désordres apparents qui règnent dans l'ordre moral et dans l'ordre physique, que les uns ont attribués à un mauvais

---

[1] The *Errata pour les deux premiers volumes* (vol. III, p. xvi) contains the following note:

A la fin de l'article AUTORITÉ, *ajoutez*: L'ouvrage anglais d'où on a prétendu que cet article avait été tiré,[a] n'a jamais été ni lu, ni vu, ni connu par l'auteur. Au reste il est bon d'expliquer notre pensée. Nous n'avons jamais prétendu que l'autorité des princes légitimes ne vînt point de Dieu; nous avons seulement voulu la distinguer de celle des usurpateurs qui enlèvent la couronne aux princes légitimes, à qui les peuples sont toujours obligés d'obéir, même dans leur disgrâce, parce que l'autorité des princes légitimes vient de Dieu et que celle des usurpateurs est un mal qu'il permet. Le signe que l'autorité vient de Dieu est le consentement des peuples; c'est ce consentement irrévocable qui a assuré la couronne à Hugues Capet et à sa postérité. En un mot, nous n'avons prétendu dans notre *article* AUTORITÉ que commenter et développer ce passage, tiré d'un ouvrage imprimé par ordre de Louis XIV et qui a pour titre *Traité des droits de la reine sur différents états de la monarchie d'Espagne, part.* I, *p.* 169, *édit. de* 1667 *in*-12:[b] 'Que la loi fondamentale de l'état forme une liaison réciproque et éternelle entre le prince et ses descendants d'une part, et les sujets et leurs descendants de l'autre, par une espèce de contrat qui destine le souverain à régner et les peuples à obéir..., engagement solennel dans lequel ils se sont donnés les uns aux autres pour s'entr'aider mutuellement.'

[a] The Jesuit *Journal de Trévoux* of March 1752 had attacked this article, declaring that it had been derived from a seditious English work, translated in 1714 under the title of *Traité du pouvoir des rois de la Grande-Bretagne*. This was the French version of Defoe's *Judgment of the Whole Kingdoms and Nations concerning the Rights, Powers and Prerogatives of Kings* (1710).

[b] The publication of this work, probably written by Turenne's secretary Duhan, was part of Louis XIV's preparations for the war which he began against Spain in 1667.

[2] A religious doctrine expounded in the third century by a Persian named Manes, who taught that the universe was the scene of a constant struggle between two rival principles of Good and Evil. His teachings had a considerable influence, in Europe as well as in Asia. Martin in *Candide* professes to be a Manichee.

génie, et que ceux qui n'admettaient qu'un seul génie, ont regardés comme la preuve d'un état à venir où les choses morales seraient dans une position renversée de celle qu'elles ont. Mais ces deux opinions ont leurs difficultés.

Admettre deux dieux, c'est proprement n'en admettre aucun. *Voyez* MANICHÉISME. Dire que l'ordre des choses subsistant est mauvais en lui-même, c'est donner des soupçons sur l'ordre des choses à venir, car qui a pu permettre le désordre une fois, pourrait bien le permettre deux. Il n'y a que la révélation qui puisse nous rassurer, et il n'y a que le christianisme qui jouisse de cette grande prérogative. *Voyez* IMMORTALITÉ & AME.

*BRAMINES, *ou* BRAMENES, *ou* BRAMINS, *ou* BRA-MENS, s.m.pl. (*Hist. mod.*), secte de philosophes indiens, appelés anciennement *Brachmanes*. *Voyez* BRACHMANES. Ce sont des prêtres qui révèrent principalement trois choses, le dieu Fo, sa loi et les livres qui contiennent leurs constitutions. Ils assurent que le monde n'est qu'une illusion, un songe, un prestige, et que les corps, pour exister véritablement, doivent cesser d'être en eux-mêmes et se confondre avec le néant, qui par sa simplicité fait la perfection de tous les êtres. Ils font consister la sainteté à ne rien vouloir, à ne rien penser, à ne rien sentir et à si bien éloigner de son esprit toute idée, même de vertu, que la parfaite quiétude de l'âme n'en soit pas altérée. C'est le profond assoupissement de l'esprit, le calme de toutes les puissances,[1] la suspension absolue des sens, qui fait la perfection. Cet état ressemble si fort au sommeil qu'il paraît que quelques grains d'*opium* sanctifieraient un *Bramine* bien plus sûrement que tous ses efforts. Ce quiétisme a été attaqué dans les Indes et défendu avec chaleur. Du reste, ils méconnaissent leur première origine. Le roi Brachman n'est point leur fondateur. Ils se prétendent issus de la tête du dieu Brama, dont le cerveau ne fut pas seul fécond; ses pieds, ses mains, ses bras, son estomac, ses cuisses engendrèrent aussi, mais des êtres bien moins nobles que les

---

[1] A misprint for 'passions'?

Bramines. Ils ont des livres anciens qu'ils appellent *sacrés*. Ils conservent la langue dans laquelle ils ont été écrits. Ils admettent la métempsycose. Ils prétendent que la chaîne des êtres est émanée du sein de Dieu et y remonte continuellement, comme le fil sort du ventre de l'araignée et y rentre. Au reste il paraît que ce système de religion varie avec les lieux. Sur la côte de Coromandel Wistnou est le dieu des *Bramines*; Brama n'est que le premier homme. Brama reçut de Wistnou le pouvoir de créer; il fit huit mondes comme le nôtre, dont il abandonna l'administration à huit lieutenants. Les mondes périssent et renaissent. Notre terre a commencé par l'eau et finira par le feu; il s'en reformera de ses cendres une autre, où il n'y aura ni mer ni vicissitude de saisons. Les *Bramines* font circuler les âmes dans différents corps; celle de l'homme doux passe dans le corps d'un pigeon, celle du tyran dans le corps d'un vautour, et ainsi des autres. Ils ont en conséquence un extrême respect pour les animaux; ils leur ont établi des hôpitaux; la piété leur fait racheter les oiseaux que les mahométans prennent. Ils sont fort respectés des Benjans ou Banians[1] dans toutes les Indes, mais surtout de ceux de la côte de Malabar qui poussent la vénération jusqu'à leur abandonner leurs épouses avant la consommation du mariage afin que ces hommes divins en disposent selon leur sainte volonté et que les nouveaux mariés soient heureux et bénis. Ils sont à la tête de la religion; ils en expliquent les rêveries aux idiots et dominent ainsi sur ces idiots, et par contre-coup sur le petit nombre de ceux qui ne le sont pas. Ils tiennent les petites écoles. L'austérité de leur vie, l'ostentation de leurs jeûnes en imposent. Ils sont répandus dans toutes les Indes, mais leur collège est proprement à Banassi. Nous pourrions pousser plus loin l'exposition des extravagances de la philosophie et de la religion des *Bramines*, mais leur absurdité, leur nombre et leur durée ne doivent rien avoir d'étonnant; un chrétien y voit l'effet de la colère céleste. Tout se tient dans l'entendement humain; l'obscurité d'une idée se répand sur celles qui l'environnent.

[1] Hindus.

Une erreur jette des ténèbres sur des vérités contiguës, et s'il arrive qu'il y ait dans une société des gens intéressés à former, pour ainsi dire, des centres de ténèbres, bientôt le peuple se trouve plongé dans une nuit profonde. Nous n'avons point ce malheur à craindre. Jamais les centres de ténèbres n'ont été plus rares et plus resserrés qu'aujourd'hui; la philosophie s'avance à pas de géant, et la lumière l'accompagne et la suit. *Voyez* dans la nouvelle édition de M. de Voltaire *la lettre d'un Turc sur les Bramines.*[1]

*CAPUCHON, s.m. (*Hist. ecclés.*), espèce de vêtement à l'usage des Bernardins, des Bénédictins, etc. Il y a deux sortes de *capuchons*, l'un blanc, fort ample, que l'on porte dans les occasions de cérémonie; l'autre noir, qui est une partie de l'habit ordinaire.

Le P. Mabillon[2] prétend que le *capuchon* était dans son origine la même chose que le scapulaire. Mais l'auteur de l'*Apologie pour l'empereur Henri IV*[3] distingue deux espèces de *capuchon*: l'une était une robe qui descendait de la tête jusqu'aux pieds, qui avait des manches et dont on se couvrait dans les jours et les occasions remarquables; l'autre, une sorte de camail pour les autres jours. C'est ce dernier qu'on appelait proprement *scapulaire*, parce qu'il n'enveloppait que la tête et les épaules. *V.* SCAPULAIRE.

Capuchon se dit plus communément d'une pièce d'étoffe grossière, taillée et cousue en cône, ou arrondie par le bout, dont les capucins, les récollets, les cordeliers et d'autres religieux mendiants se couvrent la tête.

Le *capuchon* fut autrefois l'occasion d'une grande guerre entre les cordeliers. L'ordre fut divisé en deux factions, les frères spirituels et les frères de communauté. Les uns voulaient le *capuchon* étroit, les autres le voulaient large. La dispute dura plus d'un siècle avec beaucoup de chaleur et d'animosité et fut à peine

[1] *Lettre d'un turc sur les fakirs et sur son ami Bababec* [also known as *Bababec et les Fakirs*], 1750.
[2] Jean Mabillon (1632–1707).
[3] *Apologia pro Henrico IV*, by Melchior Goldast (Hanover, 1611).

terminée par les bulles des quatre papes, Nicolas IV, Clément V, Jean XXII et Benoît XII.[1] Les religieux de cet ordre ne se rappellent à présent cette contestation qu'avec le dernier mépris.

Cependant si quelqu'un s'avisait aujourd'hui de traiter le scotisme[2] comme il le mérite, quoique les futilités du docteur subtil soient un objet moins important encore que la forme du coqueluchon de ses disciples, je ne doute point que l'agresseur n'eût une querelle fort vive à soutenir et qu'il ne s'attirât bien des injures.

Mais un cordelier qui aurait du bon sens ne pourrait-il pas dire aux autres avec raison: 'Il me semble, mes pères, que nous faisons trop de bruit pour rien; les injures qui nous échapperont ne rendront pas meilleur l'ergotisme de Scot. Si nous attendions que la saine philosophie, dont les lumières se répandent partout, eût pénétré un peu plus avant dans nos cloîtres, peut-être trouverions-nous alors les rêveries de notre docteur aussi ridicules que l'entêtement de nos prédécesseurs sur la mesure de notre *capuchon*.' *Voyez les articles* CORDELIER & SCOTISME.[3]

*CAUCASE, s.m. (*Myth. & Géog.*), chaîne de montagnes qui commence au-dessus de la Colchide et finit à la Mer Caspienne. C'est là que Prométhée enchaîné eut le foie déchiré par un vautour ou par un aigle. Les habitants de cette contrée, prenant, si l'on en croit Philostrate, cette fable à la lettre, faisaient la guerre aux aigles, dénichaient leurs petits et les perçaient avec des flèches ardentes; ou, l'interprétant, selon Strabon, de la condition malheureuse des humains, ils se mettaient en deuil à la naissance des enfants et se réjouissaient à leurs funérailles. Il n'y a point de chrétien vraiment pénétré des vérités de sa religion qui ne dût imiter l'habitant du *Caucase* et se féliciter de la mort de ses enfants. La mort assure à l'enfant qui vient de naître une félicité éternelle,

---

[1] Late thirteenth-century and early fourteenth-century Popes.
[2] The philosophy of Johannes Duns Scotus (?1265–1308), Scottish scholastic philosopher. He was a Franciscan and is known as the *doctor subtilis*.
[3] See also ENCYCLOPÉDIE (p. 60).

et le sort de l'homme qui paraît avoir vécu le plus saintement est encore incertain. Que notre religion est tout à la fois terrible et consolante!

*CHEF-D'ŒUVRE (*Arts & Mét.*). C'est un des ouvrages les plus difficiles de la profession qu'on propose à exécuter à celui qui se présente à un corps de communauté pour en être reçu membre, après avoir subi les temps prescrits de compagnonnage et d'apprentissage par les règlements de la communauté. Chaque corps de communauté a son *chef-d'œuvre*; il se fait en présence des doyens, syndics, anciens et autres officiers et dignitaires de la communauté; il se présente à la communauté qui l'examine; il est déposé. Il y a des communautés où l'on donne le choix entre plusieurs *chefs-d'œuvre* à l'aspirant à la maîtrise; il y en a d'autres où l'on exige plusieurs *chefs-d'œuvre*. *Voyez dans les règlements de ces communautés* ce qui se pratique à la réception des maîtres. Le *chef-d'œuvre* de l'architecture est une pièce de trait, telle qu'une descente biaise par tête et en talus qui rachète un berceau. Celui des charpentiers est la courbe rampante d'un escalier. Celui des ouvriers en soie, soit pour être reçus compagnons, soit pour être reçus maîtres, est la restitution du métier dans l'état qui convient au travail, après que les maîtres et syndics y ont apporté tel dérangement qu'il leur a plu, comme de détacher des cordages, casser des fils de chaîne par courses interrompues. On ne voit guère quelle peut être l'utilité des *chefs-d'œuvre*. Si celui qui se présente à la maîtrise sait très bien son métier, il est inutile de l'examiner; s'il ne le sait pas, cela ne doit pas l'empêcher d'être reçu, il ne fera tort qu'à lui-même; bientôt il sera connu pour mauvais ouvrier et forcé de cesser un travail où, ne réussissant pas, il est nécessaire qu'il se ruine. Pour être convaincu de la vérité de ces observations, il n'y a qu'à savoir un peu comment les choses se passent aux réceptions. Un homme ne se présente point à la maîtrise qu'il n'ait passé par les préliminaires; il est impossible qu'il n'ait appris quelque chose de son métier pendant les quatre à cinq ans que durent ces préliminaires. S'il est fils de maître, assez ordinairement il est dispensé de *chef-d'œuvre*; s'il ne l'est pas, fût-il le plus habile ouvrier d'une ville, il a bien de la peine à faire un *chef-d'œuvre* qui soit agréé de la communauté, quand il est odieux à cette communauté. S'il est agréable au contraire, ou qu'il ait de l'argent, fût-il le plus ignorant de tous les ouvriers, il corrompra ceux qui doivent veiller sur lui tandis qu'il fait son *chef-d'œuvre*; ou il exécutera un mauvais ouvrage qu'on recevra comme un *chef-d'œuvre*; ou il en présentera un excellent qu'il n'aura pas fait. On voit que toutes ces manœuvres anéantissent absolument les avantages qu'on prétend retirer des *chefs-d'œuvre* et des communautés, et que les corps de communauté et de manufacture n'en subsistent pas moins.[1]

COLLÈGE. Nous n'entrerons point ici dans le détail historique de l'établissement des différents *collèges* de Paris; ce détail n'est point l'objet de notre ouvrage et d'ailleurs intéresserait assez peu le public. Il est un autre objet bien plus important dont nous voulons ici nous occuper; c'est celui de l'éducation qu'on y donne à la jeunesse.

Quintilien, un des hommes de l'antiquité qui ont eu le plus de sens et le plus de goût, examine dans ses *Institutions oratoires* si l'éducation publique doit être préférée à l'éducation privée, et il conclut en faveur de la première. Presque tous les modernes qui ont traité le même sujet depuis ce grand homme, ont été de son avis. Je n'examinerai point si la plupart d'entre eux n'étaient pas intéressés par leur état à défendre cette opinion, ou déterminés à la suivre par une admiration trop souvent aveugle pour ce que les anciens ont pensé; il s'agit ici de raison, et non pas d'autorité, et la question vaut bien la peine d'être examinée en elle-même.

J'observe d'abord que nous avons assez peu de connaissances de la manière dont se faisait chez les anciens l'éducation, tant

---

[1] The *Encyclopédie*'s hostility to the guilds, which it attacks in the name of the Liberal principle of free competition, is revealed in other articles, such as MAÎTRISES (too long to reproduce here) and PRIVILÈGE (see pp. 188 f.).

publique que privée, et qu'ainsi, ne pouvant à cet égard comparer la méthode des anciens à la nôtre, l'opinion de Quintilien, quoique peut-être bien fondée, ne saurait être ici d'un grand poids. Il est donc nécessaire de voir en quoi consiste l'éducation de nos *collèges* et de la comparer à l'éducation domestique; c'est d'après ces faits que nous devons prononcer.

Mais avant que de traiter un sujet si important, je dois prévenir les lecteurs désintéressés que cet article pourra choquer quelques personnes,[1] quoique ce ne soit pas mon intention. Je n'ai pas plus de sujet de haïr ceux dont je vais parler que de les craindre; il en est même plusieurs que j'estime et quelques-uns que j'aime et que je respecte. Ce n'est point aux hommes que je fais la guerre, c'est aux abus, à des abus qui choquent et qui affligent comme moi la plupart même de ceux qui contribuent à les entretenir, parce qu'ils craignent de s'opposer au torrent. La matière dont je vais parler intéresse le gouvernement et la religion et mérite bien qu'on en parle avec liberté, sans que cela puisse offenser personne. Après cette précaution j'entre en matière.

On peut réduire à cinq chefs l'éducation publique: les humanités, la rhétorique, la philosophie, les mœurs et la religion.

Humanités. On appelle ainsi le temps qu'on emploie dans les *collèges* à s'instruire des préceptes de la langue latine. Ce temps est d'environ six ans. On y joint vers la fin quelque connaissance très superficielle du grec; on y explique, tant bien que mal, les auteurs de l'antiquité les plus faciles à entendre; on y apprend aussi, tant bien que mal, à composer en latin; je ne sache pas qu'on y enseigne autre chose. Il faut pourtant convenir que dans l'Université de Paris,[2] où chaque professeur est attaché à une classe particulière, les humanités sont plus fortes que dans les *collèges* de réguliers où les professeurs montent de classe en classe et s'instruisent avec leurs disciples, en ap-

---

[1] Particularly the Jesuits who, until their expulsion in 1764, played an important part in secondary education.

[2] From the Middle Ages until the Revolution the Faculty of Arts of the University of Paris carried on the equivalent of our present-day secondary education in a number of different colleges.

prenant avec eux ce qu'ils devraient leur enseigner. Ce n'est point la faute des maîtres; c'est, encore une fois, la faute de l'usage.

Rhétorique. Quand on sait ou qu'on croit savoir assez de latin, on passe en rhétorique. C'est alors qu'on commence à produire quelque chose de soi-même, car jusqu'alors on n'a fait que traduire, soit de latin en français, soit de français en latin. En rhétorique on apprend d'abord à *étendre* une pensée, à *circonduire* et *allonger* des périodes, et peu à peu l'on en vient enfin à des discours en forme, toujours ou presque toujours en langue latine. On donne à ces discours le nom d'*amplifications*, nom très convenable en effet, puisqu'ils consistent pour l'ordinaire à noyer dans deux feuilles de verbiage ce qu'on pourrait et ce qu'on devrait dire en deux lignes. Je ne parle pas de ces figures de rhétorique si chères à quelques pédants modernes et dont le nom même est devenu si ridicule que les professeurs les plus sensés les ont entièrement bannies de leurs leçons. Il en est pourtant encore qui en font grand cas, et il est assez ordinaire d'interroger sur ce sujet important ceux qui aspirent à la maîtrise ès arts.

Philosophie. Après avoir passé sept ou huit ans à apprendre des mots ou à parler sans rien dire, on commence enfin, ou on croit commencer, l'étude des choses, car c'est la vraie définition de la philosophie. Mais il s'en faut bien que celle des *collèges* mérite ce nom. Elle ouvre pour l'ordinaire par un *compendium*, qui est, si on peut parler ainsi, le rendez-vous d'une infinité de questions inutiles sur l'existence de la philosophie, sur la philosophie d'Aristote, etc. On passe de là en logique. Celle qu'on enseigne, du moins dans un grand nombre de *collèges*, est à peu près celle que le maître de philosophie se propose d'apprendre au bourgeois gentilhomme; on y enseigne à bien concevoir par le moyen des universaux, à bien juger par le moyen des catégories, et à bien construire un syllogisme par le moyen des figures, *barbara*, *celarent*, *darii*, *ferio*, *baralipton*, etc.[1] On y demande si la logique est un art ou une science, si la conclusion est de

[1] Mnemonic terms used in scholastic logic.

l'essence du syllogisme, etc. etc. etc., toutes questions qu'on ne trouvera point dans l'*Art de penser*,[1] ouvrage excellent, mais auquel on a peut-être reproché avec quelque raison d'avoir fait des règles de la logique un trop gros volume. La métaphysique est à peu près dans le même goût; on y mêle aux plus importantes vérités les discussions les plus futiles. Avant et après avoir démontré l'existence de Dieu, on traite avec le même soin les grandes questions de la distinction formelle ou virtuelle, de l'universel *de la part de la chose* et une infinité d'autres; n'est-ce pas outrager et blasphémer en quelque sorte la plus grande des vérités que de lui donner un si ridicule et si misérable voisinage? Enfin dans la physique on bâtit à sa mode un système du monde; on y explique tout ou presque tout; on y suit ou on y réfute à tort et à travers Aristote, Descartes et Newton. On termine ce cours de deux années par quelques pages sur la morale qu'on rejette pour l'ordinaire à la fin, sans doute comme la partie la moins importante.

Mœurs & Religion. Nous rendrons sur le premier de ces deux articles la justice qui est due aux soins de la plupart des maîtres, mais nous en appelons en même temps à leur témoignage, et nous gémirons d'autant plus volontiers avec eux sur la corruption dont on ne peut justifier la jeunesse des *collèges*, que cette corruption ne saurait leur être imputée. A l'égard de la religion, on tombe sur ce point dans deux excès également à craindre. Le premier et le plus commun est de réduire tout en pratiques extérieures et d'attacher à ces pratiques une vertu qu'elles n'ont assurément pas; le second est, au contraire, de vouloir obliger les enfants à s'occuper uniquement de cet objet et de leur faire négliger pour cela leurs autres études, par lesquelles ils doivent un jour se rendre utiles à leur patrie. Sous prétexte que Jésus-Christ a dit qu'il faut toujours prier, quelques maîtres et surtout ceux qui sont dans certains principes de rigorisme, voudraient que presque tout le temps destiné à l'étude se passât en méditations

---

[1] *La Logique ou l'Art de penser*, by Arnauld and Nicole (Paris, 1662), generally known as the *Logique de Port Royal*.

et en catéchismes, comme si le travail et l'exactitude à remplir les devoirs de son état n'étaient pas la prière la plus agréable à Dieu. Aussi les disciples qui, soit par tempérament, soit par paresse, soit par docilité, se conforment sur ce point aux idées de leurs maîtres, sortent pour l'ordinaire du *collège* avec un degré d'imbécillité et d'ignorance de plus.

Il résulte de ce détail qu'un jeune homme, après avoir passé dans un *collège* dix années qu'on doit mettre au nombre des plus précieuses de sa vie, en sort, lorsqu'il a le mieux employé son temps, avec la connaissance très imparfaite d'une langue morte, avec des préceptes de rhétorique et des principes de philosophie qu'il doit tâcher d'oublier; souvent avec une corruption de mœurs dont l'altération de la santé est la moindre suite; quelquefois avec des principes d'une dévotion mal entendue, mais plus ordinaire-ment avec une connaissance de la religion si superficielle qu'elle succombe à la première conversation impie ou à la première lecture dangereuse. *Voyez* CLASSE.

Je sais que les maîtres les plus sensés déplorent ces abus avec encore plus de force que nous ne faisons ici; presque tous désirent passionnément qu'on donne à l'éducation des *collèges* une autre forme. Nous ne faisons qu'exposer ici ce qu'ils pensent et ce que personne d'entre eux n'ose écrire; mais le train, une fois établi, a sur eux un pouvoir dont ils ne sauraient s'affranchir, et en matière d'usage ce sont les gens d'esprit qui reçoivent la loi des sots. Je n'ai donc garde dans ces réflexions sur l'éducation publique de faire la satire de ceux qui enseignent; ces sentiments seraient bien éloignés de la reconnaissance dont je fais profession pour mes maîtres.[1] Je conviens avec eux que l'autorité supérieure du gouvernement est seule capable d'arrêter les progrès d'un si grand mal; je dois même avouer que plusieurs professeurs de l'Université de Paris s'y opposent autant qu'il leur est possible et qu'ils osent s'écarter en quelque chose de la routine ordinaire, au risque d'être blâmés par le plus grand nombre. S'ils osaient

---

[1] D'Alembert was a pupil of the Collège des Quatre Nations, a strongly Jansenist establishment.

encore davantage et si leur exemple était suivi, nous verrions peut-être enfin les études changer de face parmi nous; mais c'est un avantage qu'il ne faut attendre que du temps, si même le temps est capable de nous le procurer. La vraie philosophie a beau se répandre en France de jour en jour; il lui est bien plus difficile de pénétrer chez les corps que chez les particuliers. Ici elle ne trouve qu'une tête à forcer, si on peut parler ainsi; là elle en trouve mille. L'Université de Paris, composée de particuliers qui ne forment d'ailleurs entre eux aucun corps régulier ni ecclésiastique, aura moins de peine à secouer le joug des préjugés dont les écoles sont encore pleines.

Parmi les différentes inutilités qu'on apprend aux enfants dans les *collèges*, j'ai négligé de faire mention des tragédies, parce qu'il me semble que l'Université de Paris commence à les proscrire presque entièrement. On en a l'obligation à feu M. Rollin,[1] un des hommes qui ont travaillé le plus utilement pour l'éducation de la jeunesse; à ces déclamations de vers il a substitué les exercices, qui sont au moins beaucoup plus utiles, quoiqu'ils pussent l'être encore davantage. On convient aujourd'hui assez généralement que ces tragédies sont une perte de temps pour les écoliers et pour les maîtres; c'est pis encore quand on les multiplie au point d'en représenter plusieurs pendant l'année et quand on y joint d'autres appendices encore plus ridicules, comme des explications d'énigmes, des ballets et des comédies tristement ou ridiculement plaisantes. Nous avons sous les yeux un ouvrage de cette dernière espèce, intitulé *La défaite du Solécisme par Despautère*,[2] représentée plusieurs fois dans un *collège* de Paris. Le chevalier Prétérit, le chevalier Supin, le marquis des Conjugaisons et d'autres personnages de la même trempe sont les lieutenants-généraux de Despautère, auquel deux grands princes, appelés *Solécisme* et *Barbarisme*, déclarent une guerre mortelle.

---

[1] Charles Rollin (1661–1741), Rector of the University of Paris, and the author of various well-known educational works.

[2] Jean Despautère (1460–1520), author of the standard Latin grammar in use at that time.

Nous faisons grâce à nos lecteurs d'un plus grand détail, et nous ne doutons point que ceux qui président aujourd'hui à ce *collège*, ne fissent main basse, s'ils en étaient les maîtres, sur des puérilités si pédantesques et de si mauvais goût; ils sont trop éclairés pour ne pas sentir que le précieux temps de la jeunesse ne doit point être employé à de pareilles inepties. Je ne parle point ici des ballets où la religion peut être intéressée; je sais que cet inconvénient est rare, grâce à la vigilance des supérieurs; mais je sais aussi que malgré toute cette vigilance il ne laisse pas de se faire sentir quelquefois. *Voyez dans le Journ. de Trév. nouv. littér. Sep.* 1750,[1] la critique d'un de ces ballets, très édifiante à tous égards. Je conclus du moins de tout ce détail qu'il n'y a rien de bon à gagner dans ces sortes d'exercices et beaucoup de mal à en craindre.

Il me semble qu'il ne serait pas impossible de donner une autre forme à l'éducation des *collèges*. Pourquoi passer six ans à apprendre, tant bien que mal, une langue morte? Je suis bien éloigné de désapprouver l'étude d'une langue dans laquelle les Horaces et les Tacites ont écrit. Cette étude est absolument nécessaire pour connaître leurs admirables écrits; mais je crois qu'on devrait se borner à les entendre et que le temps qu'on emploie à composer en latin est un temps perdu. Ce temps serait bien mieux employé à apprendre par principes sa propre langue, qu'on ignore toujours au sortir du *collège* et qu'on ignore au point de la parler trés mal. Une bonne grammaire française serait tout à la fois une excellente logique et une excellente métaphysique, et vaudrait bien les rapsodies qu'on lui substitue. D'ailleurs, quel latin que celui de certains *collèges*! Nous en appelons au jugement des connaisseurs.

Un rhéteur moderne, le P. Porée,[2] très respectable d'ailleurs par ses qualités personnelles, mais à qui nous ne devons que la vérité puisqu'il n'est plus, est le premier qui ait osé se faire un jargon bien différent de la langue que parlaient autrefois les

---

[1] The *Journal de Trévoux* was the Jesuits' own periodical.
[2] Father Charles Porée, S.J. (1675–1741). Voltaire was one of his pupils.

Hersan, les Marin, les Grenan, les Commire, les Cossart et les Jouvency,[1] et que parlent encore quelques professeurs célèbres de l'Université. Les successeurs du rhéteur dont je parle ne sauraient trop s'éloigner de ses traces. *Voyez* LATINITÉ, ÉLOQUENCE & RHÉTORIQUE.

Je sais que le latin étant une langue morte dont presque toutes les finesses nous échappent, ceux qui passent aujourd'hui pour écrire le mieux en cette langue, écrivent peut-être fort mal; mais du moins les vices de leur diction nous échappent aussi; et combien doit être ridicule une latinité qui nous fait rire! Certainement un étranger peu versé dans la langue française s'apercevrait facilement que la diction de Montaigne, c'est-à-dire du seizième siècle, approche plus de celle des bons écrivains du siècle de Louis XIV que celle de Geoffroy de Villehardouin qui écrivait dans le treizième siècle.

Au reste, quelque estime que j'aie pour quelques-uns de nos humanistes modernes, je les plains d'être forcés à se donner tant de peine pour parler fort élégamment une autre langue que la leur. Ils se trompent s'ils s'imaginent en cela avoir le mérite de la difficulté vaincue. Il est plus difficile d'écrire et de parler bien sa langue que de parler et d'écrire bien une langue morte; la preuve en est frappante. Je vois que les Grecs et les Romains, dans le temps que leur langue était vivante, n'ont pas eu plus de bons écrivains que nous n'en avons dans la nôtre; je vois qu'ils n'ont eu, ainsi que nous, qu'un très petit nombre d'excellents poètes et qu'il en est de même de toutes les nations. Je vois au contraire que le renouvellement des lettres a produit une quantité prodigieuse de poètes latins que nous avons la bonté d'admirer. D'où peut venir cette différence? et si Virgile ou Horace revenaient au monde pour juger ces héros modernes du Parnasse latin, ne devrions-nous pas avoir grand' peur pour eux? Pourquoi, comme l'a remarqué un auteur moderne, telle compagnie, fort estimable d'ailleurs, qui a produit une nuée de versificateurs latins, n'a-t-elle pas un seul poète français qu'on puisse lire? Pourquoi les recueils

[1] French classical scholars of the seventeenth and early eighteenth centuries.

de vers français qui s'échappent par malheur de nos *collèges*, ont-ils si peu de succès, tandis que plusieurs gens de lettres estiment les vers latins qui en sortent? Je dois au reste avouer ici que l'Université de Paris est très circonspecte et très réservée sur la versification française, et je ne saurais l'en blâmer; mais nous en parlerons plus au long à l'*article* LATINITÉ.

Concluons de ces réflexions que les compositions latines sont sujettes à de grands inconvénients et qu'on ferait beaucoup mieux d'y substituer des compositions françaises; c'est ce qu'on commence à faire dans l'Université de Paris. On y tient cependant encore au latin par préférence, mais enfin on commence à y enseigner le français.

J'ai entendu quelquefois regretter les thèses qu'on soutenait autrefois en grec. J'ai bien plus de regret qu'on ne les soutienne pas en français; on serait obligé d'y parler raison ou de se taire.

Les langues étrangères dans lesquelles nous avons un grand nombre de bons auteurs, comme l'anglais et l'italien, et peut-être l'allemand et l'espagnol, devraient aussi entrer dans l'éducation des *collèges*; la plupart seraient plus utiles à savoir que des langues mortes, dont les savants seuls sont à portée de faire usage.

J'en dis autant de l'histoire et de toutes les sciences qui s'y rapportent, comme la chronologie et la géographie. Malgré le peu de cas que l'on paraît faire dans les *collèges* de l'étude de l'histoire, c'est peut-être l'enfance qui est le temps le plus propre à l'apprendre. L'histoire, assez inutile au commun des hommes, est fort utile aux enfants par les exemples qu'elle leur présente, et les leçons vivantes de vertu qu'elle peut leur donner dans un âge où ils n'ont point encore de principes fixes, ni bons ni mauvais. Ce n'est pas à trente ans qu'il faut commencer à l'apprendre, à moins que ce ne soit pour la simple curiosité, parce qu'à trente ans l'esprit et le cœur sont ce qu'ils seront pour toute la vie. Au reste, un homme d'esprit de ma connaissance voudrait qu'on étudiât et qu'on enseignât l'histoire à rebours, c'est-à-dire en commençant par notre temps et remontant de là aux siècles passés. Cette idée me paraît très juste et très philosophique; à quoi bon ennuyer d'abord un enfant de l'histoire de Pharamond, de Clovis, de Charlemagne, de César et d'Alexandre et lui laisser ignorer celle de son temps, comme il arrive presque toujours par le dégoût que les commencements lui inspirent?

A l'égard de la rhétorique, on voudrait qu'elle consistât beaucoup plus en exemples qu'en préceptes; qu'on ne se bornât pas à lire des auteurs anciens et à les faire admirer quelquefois assez mal à propos; qu'on eût le courage de les critiquer souvent, les comparer avec les auteurs modernes, et de faire voir en quoi nous avons de l'avantage ou du désavantage sur les Romains et sur les Grecs. Peut-être même devrait-on faire précéder la rhétorique par la philosophie; car enfin il faut apprendre à penser avant que d'écrire.

Dans la philosophie on bornerait la logique à quelques lignes; la métaphysique, à un abrégé de Locke; la morale purement philosophique, aux ouvrages de Sénèque et d'Épictète; la morale chrétienne, au sermon de Jésus-Christ sur la montagne; la physique, aux expériences et à la géométrie, qui est de toutes les logiques et physiques la meilleure.

On voudrait enfin qu'on joignît à ces différentes études celle des beaux-arts et surtout de la musique, étude si propre pour former le goût et pour adoucir les mœurs, et dont on peut bien dire avec Cicéron: *Haec studia adolescentiam alunt, senectutem oblectant, jucundas res ornant, adversis perfugium & solatium praebent.*[1]

Ce plan d'études irait, je l'avoue, à multiplier les maîtres et le temps de l'éducation. Mais 1°. il me semble que les jeunes gens, en sortant plus tard du *collège*, y gagneraient de toutes manières, s'ils en sortaient plus instruits. 2°. Les enfants sont plus capables d'application et d'intelligence qu'on ne le croit communément,

---

[1] 'These pursuits nourish our early life, give pleasure in our old age, lend distinction to our accomplishments, and in times of trouble they serve as a refuge and a consolation.'

j'en appelle à l'expérience; et si, par exemple, on leur apprenait de bonne heure la géométrie, je ne doute point que les prodiges et les talents précoces en ce genre ne fussent beaucoup plus fréquents. Il n'est guère de science dont on ne puisse instruire l'esprit le plus borné, avec beaucoup d'ordre et de méthode; mais c'est là pour l'ordinaire par où l'on pèche. 3°. Il ne serait pas nécessaire d'appliquer tous les enfants à tous ces objets à la fois; on pourrait ne les montrer que successivement. Quelques-uns pourraient se borner à un certain genre, et dans cette quantité prodigieuse il serait bien difficile qu'un jeune homme n'eût du goût pour aucun. Au reste c'est au gouvernement, comme je l'ai dit, à faire changer là-dessus la routine et l'usage; qu'il parle, et il se trouvera assez de bons citoyens pour proposer un excellent plan d'études. Mais en attendant cette réforme, dont nos neveux auront peut-être le bonheur de jouir, je ne balance point à croire que l'éducation des *collèges*, telle qu'elle est, est sujette à beaucoup plus d'inconvénients qu'une éducation privée, où il est beaucoup plus facile de se procurer les diverses connaissances dont je viens de faire le détail.

Je sais qu'on fait sonner très haut deux grands avantages en faveur de l'éducation des *collèges*, la société et l'émulation; mais il me semble qu'il ne serait pas impossible de se les procurer dans l'éducation privée, en liant ensemble quelques enfants à peu près de la même force et du même âge. D'ailleurs, j'en prends à témoin les maîtres, l'émulation dans les *collèges* est bien rare, et à l'égard de la société, elle n'est pas sans de grands incon-vénients. J'ai déjà touché ceux qui en résultent par rapport aux mœurs; mais je veux parler ici d'un autre qui n'est que trop commun, surtout dans les lieux où on élève beaucoup de jeune noblesse. On leur parle à chaque instant de leur naissance et de leur grandeur, et par là on leur inspire, sans le vouloir, des sentiments d'orgueil à l'égard des autres. On exhorte ceux qui président à l'instruction de la jeunesse, à s'examiner soigneuse-ment sur un point de si grande importance.

Un autre inconvénient de l'éducation des *collèges* est que le maître se trouve obligé de proportionner sa marche au plus grand nombre de ses disciples, c'est-à-dire aux génies médiocres, ce qui entraîne pour les génies plus heureux une perte de temps considérable.

Je ne puis m'empêcher non plus de faire sentir à cette occasion les inconvénients de l'instruction gratuite, et je suis assuré d'avoir ici pour moi tous les professeurs les plus éclairés et les plus célèbres; si cet établissement a fait quelque bien aux disciples, il a fait encore plus de mal aux maîtres.

Au reste, si l'éducation de la jeunesse est négligée, ne nous en prenons qu'à nous-mêmes et au peu de considération que nous témoignons à ceux qui s'en chargent; c'est le fruit de cet esprit de futilité qui règne dans notre nation et qui absorbe, pour ainsi dire, tout le reste. En France on sait peu de gré à quelqu'un de remplir les devoirs de son état; on aime mieux qu'il soit frivole. *Voyez* ÉDUCATION.

Voilà ce que l'amour du bien public m'a inspiré de dire ici sur l'éducation, tant publique que privée; d'où il s'ensuit que l'éducation publique ne devrait être la ressource que des enfants dont les parents ne sont malheureusement pas en état de fournir à la dépense d'une éducation domestique. Je ne puis penser sans regret au temps que j'ai perdu dans mon enfance. C'est à l'usage établi, et non à mes maîtres, que j'impute cette perte irréparable; et je voudrais que mon expérience pût être utile à ma patrie. *Exoriare aliquis.*[1] (O)

COPERNIC, *système* ou *hypothèse de Copernic* (*Ordre Encyclop. Entendement, Raison, Philosophie ou Science, Science de la nat., Science du ciel, Astron.*). C'est un système dans lequel on suppose que le soleil est en repos au centre du monde et que les planètes et la terre se meuvent autour de lui dans des ellipses. *Voyez* SYSTÈME & PLANÈTE.

Suivant ce système, les cieux et les étoiles sont en repos, et le mouvement diurne qu'ils paraissent avoir d'orient en occident

[1] 'Arise, unknown avenger!'

est produit par celui de la terre autour de son axe d'occident en orient. *Voyez* TERRE, SOLEIL, ÉTOILE, etc.

Ce système a été soutenu par plusieurs anciens, et particulièrement par Ecphantus, Séleucus, Aristarchus, Philolaüs, Cleanthes, Héraclide, Ponticus et Pythagore, et c'est de ce dernier qu'il a été nommé *le système de Pythagore*.

Archimède l'a soutenu aussi dans son livre *De granorum arenae numero*, mais après lui il fut extrêmement négligé et même oublié pendant plusieurs siècles. Enfin *Copernic* le fit revivre il y a 250 ans, d'où il a pris le nom de *système de Copernic*.

Nicolas *Copernic*,[1] dont le nom à présent est si connu, et dont nous avons fait l'histoire abrégée à l'art. ASTRONOMIE, adopta donc l'opinion des Pythagoriciens, qui ôte la terre du centre du monde et qui lui donne non seulement un mouvement diurne autour de son axe, mais encore un mouvement annuel autour du soleil, opinion dont la simplicité l'avait frappé et qu'il résolut d'approfondir.

Il commença en conséquence à observer, calculer, comparer, etc., et à la fin, après une longue et sérieuse discussion des faits, il trouva qu'il pouvait non seulement rendre compte de tous les phénomènes et de tous les mouvements des astres, mais même faire un système du monde fort simple.

M. de Fontenelle remarque dans ses *Mondes*[2] que *Copernic* mourut le jour même qu'on lui apporta le premier exemplaire imprimé de son livre.[3] Il semble, dit-il, que *Copernic* voulut éviter les contradictions qu'allait subir son système.

Ce système est aujourd'hui généralement suivi en France et en Angleterre, surtout depuis que Descartes et Newton ont cherché l'un et l'autre à l'affermir par des explications physiques. Le dernier de ces philosophes a surtout développé avec une netteté admirable et une précision surprenante les principaux points du système de *Copernic*. A l'égard de Descartes, la manière dont

---

[1] Nicolas Koppernik (1473–1543).
[2] *Entretiens sur la pluralité des mondes* (1686).
[3] His *De revolutionibus orbium coelestum* appeared in 1543.

il a cherché à l'expliquer, quoiqu'ingénieuse, était trop vague pour avoir longtemps des sectateurs. Aussi ne lui en reste-t-il guère aujourd'hui parmi les vrais savants.

En Italie il est défendu de soutenir le système de *Copernic*, qu'on regarde comme contraire à l'Écriture à cause du mouvement de la terre que ce système suppose. *Voyez* SYSTÈME. Le grand Galilée fut autrefois mis à l'Inquisition et son opinion du mouvement de la terre condamnée comme hérétique; les inquisiteurs, dans le décret qu'ils rendirent contre lui, n'épargnèrent pas le nom de *Copernic* qui l'avait renouvelée depuis le cardinal de Cusa,[1] ni celui de Diègue de Zuniga qui l'avait enseignée dans ses commentaires sur Job,[2] ni celui du P. Foscarini,[3] carme italien, qui venait de prouver dans une savante lettre adressée à son général que cette opinion n'était point contraire à l'Écriture. Galilée, nonobstant cette censure, ayant continué de dogmatiser sur le mouvement de la terre, fut condamné de nouveau, obligé de se rétracter publiquement et d'abjurer sa prétendue erreur de bouche et par écrit, ce qu'il fit le 22 juin 1633; et ayant promis à genoux, la main sur les Évangiles, qu'il ne dirait et ne ferait jamais rien de contraire à cette ordonnance, il fut remené dans les prisons de l'Inquisition, d'où il fut bientôt élargi. Cet événement effraya si fort Descartes, très soumis au Saint Siège, qu'il l'empêcha de publier son traité *Du monde* qui était prêt à voir le jour. *Voyez tous ces détails dans la vie de* Descartes *par* M. Baillet.[4]

Depuis ce temps les philosophes et les astronomes les plus éclairés d'Italie n'ont osé soutenir le système de *Copernic*, ou si par hasard ils paraissent l'adopter, ils ont grand soin d'avertir qu'ils ne le regardent que comme hypothèse et qu'ils sont d'ailleurs très soumis aux décrets des souverains pontifes sur ce sujet.

Il serait fort à désirer qu'un pays aussi plein d'esprit et de connaissances que l'Italie voulût enfin reconnaître une erreur

---

[1] Nicolas de Cusa (1401–64). [2] 1584.
[3] c. 1580–1616. His letter, which appeared in 1615, was condemned by the Inquisition. [4] 1691.

si préjudiciable aux progrès des sciences, et qu'elle pensât sur ce sujet comme nous faisons en France! Un tel changement serait bien digne du pontife éclairé qui gouverne aujourd'hui l'Église;[1] ami des sciences et savant lui-même, c'est à lui à donner sur ce sujet la loi aux inquisiteurs, comme il l'a déjà fait sur d'autres matières plus importantes. Il n'y a point d'inquisiteur, dit un auteur célèbre, qui ne dût rougir en voyant une sphère de *Copernic*. Cette fureur de l'Inquisition contre le mouvement de la terre nuit même à la religion. En effet, que penseront les faibles et les simples des dogmes réels que la foi nous oblige de croire, s'il se trouve qu'on mêle à ces dogmes des opinions douteuses ou fausses? Ne vaut-il pas mieux dire que l'Écriture, dans les matières de foi, parle d'après le Saint-Esprit, et dans les matières de physique doit parler comme le peuple, dont il fallait bien parler le langage pour se mettre à sa portée? Par cette distinction on répond à tout; la physique et la foi sont également à couvert. Une des principales causes du décri où est le système de *Copernic* en Espagne et en Italie, c'est qu'on y est persuadé que quelques souverains pontifes ont décidé que la terre ne tourne pas et qu'on y croit le jugement du pape infaillible, même sur ces matières qui n'intéressent en rien le christianisme. En France on ne connaît que l'Église infaillible, et on se trouve d'ailleurs beaucoup mieux de croire sur le système du monde les observations astronomiques que les décrets de l'Inquisition; par la même raison que le roi d'Espagne, dit M. Pascal, se trouva mieux de croire sur l'existence des Antipodes Christophe Colomb qui en venait, que le pape Zacharie qui n'y avait jamais été. *Voyez* Antipodes & Cosmographe.

M. Baillet, dans la *Vie de Descartes* que nous venons de citer, accuse le P. Scheiner,[2] jésuite, d'avoir dénoncé Galilée à l'Inquisition sur son opinion du mouvement de la terre. Ce père, en effet, était jaloux ou mécontent de Galilée au sujet de la découverte

---

[1] Benedict XIV, Pope from 1740 to 1758. Amongst other things he endeavoured to restrain the too hasty prohibition of books.

[2] Christoph Scheiner (1575–1650).

des taches du soleil que Galilée lui disputait; mais s'il est vrai que le père Scheiner ait tiré cette vengeance de son adversaire, une telle démarche fait plus de tort à sa mémoire que la découverte vraie ou prétendue des taches du soleil ne peut lui faire d'honneur. *Voyez* TACHES.

En France on soutient le système de *Copernic* sans aucune crainte, et l'on est persuadé, par les raisons que nous avons dites, que ce système n'est point contraire à la foi, quoique Josué ait dit, *Sta sol*;[1] c'est ainsi qu'on répond d'une manière solide et satisfaisante à toutes les difficultés des incrédules sur certains endroits de l'Écriture où ils prétendent sans raison trouver des erreurs physiques ou astronomiques grossières.

Ce système de *Copernic* est non seulement très simple, mais très conforme aux observations astronomiques auxquelles tous les autres systèmes se refusent. On observe dans Vénus des phases comme dans la lune; il en est de même de Mercure, ce qu'on ne peut expliquer dans le système de Ptolomée, au lieu qu'on rend une raison très sensible de ces phénomènes en supposant comme *Copernic* le soleil au centre, et Mercure, Vénus, la terre qui tournent autour de lui dans l'ordre où nous les nommons. *V.* COSMOGRAPHIE, PHASE, VÉNUS, etc.

Lorsque *Copernic* proposa son système, dans un temps où les lunettes d'approche n'étaient pas inventées, on lui objectait la non-existence de ces phases. Il prédit qu'on les découvrirait un jour, et les télescopes ont vérifié sa prédiction. D'ailleurs n'est-il pas plus simple de donner deux mouvements à la terre, l'un annuel et l'autre diurne, que de faire mouvoir autour d'elle avec une vitesse énorme et incroyable toute la sphère des étoiles? Que devait-on penser enfin de ce fatras d'épicycles, d'excentriques, de déférents, qu'on multipliait pour expliquer les mouvements des corps célestes et dont le système de *Copernic* nous débarrasse? Aussi n'y a-t-il aujourd'hui aucun astronome habile et de bonne foi à qui il vienne seulement en pensée de le révoquer en doute. *Voyez* CIEUX DE CRISTAL.

[1] Joshua, x. 12.

Au reste ce système, tel qu'on le suit aujourd'hui, n'est pas tel qu'il a été imaginé par son auteur. Il faisait encore mouvoir les planètes dans des cercles dont le soleil n'occupait pas le centre. Il faut pardonner cette hypothèse dans un temps où l'on n'avait pas encore d'observations suffisantes et où l'on ne connaissait rien de mieux. Kepler[1] a le premier prouvé par les observations que les planètes décrivent autour du soleil des ellipses et a donné les lois de leurs mouvements. *Voyez* KEPLER. Newton a depuis démontré ces lois et a prouvé que les comètes décrivaient aussi autour du soleil ou des paraboles ou des ellipses fort excentriques. *Voyez* COMÈTE. (O)

CORDELIER, s.m. (*Hist. ecclésiast.*), religieux de l'ordre de saint François d'Assise, institué vers le commencement du XIIIe siècle. Les *cordeliers* sont habillés d'un gros drap gris; ils ont un petit capuce ou chaperon, un manteau de la même étoffe et une ceinture de corde nouée de trois nœuds, d'où leur vient le nom de *cordeliers*. Ils s'appelaient auparavant *pauvres mineurs*, nom qu'ils changèrent pour celui de *frères mineurs*; ce *pauvre* leur déplut. Ils sont cependant les premiers qui aient renoncé à la propriété de toutes possessions temporelles. Ils peuvent être membres de la faculté de théologie de Paris. Plusieurs ont été évêques, cardinaux et même papes. Ils ont eu de grands hommes en plusieurs genres, à la tête desquels on peut nommer le frère Bacon, célèbre par les persécutions qu'il essuya dans son ordre et par les découvertes qu'il fit dans un siècle de ténèbres.[2] *Voyez* l'article CHIMIE. Quoique cet ordre n'ait pas eu en tout temps un nombre égal de noms illustres, il n'a cessé dans aucun de servir utilement l'Église et la société; et il se distingue singulièrement aujourd'hui par le savoir, les mœurs et la réputation. *Voyez* CAPUCHON.[3]

---

[1] Johann Kepler (1571–1630).
[2] Roger Bacon (1214?–1294).
[3] And also the article ENCYCLOPÉDIE (p. 60).

*DAMNATION, s.f. (*Théol.*), peine éternelle de l'enfer. Le dogme de la *damnation* ou des peines éternelles est clairement révélé dans l'Écriture. Il ne s'agit donc plus de chercher par la raison s'il est possible ou non qu'un être fini fasse à Dieu une injure infinie; si l'éternité des peines est ou n'est pas plus contraire à sa bonté que conforme à sa justice; si parce qu'il lui a plu d'attacher une récompense infinie au bien, il a pu ou non attacher un châtiment infini au mal. Au lieu de s'embarrasser dans une suite de raisonnements captieux et propres à ébranler une foi peu affermie, il faut se soumettre à l'autorité des livres saints et aux décisions de l'Église, et opérer son salut en tremblant, considérant sans cesse que la grandeur de l'offense est en raison directe de la dignité de l'offensé, et inverse de l'offenseur, et quelle est l'énormité de notre désobéissance puisque celle du premier homme n'a pu être effacée que par le sang du Fils de Dieu.

ECCLÉSIASTIQUE, adj. se dit de tout ce qui appartient à l'Église. *Voyez* ÉGLISE.

Ainsi l'*Histoire ecclésiastique* est l'histoire de ce qui est arrivé dans l'Église depuis son commencement; M. Fleury[1] nous l'a donnée dans un ouvrage excellent qui porte ce titre. Il a joint à l'ouvrage des discours raisonnés, plus estimables et plus précieux encore que son histoire. Ce judicieux écrivain, en développant dans ces discours les moyens par lesquels Dieu a conservé son Église, expose en même temps les abus de toute espèce qui s'y sont glissés. Il était avec raison dans le principe 'qu'il faut dire la vérité tout entière; que si la religion est vraie, l'histoire de l'Église l'est aussi; que la vérité ne saurait être opposée à la vérité et que plus les maux de l'Église ont été grands, plus ils servent à confirmer les promesses de Dieu, qui doit la défendre jusqu'à la fin des siècles contre les puissances et les efforts de l'enfer'. (O)

---

[1] Claude Fleury (1640–1723). The twenty volumes of his *Histoire ecclésiastique* appeared between 1691 and 1720.

Nouvelles ecclésiastiques est le titre très impropre d'une feuille ou plutôt d'un libelle périodique, sans esprit, sans vérité, sans charité et sans aveu, qui s'imprime clandestinement depuis 1728 et qui paraît régulièrement toutes les semaines.[1] L'auteur anonyme de cet ouvrage, qui vraisemblablement pourrait se nommer sans être plus connu, instruit le public quatre fois par mois des aventures de quelques clercs tonsurés, de quelques sœurs converses, de quelques prêtres de paroisse, de quelques moines, de quelques convulsionnaires, appelants et réappelants;[2] de quelques petites fièvres guéries par l'intercession de M. Pâris;[3] de quelques malades qui se sont crus soulagés en avalant de la terre de son tombeau, parce que cette terre ne les a pas étouffés, comme bien d'autres. A ces objets si intéressants le même auteur a joint depuis quelque temps de grandes déclamations contre nos académies qu'il assure être peuplées d'incrédules parce qu'on n'y croit point aux miracles de saint Médard, qu'on n'y a point de convulsions et qu'on n'y prophétise pas la venue d'Élie. Il assure aussi que les ouvrages les plus célèbres de notre siècle[4] attaquent la religion parce qu'on n'y parle point de la constitution *Unigenitus*, et qu'ils font l'apologie du matérialisme parce qu'on n'y soutient pas les idées innées. Quelques personnes paraissent surprises que le gouvernement qui réprime les faiseurs de libelles, et les magistrats qui sont exempts de partialité comme les lois,[5] ne sévissent pas efficacement contre ce ramas insipide et scandaleux d'absurdités et de mensonges. Un profond mépris est sans doute la seule cause de cette indulgence. Ce qui confirme

[1] This underground Jansenist publication continued until 1803.
[2] The term *convulsionnaires* was applied to Jansenists who were driven by their religious fervour into convulsions during which they prophesied. The expressions *appelants* and *réappelants* refer to the Jansenists' appeal to a future Council against the Bull Unigenitus (1713) which condemned their position.
[3] François de Pâris (1690–1727), a devout Jansenist, on whose tomb in the Cimetière Saint-Médard miracles were performed.
[4] Montesquieu's *Esprit des lois* was one of the works attacked by the *Nouvelles ecclésiastiques*.
[5] An ironical remark, since the *Parlements* supported the Jansenists in their struggle.

cette idée, c'est que l'auteur du libelle périodique dont il s'agit est si malheureux qu'on n'entend jamais citer aucun de ses traits, humiliation la plus grande qu'un écrivain satirique puisse recevoir, puisqu'elle suppose en lui la plus grande ineptie dans le genre d'écrire le plus facile de tous. *Voyez* CONVULSIONNAIRES. (O)

ÉCOLE (*Philosophie de l'*). On désigne par ces mots l'espèce de philosophie qu'on nomme autrement et plus communément *scolastique*, qui a substitué les mots aux choses, et les questions frivoles ou ridicules aux grands objets de la véritable philosophie; qui explique par des termes barbares des choses inintelligibles; qui a fait naître ou mis en honneur les universaux, les catégories, les prédicaments, les degrés métaphysiques, les secondes intentions, l'horreur du vide, etc. Cette philosophie est née de l'esprit et de l'ignorance. On peut rapporter son origine, ou du moins sa plus brillante époque, au douzième siècle, dans le temps où l'Université de Paris a commencé à prendre une forme éclatante et durable. Le peu de connaissances qui était alors répandu dans l'univers, le défaut de livres, d'observations, et le peu de facilité qu'on avait à s'en procurer, tournèrent tous les esprits du côté des questions oisives. On raisonna sur les abstractions au lieu de raisonner sur les êtres réels; on créa pour ce nouveau genre d'étude une langue nouvelle, et on se crut savant parce qu'on avait appris cette langue. On ne peut trop regretter que la plupart des auteurs scolastiques aient fait un usage si misérable de la sagacité et de la subtilité extrême qu'on trouve dans leurs écrits. Tant d'esprit mieux employé eût fait faire aux sciences de grands progrès dans un autre temps, et il semble que dans les grandes bibliothèques on pourrait écrire au-dessus des endroits où la collection des scolastiques est renfermée: *Ut quid perditio haec?*[1]

C'est à Descartes que nous avons l'obligation principale d'avoir secoué le joug de cette barbarie; ce grand homme nous a détrompés de la philosophie de l'*école* (et peut-être même, sans le vouloir,

---

[1] 'For what purpose is this destruction?'

de la sienne; mais ce n'est pas de quoi il s'agit ici). L'Université de Paris, grâce à quelques professeurs vraiment éclairés, se délivre insensiblement de cette lèpre; cependant elle n'en est pas encore tout à fait guérie. Mais les universités d'Espagne et de Portugal, grâce à l'Inquisition qui les tyrannise, sont beaucoup moins avancées; la philosophie y est encore dans le même état où elle a été parmi nous depuis le douzième jusqu'au dix-septième siècles. Les professeurs jurent même de n'en jamais enseigner d'autre; cela s'appelle prendre toutes les précautions possibles contre la lumière. Dans un des *Journaux des Savants* de l'année 1752, à l'article des *nouvelles littéraires*, on ne peut lire sans étonnement et sans affliction le titre de ce livre, nouvellement imprimé à Lisbonne (au milieu du dix-huitième siècle): *Systema aristotelicum de formis substantialibus*, etc. *cum dissertatione de accidentibus absolutis. Ulyssipone* 1750. On serait tenté de croire que c'est une faute d'impression et qu'il faut lire 1550. *Voyez* ARISTOTÉLISME, SCOLASTIQUE, etc.

Nous serait-il permis d'observer que la nomenclature inutile et fatigante dont plusieurs sciences sont encore chargées, est peut-être un mauvais reste de l'ancien goût pour la philosophie de l'*école? Voy.* BOTANIQUE, MÉTHODE, etc. (O)

ÉGALITÉ NATURELLE (*Droit nat.*) est celle qui est entre

tous les hommes par la constitution de leur nature seulement. Cette *égalité* est le principe et le fondement de la liberté.

L'égalité naturelle ou *morale* est donc fondée sur la constitution de la nature humaine commune à tous les hommes, qui naissent, croissent, subsistent et meurent de la même manière.

Puisque la nature humaine se trouve la même dans tous les hommes, il est clair que selon le droit naturel chacun doit estimer et traiter les autres comme autant d'êtres qui lui sont naturellement égaux, c'est-à-dire qui sont hommes aussi bien que lui.

De ce principe de l'*égalité naturelle* des hommes il résulte plusieurs conséquences. Je parcourrai les principales.

1°. Il résulte de ce principe que tous les hommes sont naturellement libres et que la raison n'a pu les rendre dépendants que pour leur bonheur.

2°. Que malgré toutes les inégalités produites dans le gouvernement politique par la différence des conditions, par la noblesse, la puissance, les richesses, etc., ceux qui sont les plus élevés au-dessus des autres, doivent traiter leurs inférieurs comme leur étant naturellement égaux, en évitant tout outrage, en n'exigeant rien au delà de ce qu'on leur doit, et en exigeant avec humanité ce qui leur est dû le plus incontestablement.

3°. Que quiconque n'a pas acquis un droit particulier, en vertu duquel il puisse exiger quelque préférence, ne doit rien prétendre plus que les autres, mais au contraire les laisser jouir également des mêmes droits qu'il s'arroge lui-même.

4°. Qu'une chose qui est de droit commun, doit être ou commune en jouissance, ou possédée alternativement, ou divisée par égales portions entre ceux qui ont le même droit, ou par compensation équitable et réglée; ou qu'enfin, si cela est impossible, on doit en remettre la décision au sort, expédient assez commode, qui ôte tout soupçon de mépris et de partialité, sans rien diminuer de l'estime des personnes auxquelles il ne se trouve pas favorable.

Enfin, pour dire plus, je fonde avec le judicieux Hooker[1] sur le principe incontestable de l'*égalité naturelle* tous les devoirs de charité, d'humanité et de justice, auxquels les hommes sont obligés les uns envers les autres, et il ne serait pas difficile de le démontrer.

Le lecteur tirera d'autres conséquences, qui naissent du principe de l'*égalité naturelle* des hommes. Je remarquerai seulement que c'est la violation de ce principe qui a établi l'esclavage politique et civil. Il est arrivé de là que, dans les pays soumis au pouvoir arbitraire, les princes, les courtisans, les premiers ministres, ceux qui manient les finances, possèdent toutes les richesses de la nation, pendant que le reste des citoyens n'a que le nécessaire et que la plus grande partie du peuple gémit dans la pauvreté.

[1] Richard Hooker (1554?–1600).

Cependant qu'on ne me fasse pas le tort de supposer que par un esprit de fanatisme j'approuvasse dans un état cette chimère de l'*égalité* absolue que peut à peine enfanter une république idéale; je ne parle ici que de l'*égalité naturelle* des hommes. Je connais trop la nécessité des conditions différentes, des grades, des honneurs, des distinctions, des prérogatives, des subordinations, qui doivent régner dans tous les gouvernements, et j'ajoute même que l'*égalité naturelle* ou *morale* n'y est point opposée. Dans l'état de nature les hommes naissent bien dans l'*égalité*, mais ils n'y sauraient rester; la société la leur fait perdre, et ils ne redeviennent égaux que par les lois. Aristote rapporte que Phaléas de Chalcédoine avait imaginé une façon de rendre égales les fortunes de la république où elles ne l'étaient pas; il voulait que les riches donnassent des dots aux pauvres et n'en reçussent pas, et que les pauvres reçussent de l'argent pour leurs filles et n'en donnassent pas. 'Mais (comme le dit l'auteur de l'*Esprit des lois*) aucune république s'est-elle jamais accommodée d'un règlement pareil? Il met les citoyens sous des conditions dont les différences sont si frappantes qu'ils haïraient cette *égalité* même que l'on chercherait à établir et qu'il serait fou de vouloir introduire.' *Article de M. le Chevalier* DE JAUCOURT.

*ENCYCLOPÉDIE, s.f. (*Philosoph.*). Ce mot signifie *enchaînement de connaissances*; il est composé de la préposition grecque ἐν, *en*, et des substantifs χύχλος, *cercle*, et παιδεῖα, *connaissance*.

En effet, le but d'une *Encyclopédie* est de rassembler les connaissances éparses sur la surface de la terre, d'en exposer le système général aux hommes avec qui nous vivons, et de le transmettre aux hommes qui viendront après nous, afin que les travaux des siècles passés n'aient pas été des travaux inutiles pour les siècles qui succéderont, que nos neveux, devenant plus instruits, deviennent en même temps plus vertueux et plus heureux, et que nous ne mourions pas sans avoir bien mérité du genre humain.

Il eût été difficile de se proposer un objet plus étendu que celui de traiter de tout ce qui a rapport à la curiosité de l'homme, à ses devoirs, à ses besoins et à ses plaisirs. Aussi quelques personnes, accoutumées à juger de la possibilité d'une entreprise sur le peu de ressources qu'elles aperçoivent en elles-mêmes, ont prononcé que jamais nous n'achèverions la nôtre. *Voyez le Dict. de Trévoux, dernière édit.* au mot *Encyclopédie*.[1] Elles n'entendront de nous pour toute réponse que cet endroit du chancelier Bacon, qui semble leur être particulièrement adressé. *De impossibilitate ita statuo; ea omnia possibilia et praestabilia esse censenda quae ab aliquibus perfici possunt, licet non a quibusvis; et quae a multis conjunctim, licet non ab uno; et quae in successione saeculorum, licet non eodem aevo; et denique quae multorum cura et sumptu, licet non opibus et industria singulorum.* Bac. *lib.* II *de augment. scient. cap.* i. *pag.* 103.[2]

Quand on vient à considérer la matière immense d'une *Encyclopédie*, la seule chose qu'on aperçoive distinctement, c'est que ce ne peut être l'ouvrage d'un seul homme.[3] Et comment un seul homme dans le court espace de sa vie réussirait-il à connaître et à développer le système universel de la nature et de l'art, tandis que la société savante et nombreuse des académiciens *de la Crusca* a employé quarante années à former son vocabulaire[4] et que nos académiciens français avaient travaillé soixante ans à leur dictionnaire avant que d'en publier la première édition?[5]

---

[1] Like the *Journal de Trévoux*, the *Dictionnaire de Trévoux* was a Jesuit publication. It went through a considerable number of editions in the eighteenth century.

[2] 'Concerning impossibility, I would think thus: all those things are to be considered as possible and excellent which may be performed by some, but which are not permitted to particular individuals; which may be performed by many working together, but not by one person alone; which occur in the course of the centuries, but which do not happen in a given century; and, finally, those things which are done through the labour and at the expense of many, but which are not feasible for the wealth and toil of individuals.'

[3] As Ephraim Chambers's *Cyclopaedia* had been.

[4] Founded at Florence in 1582, the Accademia della Crusca brought out the first edition of its dictionary in 1621.

[5] The first edition of its dictionary appeared in 1694 (the Académie Française was founded by Richelieu in 1635).

Cependant, qu'est-ce qu'un dictionnaire de langue? qu'est-ce qu'un vocabulaire, lorsqu'il est exécuté aussi parfaitement qu'il peut l'être? Un recueil très exact des titres à remplir par un dictionnaire encyclopédique et raisonné.

Un seul homme, dira-t-on, est maître de tout ce qui existe; il disposera à son gré de toutes les richesses que les autres hommes ont accumulées. Je ne peux convenir de ce principe; je ne crois point qu'il soit donné à un seul homme de connaître tout ce qui peut être connu; de faire usage de tout ce qui est; de voir tout ce qui peut être vu; de comprendre tout ce qui est intelligible. Quand un dictionnaire raisonné des sciences et des arts ne serait qu'une combinaison méthodique de leurs éléments, je demanderais encore à qui il appartient de faire de bons éléments, si l'exposition élémentaire des principes fondamentaux d'une science ou d'un art est le coup d'essai d'un élève ou le chef-d'œuvre d'un maître. *Voyez l'article* ÉLÉMENTS DES SCIENCES.

* * *

Un dictionnaire universel et raisonné des sciences et des arts ne peut donc être l'ouvrage d'un homme seul. Je dis plus; je ne crois pas que ce puisse être l'ouvrage d'aucune des sociétés littéraires ou savantes qui subsistent, prises séparément ou en corps.

L'Académie française ne fournirait à une *Encyclopédie* que ce qui appartient à la langue et à ses usages; l'Académie des inscriptions et belles-lettres, que des connaissances relatives à l'histoire profane, ancienne et moderne, à la chronologie, à la géographie et à la littérature; la Sorbonne, que la théologie, l'histoire sacrée et l'histoire des superstitions;[1] l'Académie des sciences, que des mathématiques, de l'histoire naturelle, de la physique, de la chimie, de la médecine, de l'anatomie, etc.; l'Académie de chirurgie, que l'art de ce nom; celle de peinture, que la peinture,

---

[1] The Sorbonne was then the Faculty of Theology. The Archbishop of Paris protested to Malesherbes, the *Directeur de la Librairie*, against this reference to 'superstitions'.

la gravure, la sculpture, le dessin, l'architecture, etc. ; l'Université, que ce qu'on entend par les humanités, la philosophie de l'école, la jurisprudence, la typographie, etc.

Parcourez les autres sociétés que je peux avoir omises, et vous vous apercevrez qu'occupées chacune d'un objet particulier qui est sans doute du ressort d'un dictionnaire universel, elles en négligent une infinité d'autres qui doivent y entrer ; et vous n'en trouverez aucune qui vous fournisse la généralité de connaissances dont vous aurez besoin. Faites mieux, imposez-leur à toutes un tribut ; vous verrez combien il vous manquera de choses encore, et vous serez forcé de vous aider d'un grand nombre d'hommes répandus en différentes classes, hommes précieux, mais à qui les portes des académies n'en sont pas moins fermées par leur état. C'est trop de tous les membres de ces savantes compagnies pour un seul objet de la science humaine ; ce n'est pas assez de toutes ces sociétés pour la science de l'homme en général.

Sans doute, ce qu'on pourrait obtenir de chaque société savante en particulier serait très utile, et ce qu'elles fourniraient toutes avancerait rapidement le dictionnaire universel à sa perfection. Il y a même une tâche qui ramènerait leurs travaux au but de cet ouvrage et qui devrait leur être imposée. Je distingue deux moyens de cultiver les sciences : l'un d'augmenter la masse des connaissances par des découvertes, et c'est ainsi qu'on mérite le nom d'*inventeur* ; l'autre de rapprocher les découvertes et de les ordonner entre elles afin que plus d'hommes soient éclairés et que chacun participe, selon sa portée, à la lumière de son siècle, et l'on appelle *auteurs classiques* ceux qui réussissent dans ce genre qui n'est pas sans difficulté. J'avoue que, quand les sociétés savantes répandues dans l'Europe s'occuperaient à recueillir les connaissances anciennes et modernes, à les enchaîner et à en publier des traités complets et méthodiques, les choses n'en seraient que mieux ; du moins jugeons-en par l'effet. Comparons les quatre-vingts volumes in-4° de l'Académie des sciences, compilés selon l'esprit dominant de nos plus célèbres académies, à huit ou dix volumes exécutés comme je le conçois, et voyons s'il y aurait à choisir. Ces derniers renfermeraient une infinité de matériaux excellents dispersés dans un grand nombre d'ouvrages où ils restent sans produire aucune sensation utile, comme des charbons épars qui ne formeront jamais un brasier; et de ces dix volumes, à peine la collection académique en fournirait-elle quelques-uns. Qu'on jette les yeux sur les mémoires de l'Académie des inscriptions, et qu'on calcule combien on en extrairait de feuilles pour un traité scientifique. Que dirai-je des *Transactions philosophiques*,[1] et des *Actes des curieux de la nature*?[2] Aussi tous ces recueils énormes commencent à chanceler, et il n'y a aucun doute que le premier abréviateur qui aura du goût et de l'habileté ne les fasse tomber. Ce devait être leur dernier sort.

Après y avoir sérieusement réfléchi, je trouve que l'objet particulier d'un académicien pourrait être de perfectionner la branche à laquelle il se serait attaché et de s'immortaliser par des ouvrages qui ne fussent point de l'académie, qui ne formeraient point ses recueils, qu'il publierait en son nom; mais que l'académie devrait avoir pour but de rassembler tout ce qui s'est publié sur chaque matière, de le digérer, de l'éclaircir, de le serrer, de l'ordonner et d'en publier des traités où chaque chose n'occupât que l'espace qu'elle mérite d'occuper et n'eût d'importance que celle qu'on ne lui pourrait enlever. Combien de mémoires, qui grossissent nos recueils, ne fourniraient pas une ligne à de pareils traités!

C'est à l'exécution de ce projet, étendu non seulement aux différents objets de nos académies, mais à toutes les branches de la connaissance humaine, qu'une *Encyclopédie* doit suppléer, ouvrage qui ne s'exécutera que par une société de gens de lettres et d'artistes, épars, occupés chacun de sa partie, et liés seulement par l'intérêt général du genre humain et par un sentiment de bienveillance réciproque.

[1] The *Philosophical Transactions* were published by the Royal Society from 1665 onwards.

[2] The *Academia naturae curiosorum* was founded at Vienna in 1652.

Je dis une *société de gens de lettres et d'artistes* afin de rassembler tous les talents. Je les veux *épars*, parce qu'il n'y a aucune société subsistante d'où l'on puisse tirer toutes les connaissances dont on a besoin, et que, si l'on voulait que l'ouvrage se fît toujours et ne s'achevât jamais, il n'y aurait qu'à former une pareille société. Toute société a ses assemblées, ces assemblées laissent entre elles des intervalles, elles ne durent que quelques heures, une partie de ce temps se perd en discussions, et les objets les plus simples consument des mois entiers; d'où il arrivera, comme le disait un des Quarante, qui a plus d'esprit dans la conversation que beaucoup d'auteurs n'en mettent dans leurs écrits, que les douze volumes de l'*Encyclopédie* [1] auront paru que nous en serons encore à la première lettre de notre vocabulaire; au lieu, ajoutait-il, que si ceux qui travaillent à cet ouvrage avaient des séances encyclopédiques, comme nous avons des séances académiques, nous verrions la fin de notre ouvrage qu'ils en seraient encore à la première lettre du leur; et il avait raison.

J'ajoute, *des hommes liés par l'intérêt général du genre humain et par un sentiment de bienveillance réciproque*, parce que ces motifs étant les plus honnêtes qui puissent animer des âmes bien nées, ce sont aussi les plus durables. On s'applaudit intérieurement de ce que l'on fait; on s'échauffe; on entreprend pour son collègue et pour son ami ce qu'on ne tenterait par aucune autre considération; et j'ose assurer, d'après l'expérience, que le succès des tentatives en est plus certain. L'*Encyclopédie* a rassemblé ses matériaux en assez peu de temps. Ce n'est point un vil intérêt qui en a réuni et hâté les auteurs; ils ont vu leurs efforts secondés par la plupart des gens de lettres dont ils pouvaient attendre quelques secours, et ils n'ont été importunés dans leurs travaux que par ceux qui n'avaient pas le talent nécessaire pour y contribuer seulement d'une bonne page.

---

[1] As originally advertised in the Prospectus (1750), the *Encyclopédie* was to consist of eight folio volumes of text and two of plates. The number was gradually increased until finally seventeen volumes of text and eleven of plates were published.

Si le gouvernement se mêle d'un pareil ouvrage, il ne se fera point. Toute son influence doit se borner à en favoriser l'exécution.... Une *Encyclopédie*, ainsi qu'un vocabulaire, doit être commencée, continuée et finie dans un certain intervalle de temps, et... un intérêt sordide s'occupe toujours à prolonger les ouvrages ordonnés par les rois. Si l'on employait à un dictionnaire universel et raisonné les longues années que l'étendue de son objet semble exiger, il arriverait par les révolutions qui ne sont guère moins rapides dans les sciences et surtout dans les arts que dans la langue, que ce dictionnaire serait celui d'un siècle passé, de même qu'un vocabulaire qui s'exécuterait lentement, ne pourrait être que celui d'un règne qui ne serait plus. Les opinions vieillissent et disparaissent comme les mots; l'intérêt que l'on prenait à certaines inventions, s'affaiblit de jour en jour et s'éteint; si le travail tire en longueur, on se sera étendu sur des choses momentanées dont il ne sera déjà plus question; on n'aura rien dit sur d'autres dont la place sera passée, inconvénient que nous avons nous-mêmes éprouvé, quoiqu'il ne se soit pas écoulé un temps fort considérable entre la date de cet ouvrage et le moment où j'écris. On remarquera l'irrégularité la plus désagréable dans un ouvrage destiné à représenter, selon leur juste proportion, l'état des choses dans toute leur durée antérieure; des objets importants étouffés; de petits objets boursouflés. En un mot, l'ouvrage se défigurera sans cesse sous les mains des travailleurs, se gâtera plus par le seul laps de temps qu'il ne se perfectionnera par leurs soins, et deviendra plus défectueux et plus pauvre par ce qui devrait y être ou raccourci ou supprimé ou rectifié ou suppléé, que riche par ce qu'il acquerra successivement.

Quelle diversité ne s'introduit pas tous les jours dans la langue des arts, dans les machines et dans les manœuvres! Qu'un homme consume une partie de sa vie à la description des arts; que, dégoûté de cet ouvrage fatigant, il se laisse entraîner à des occupations plus amusantes et moins utiles et que son premier ouvrage demeure renfermé dans ses portefeuilles; il ne s'écoulera pas vingt ans qu'à la place des choses nouvelles et curieuses, piquantes par leur singularité, intéressantes par leurs usages, par le goût dominant, par une importance momentanée, il ne trouvera que des notions incorrectes, des manœuvres surannées, des machines ou imparfaites, ou abandonnées. Dans les nombreux volumes qu'il aura composés, il n'y aura pas une page qu'il ne faille retoucher, et dans la multitude des planches qu'il aura fait graver, presque pas une figure qu'il ne faille redessiner. Ce sont des portraits dont les originaux ne subsistent plus. Le luxe, ce père des arts, est comme le Saturne de la fable, qui se plaisait à détruire ses enfants.

La révolution peut être moins forte et moins sensible dans les sciences et dans les arts libéraux que dans les arts mécaniques, mais il s'y en fait une. Qu'on ouvre les dictionnaires du siècle passé, on n'y trouvera à *aberration* rien de ce que nos astronomes entendent par ce terme; à peine y aura-t-il sur l'*électricité*, ce phénomène si fécond, quelques lignes qui ne seront encore que des notions fausses et de vieux préjugés. Combien de termes de *minéralogie* et d'*histoire naturelle* dont on en peut dire autant! Si notre dictionnaire eût été un peu plus avancé, nous aurions été exposés à répéter sur la *nielle*, sur les maladies des grains et sur leur commerce les erreurs des siècles passés, parce que les découvertes de M. Tillet et le système de M. Herbert sont récents.[1]

Quand on traite des êtres de la nature, que peut-on faire de plus que de rassembler avec scrupule toutes leurs propriétés connues dans le moment où l'on écrit? Mais l'observation et la physique expérimentale, multipliant sans cesse les phénomènes et les faits, et la philosophie rationnelle, les comparant entre eux et les combinant, étendent ou resserrent sans cesse les limites de nos connaissances, font en conséquence varier les acceptions des mots institués, rendent les définitions qu'on en a données inexactes, fausses, incomplètes, et déterminent même à en instituer de nouveaux.

[1] The *Essai sur la cause qui corrompt et noircit les grains dans les épis* of Matthias Tillet was published in 1755, as was also the *Essai sur la police générale des grains* of Claude Jacques Herbert.

Mais ce qui donnera à l'ouvrage l'air suranné et le jettera dans le mépris, c'est surtout la révolution qui se fera dans l'esprit des hommes et dans le caractère national. Aujourd'hui que la philosophie s'avance à grands pas; qu'elle soumet à son empire tous les objets de son ressort; que son ton est le ton dominant, et qu'on commence à secouer le joug de l'autorité et de l'exemple pour s'en tenir aux lois de la raison, il n'y a presque pas un ouvrage élémentaire et dogmatique dont on soit satisfait. On trouve ces productions calquées sur celles des hommes, et non sur la vérité de la nature. On ose proposer ses doutes à Aristote et à Platon, et le temps est arrivé où des ouvrages qui jouissent encore de la plus haute réputation en perdront une partie, ou même tomberont entièrement dans l'oubli; certains genres de littérature qui, faute d'une vie réelle et de mœurs subsistantes qui leur servent de modèles, ne peuvent avoir de poétique invariable et sensée, seront négligés; et d'autres qui resteront, et que leur valeur intrinsèque soutiendra, prendront une forme toute nouvelle. Tel est l'effet du progrès de la raison, progrès qui renversera tant de statues et qui en relèvera quelques-unes qui sont renversées. Ce sont celles des hommes rares qui ont devancé leur siècle. Nous avons eu, s'il est permis de s'exprimer ainsi, des contemporains sous le siècle de Louis XIV.

Le temps qui a émoussé notre goût sur les questions de critique et de controverse, a rendu insipide une partie du dictionnaire de Bayle. Il n'y a point d'auteur qui ait tant perdu dans quelques endroits et qui ait plus gagné dans d'autres. Mais si tel a été le sort de Bayle, qu'on juge de ce qui serait arrivé à l'*Encyclopédie* de son temps. Si l'on en excepte ce Perrault[1] et quelques autres dont le versificateur Boileau n'était pas en état d'apprécier le mérite, la Mothe,[2] Terrasson, Boindin, Fontenelle, sous lesquels la raison et l'esprit philosophique ou de doute a fait de si grands

[1] Charles Perrault (1628–1703), author of the *Parallèles des anciens et des modernes* (1688–94) and *Les hommes illustres qui ont paru en France pendant ce siècle* (1696–1700).

[2] Houdar de La Motte (1672–1731). The other writers mentioned also flourished at the end of the seventeenth century and in the first half of the eighteenth.

progrès, il n'y avait peut-être pas un homme qui en eût écrit une page qu'on daignât lire aujourd'hui. Car qu'on ne s'y trompe pas; il y a bien de la différence entre enfanter, à force de génie, un ouvrage qui enlève les suffrages d'une nation qui a son moment, son goût, ses idées et ses préjugés, et tracer la poétique du genre, selon la connaissance réelle et réfléchie du cœur de l'homme, de la nature des choses et de la droite raison, qui sont les mêmes dans tous les temps. Le génie ne connaît point les règles; cependant il ne s'en écarte jamais dans ses succès. Le philosophe ne connaît que les règles fondées sur la nature des êtres, qui est immuable et éternelle. C'est au siècle passé à fournir des exemples; c'est à notre siècle à prescrire les règles.

Les connaissances les moins communes sous le siècle passé le deviennent de jour en jour. Il n'y a point de femme à qui l'on ait donné quelque éducation, qui n'emploie avec discernement toutes les expressions consacrées à la peinture, à la sculpture, à l'architecture et aux belles-lettres. Combien y a-t-il d'enfants qui ont du dessin, qui savent de la géométrie, qui sont musiciens, à qui la langue domestique n'est pas plus familière que celle de ces arts, et qui disent, *un accord, une belle forme, un contour agréable, une parallèle, une hypothénuse, une quinte, un triton, un arpégement, un microscope, un télescope, un foyer,* comme ils diraient *une lunette d'opéra, une épée, une canne, un carrosse, un plumet!* Les esprits sont encore emportés d'un autre mouvement général vers l'histoire naturelle, l'anatomie, la chimie et la physique expérimentale. Les expressions propres à ces sciences sont déjà très communes et le deviendront nécessairement davantage. Qu'arrivera-t-il de là? c'est que la langue, même populaire, changera de face; qu'elle s'étendra à mesure que nos oreilles s'accoutumeront aux mots, par les applications heureuses qu'on en fera. Car si l'on y réfléchit, la plupart de ces mots techniques que nous employons aujourd'hui, ont été originairement du *néologisme;* c'est l'usage et le temps qui leur ont ôté ce vernis équivoque. Ils étaient clairs, énergiques et nécessaires. Le sens métaphorique n'était pas éloigné du sens propre. Ils peignaient.

Les rapports sur lesquels le nouvel emploi en était appuyé, n'étaient pas trop recherchés; ils étaient réels. L'acception figurée n'avait point l'air d'une subtilité; le mot était d'ailleurs harmonieux et coulant. L'idée principale en était liée avec d'autres que nous ne nous rappelons jamais sans instruction ou sans plaisir. Voilà les fondements de la fortune que ces expressions ont faite; et les causes contraires sont celles du discrédit où tomberont et sont tombées tant d'autres expressions.

Notre langue est déjà fort étendue. Elle a dû, comme toutes les autres, sa formation au besoin, et ses richesses à l'essor de l'imagination, aux entraves de la poésie et aux nombres et à l'harmonie de la prose oratoire. Elle va faire des pas immenses sous l'empire de la philosophie, et si rien ne suspendait la marche de l'esprit, avant qu'il fût un siècle, un dictionnaire oratoire et poétique du siècle de Louis XIV ou même du nôtre contiendrait à peine les deux tiers des mots qui seront à l'usage de nos neveux.

Dans un vocabulaire, dans un dictionnaire universel et raisonné, dans tout ouvrage destiné à l'instruction générale des hommes, il faut donc commencer par envisager son objet sous les faces les plus étendues; connaître l'esprit de sa nation, en pressentir la pente, le gagner de vitesse, en sorte qu'il ne laisse pas votre travail en arrière, mais qu'au contraire il le rencontre en avant; se résoudre à ne travailler que pour les générations suivantes, parce que le moment où nous existons passe et qu'à peine une grande entreprise sera-t-elle achevée que la génération présente ne sera plus. Mais pour être plus longtemps utile et nouveau, en devançant de plus loin l'esprit national qui marche sans cesse, il faut abréger la durée du travail, en multipliant le nombre des collègues, moyen qui toutefois n'est pas sans inconvénient, comme on le verra dans la suite.

Cependant les connaissances ne deviennent et ne peuvent devenir communes que jusqu'à un certain point. On ignore, à la vérité, quelle est cette limite. On ne sait jusqu'où tel homme peut aller. On sait bien moins encore jusqu'où l'espèce humaine irait, ce dont elle serait capable si elle n'était point arrêtée dans ses progrès. Mais les révolutions sont nécessaires; il y en a toujours eu et il y en aura toujours, le plus grand intervalle d'une révolution à une autre est donné; cette seule cause borne l'étendue de nos travaux. Il y a dans les sciences un point au delà duquel il ne leur est presque pas accordé de passer. Lorsque ce point est atteint, les monuments qui restent de ce progrès sont à jamais l'étonnement de l'espèce entière. Mais si l'espèce est bornée dans ses efforts, combien l'individu ne l'est-il pas dans les siens! L'individu n'a qu'une certaine énergie dans ses facultés, tant animales qu'intellectuelles; il ne dure qu'un temps; il est forcé à des alternatives de travail et de repos; il a des besoins et des passions à satisfaire, et il est exposé à une infinité de distractions. Toutes les fois que ce qu'il y a de négatif dans ces quantités formera la plus petite somme possible, ou que ce qu'il y a de positif formera la somme possible la plus grande, un homme appliqué solitairement à quelque branche de la science humaine, la portera aussi loin qu'elle peut être portée par les efforts d'un individu. Ajoutez au travail de cet individu extraordinaire celui d'un autre, et ainsi de suite, jusqu'à ce que vous ayez rempli l'intervalle d'une révolution à la révolution la plus éloignée, et vous vous formerez quelque notion de ce que l'espèce entière peut produire de plus parfait, surtout si vous supposez en faveur de son travail un certain nombre de circonstances fortuites qui en auraient diminué le succès, si elles avaient été contraires. Mais la masse générale de l'espèce n'est faite ni pour suivre, ni pour connaître cette marche de l'esprit humain. Le point d'instruction le plus élevé qu'elle puisse atteindre, a ses limites; d'où il s'ensuit qu'il y aura des ouvrages qui resteront toujours au-dessus de la portée commune des hommes, d'autres qui descendront peu à peu au-dessous, et d'autres encore qui éprouveront cette double fortune.

A quelque point de perfection qu'une *Encyclopédie* soit conduite, il est évident par la nature de cet ouvrage qu'elle se trouvera nécessairement au nombre de ceux-ci. Il y a des objets qui sont entre les mains du peuple, dont il tire sa subsistance et à la connaissance pratique desquels il s'occupe sans relâche. Quelque traité qu'on en écrive, il viendra un moment où il en saura plus que le livre. Il y a d'autres objets sur lesquels il demeurera presque entièrement ignorant, parce que les accroissements de sa connaissance sont trop faibles et trop lents pour former jamais une lumière considérable, quand on les supposerait continus. Ainsi l'homme du peuple et le savant auront toujours également à désirer et à s'instruire dans une *Encyclopédie*. Le moment le plus glorieux pour un ouvrage de cette nature, ce serait celui qui succéderait immédiatement à quelque grande révolution qui aurait suspendu les progrès des sciences, interrompu les travaux des arts et replongé dans les ténèbres une portion de notre hémisphère. Quelle reconnaissance la génération qui viendrait après ces temps de trouble, ne porterait-elle pas aux hommes qui les auraient redoutés de loin et qui en auraient prévenu le ravage, en mettant à l'abri les connaissances des siècles passés! Ce serait alors (j'ose le dire sans ostentation, parce que notre *Encyclopédie* n'atteindra peut-être jamais la perfection qui lui mériterait tant d'honneurs), ce serait alors qu'on nommerait avec ce grand ouvrage le règne du monarque sous lequel il fut entrepris, le ministre auquel il fut dédié, les grands qui en favorisèrent l'exécution, les auteurs qui s'y consacrèrent, tous les hommes de lettres qui y concoururent. La même voix qui rappellerait ces secours n'oublierait pas de parler aussi des peines que les auteurs auraient souffertes, et des disgrâces qu'ils auraient essuyées; et le monument qu'on leur élèverait, serait à plusieurs faces, où l'on verrait alternativement des honneurs accordés à leur mémoire et des marques d'indignation attachées à la mémoire de leurs ennemis.

*　　*　　*

Une considération surtout qu'il ne faut point perdre de vue, c'est que si l'on bannit l'homme ou l'être pensant ou contemplateur de dessus la surface de la terre, ce spectacle pathétique et sublime de la nature n'est plus qu'une scène triste et muette. L'univers se tait; le silence et la nuit s'en emparent. Tout se change en une vaste solitude où les phénomènes inobservés se passent d'une manière obscure et sourde. C'est la présence de l'homme qui rend l'existence des êtres intéressante; et que peut-on se proposer de mieux dans l'histoire de ces êtres que de se soumettre à cette considération? Pourquoi n'introduirons-nous pas l'homme dans notre ouvrage comme il est placé dans l'univers? Pourquoi n'en ferons-nous pas un centre commun? Est-il dans l'espace infini quelque point d'où nous puissions avec plus d'avantage faire partir les lignes immenses que nous nous proposons d'étendre à tous les autres points? Quelle vive et douce réaction n'en résultera-t-il pas des êtres vers l'homme, de l'homme vers les êtres?

Voilà ce qui nous a déterminés à chercher dans les facultés principales de l'homme la division générale à laquelle nous avons subordonné notre travail.[1] Qu'on suive telle autre voie qu'on aimera mieux, pourvu qu'on ne substitue pas à l'homme un être muet, insensible et froid. L'homme est le terme unique d'où il faut partir et auquel il faut tout ramener, si l'on veut plaire, intéresser, toucher jusque dans les considérations les plus arides et les détails les plus secs. Abstraction faite de mon existence et du bonheur de mes semblables, que m'importe le reste de la nature?

Un second ordre non moins essentiel que le précédent est celui qui déterminera l'étendue relative des différentes parties de l'ouvrage. J'avoue qu'il se présente ici une de ces difficultés qu'il est impossible de surmonter quand on commence, et qu'il est difficile de surmonter à quelque édition qu'on parvienne. Comment établir une juste proportion entre les différentes parties d'un si grand tout? Quand ce tout serait l'ouvrage d'un seul homme, la tâche ne serait pas facile; qu'est-ce donc que cette tâche lorsque le tout est l'ouvrage d'une société nombreuse? En comparant un dictionnaire universel et raisonné de la connaissance humaine à une statue colossale, on n'en est pas plus

---

[1] The *Discours Préliminaire* bases its classification of the different branches of knowledge on the faculties of memory, reason and imagination.

avancé, puisqu'on ne sait ni comment déterminer la hauteur absolue du colosse, ni par quelles sciences, ni par quels arts ses membres différents doivent être représentés. Quelle est la matière qui servira de module? sera-ce la plus noble, la plus utile, la plus importante ou la plus étendue? préférera-t-on la morale aux mathématiques, les mathématiques à la théologie, la théologie à la jurisprudence, la jurisprudence à l'histoire naturelle, etc.? Si l'on s'en tient à certaines expressions génériques que personne n'entend de la même manière, quoique tout le monde s'en serve sans contradiction parce que jamais on ne s'explique, et si l'on demande à chacun ou des éléments, ou un traité complet et général, on ne tardera pas à s'apercevoir combien cette mesure nominale est vague et indéterminée. Et celui qui aura cru prendre avec ses différents collègues des précautions telles que les matériaux qui lui seront remis cadreront à peu près avec son plan, est un homme qui n'a nulle idée de son objet, ni des collègues qu'il s'associe. Chacun a sa manière de sentir et de voir. Je me souviens qu'un artiste à qui je croyais avoir exposé assez exactement ce qu'il avait à faire pour son art, m'apporta d'après mon discours, à ce qu'il prétendait, sur la manière de tapisser en papier, qui demandait à peu près un feuillet d'écriture et une demi-planche de dessin, dix à douze planches énormes et chargées de figures, et trois cahiers épais, *in-folio*, d'un caractère fort menu, à fournir un à deux volumes in-douze. Un autre, au contraire, à qui j'avais prescrit exactement les mêmes règles qu'au premier, m'apporta sur une des manufactures les plus étendues par la diversité des ouvrages qu'on y fabrique, des matières qu'on y emploie, des machines dont on se sert et des manœuvres qu'on y pratique, un petit catalogue de mots sans définition, sans explication, sans figure, m'assurant bien fermement que son art ne contenait rien de plus; il supposait que le reste ou n'était point ignoré, ou ne pouvait s'écrire. Nous avions espéré d'un de nos *amateurs* les plus vantés l'article COMPOSITION EN PEINTURE (M. Watelet[1] ne nous avait point encore offert ses secours).

[1] Claude Henri Watelet (1718–86).

Nous reçûmes de l'*amateur* deux lignes de définition, sans exactitude, sans style et sans idées, avec l'humiliant aveu *qu'il n'en savait pas davantage*; et je fus obligé de faire l'article COMPOSITION EN PEINTURE, moi qui ne suis ni *amateur* ni peintre. Ces phénomènes ne m'étonnèrent point. Je vis avec aussi peu de surprise la même diversité entre les travaux des savants et des gens de lettres. La preuve en subsiste en cent endroits de cet ouvrage. Ici nous sommes boursouflés et d'un volume exorbitant, là maigres, petits, mesquins, secs et décharnés. Dans un endroit nous ressemblons à des squelettes; dans un autre, nous avons un air hydropique. Nous sommes alternativement nains et géants, colosses et pygmées; droits, bien faits et proportionnés; bossus, boiteux et contrefaits. Ajoutez à toutes ces bizarreries celle d'un discours tantôt abstrait, obscur ou recherché, plus souvent négligé, traînant et lâche; et vous comparerez l'ouvrage entier au monstre de l'art poétique ou même à quelque chose de plus hideux. Mais ces défauts sont inséparables d'une première tentative, et il m'est évidemment démontré qu'il n'appartient qu'au temps et aux siècles à venir de les réparer.

*   *   *

Je distingue deux sortes de renvois: les uns de choses et les autres de mots. Les renvois de choses éclaircissent l'objet, indiquent ses liaisons prochaines avec ceux qui le touchent immédiatement, et ses liaisons éloignées avec d'autres qu'on en croirait isolés; rappellent les notions communes et les principes analogues; fortifient les conséquences; entrelacent la branche au tronc, et donnent au tout cette unité si favorable à l'établissement de la vérité et à la persuasion. Mais quand il le faudra, ils produiront aussi un effet tout contraire; ils opposeront les notions; ils feront contraster les principes; ils attaqueront, ébranleront, renverseront secrètement quelques opinions ridicules qu'on n'oserait insulter ouvertement. Si l'auteur est impartial, ils auront toujours la double fonction de confirmer et de réfuter, de troubler et de concilier.

Il y aurait un grand art et un avantage infini dans ces derniers renvois. L'ouvrage entier en recevrait une force interne et une utilité secrète, dont les effets sourds seraient nécessairement sensibles avec le temps. Toutes les fois, par exemple, qu'un préjugé national mériterait du respect, il faudrait à son article particulier l'exposer respectueusement et avec tout son cortège de vraisemblance et de séduction, mais renverser l'édifice de fange, dissiper un vain amas de poussière, en renvoyant aux articles où des principes solides servent de base aux vérités opposées. Cette manière de détromper les hommes opère très promptement sur les bons esprits, et elle opère infailliblement et sans aucune fâcheuse conséquence, secrètement et sans éclat, sur tous les esprits. C'est l'art de déduire tacitement les conséquences les plus fortes. Si ces renvois de confirmation et de réfutation sont prévus de loin et préparés avec adresse, ils donneront à une *Encyclopédie* le caractère que doit avoir un bon dictionnaire ; ce caractère est de changer la façon commune de penser. L'ouvrage qui produira ce grand effet général, aura des défauts d'exécution, j'y consens ; mais le plan et le fond en seront excellents. L'ouvrage qui n'opérera rien de pareil, sera mauvais. Quelque bien que l'on en puisse dire d'ailleurs, l'éloge passera et l'ouvrage tombera dans l'oubli.

Les renvois de mots sont très utiles. Chaque science, chaque art a sa langue. Où en serait-on si toutes les fois qu'on emploie un terme d'art, il fallait en faveur de la clarté en répéter la définition ? Combien de redites ! et peut-on douter que tant de digressions et de parenthèses, tant de longueurs ne rendissent obscur ? Il est aussi commun d'être diffus et obscur qu'obscur et serré, et si l'un est quelquefois fatigant, l'autre est toujours ennuyeux. Il faut seulement, lorsqu'on fait usage de ces mots et qu'on ne les explique pas, avoir l'attention la plus scrupuleuse de renvoyer aux endroits où il en est question, et auxquels on ne serait conduit que par l'analogie, espèce de fil qui n'est pas entre les mains de tout le monde. Dans un dictionnaire universel des sciences et des arts on peut être contraint en plusieurs circonstances à supposer du jugement, de l'esprit, de la pénétration; mais il n'y en a aucune où l'on ait dû supposer des connaissances. Qu'un homme peu intelligent se plaigne, s'il le veut, ou de l'ingratitude de la nature, ou de la difficulté de la matière, mais non de l'auteur, s'il ne lui manque rien pour entendre, ni du côté des choses ni du côté des mots.

Il y a une troisième sorte de renvois à laquelle il ne faut ni s'abandonner, ni se refuser entièrement; ce sont ceux qui, en rapprochant dans les sciences certains rapports, dans des substances naturelles des qualités analogues, dans les arts des manœuvres semblables, conduiraient ou à de nouvelles vérités spéculatives, ou à la perfection des arts connus, ou à l'invention de nouveaux arts, ou à la restitution d'anciens arts perdus. Ces renvois sont l'ouvrage de l'homme de génie. Heureux celui qui est en état de les apercevoir! Il a cet esprit de combinaison, cet instinct que j'ai défini dans quelques-unes de mes *Pensées sur l'interprétation de la nature*.[1] Mais il vaut encore mieux risquer des conjectures chimériques que d'en laisser perdre d'utiles. C'est ce qui m'enhardit à proposer celles qui suivent.

*   *   *

Enfin une dernière sorte de renvoi qui peut être ou de mot ou de chose, ce sont ceux que j'appellerais volontiers satiriques ou épigrammatiques; tel est, par exemple, celui qui se trouve dans un de nos articles[2] où à la suite d'un éloge pompeux on lit, *voyez* CAPUCHON.[3] Le mot burlesque *capuchon* et ce qu'on trouve à l'article *capuchon* pourrait faire soupçonner que l'éloge pompeux n'est qu'une ironie, et qu'il faut lire l'article avec précaution et en peser exactement tous les termes.

Je ne voudrais pas supprimer entièrement ces renvois, parce qu'ils ont quelquefois leur utilité. On peut les diriger secrètement contre certains ridicules, comme les renvois philosophiques contre

---

[1] First published in 1753, two years before this volume of the *Encyclopédie* appeared.

[2] CORDELIER (see p. 37).   [3] See p. 18.

certains préjugés. C'est quelquefois un moyen délicat et léger de repousser une injure sans presque se mettre sur la défensive, et d'arracher le masque à de graves personnages, *qui Curios simulant et bacchanalia vivunt.*[1] Mais je n'en aime pas la fréquence; celui même que j'ai cité ne me plaît pas. De fréquentes allusions de cette nature couvriraient de ténèbres un ouvrage. La postérité qui ignore de petites circonstances qui ne méritaient pas de lui être transmises, ne sent plus la finesse de l'à-propos et regarde ces mots qui nous égayent comme des puérilités. Au lieu de composer un dictionnaire sérieux et philosophique, on tombe dans la pasquinade. Tout bien considéré, j'aimerais mieux qu'on dît la vérité sans détour et que si, par malheur ou par hasard, on avait à faire à des hommes perdus de réputation, sans connaissances, sans mœurs, et dont le nom fût presque devenu un terme déshonnête, on s'abstînt de les nommer ou par pudeur, ou par charité, ou qu'on tombât sur eux sans ménagement, qu'on leur fît la honte la plus ignominieuse de leurs vices, qu'on les rappelât à leur état et à leurs devoirs par des traits sanglants, et qu'on les poursuivît avec l'amertume du Perse et le fiel de Juvénal ou de Buchanan.[2]

* * *

Nous croyons sentir tous les avantages d'une entreprise telle que celle dont nous nous occupons. Nous croyons n'avoir eu que trop d'occasions de connaître combien il était difficile de sortir avec quelque succès d'une première tentative, et combien les talents d'un seul homme, quel qu'il fût, étaient au-dessous de ce projet. Nous avions là-dessus, longtemps avant que d'avoir commencé, une partie des lumières et toute la défiance qu'une longue méditation pouvait inspirer. L'expérience n'a point affaibli ces dispositions. Nous avons vu, à mesure que nous travaillions, la matière s'étendre, la nomenclature s'obscurcir, des substances

---

[1] 'who assume the appearance of Curii [Manius Curius Dentatus was famous as a model of ancient Roman virtue and frugality] and who live riotously.'

[2] George Buchanan (1506–82), Scottish Reformer, who composed a satire on the Franciscans.

ramenées sous une multitude de noms différents, les instruments, les machines et les manœuvres se multiplier sans mesure, et les détours nombreux d'un labyrinthe inextricable se compliquer de plus en plus. Nous avons vu combien il en coûtait pour s'assurer que les mêmes choses étaient les mêmes, et combien, pour s'assurer que d'autres qui paraissaient très différentes, n'étaient pas différentes. Nous avons vu que cette forme alphabétique, qui nous ménageait à chaque instant des repos, qui répandait tant de variété dans le travail, et qui sous ces points de vue paraissait si avantageuse à suivre dans un long ouvrage, avait ses difficultés qu'il fallait surmonter à chaque instant. Nous avons vu qu'elle exposait à donner aux articles capitaux une étendue immense, si l'on y faisait entrer tout ce qu'on pouvait assez naturellement espérer d'y trouver, ou à les rendre secs et appauvris si, à l'aide des renvois, on les élaguait et si l'on en excluait beaucoup d'objets qu'il n'était pas impossible d'en séparer. Nous avons vu combien il était important et difficile de garder un juste milieu. Nous avons vu combien il échappait de choses inexactes et fausses, combien on en omettait de vraies. Nous avons vu qu'il n'y avait qu'un travail de plusieurs siècles qui pût introduire entre tant de matériaux rassemblés la forme véritable qui leur convenait; donner à chaque partie son étendue; réduire chaque article à une juste longueur; supprimer ce qu'il y a de mauvais; suppléer ce qui manque de bon, et finir un ouvrage qui remplît le dessein qu'on avait formé quand on l'entreprit. Mais nous avons vu que de toutes les difficultés une des plus considérables, c'était de le produire une fois, quelque informe qu'il fût, et qu'on ne nous ravirait pas l'honneur d'avoir surmonté cet obstacle. Nous avons vu que l'*Encyclopédie* ne pouvait être que la tentative d'un siècle philosophe; que ce siècle était arrivé; que la renommée, en portant à l'immortalité les noms de ceux qui l'achèveraient, peut-être ne dédaignerait pas de se charger des nôtres; et nous nous sommes sentis ranimés par cette idée si consolante et si douce qu'on s'entretiendrait aussi de nous, lorsque nous ne serions plus; par ce murmure si voluptueux qui nous faisait entendre dans la bouche de quelques-uns de nos contemporains ce que diraient de nous des hommes à l'instruction et au bonheur desquels nous nous immolions, que nous estimions et que nous aimions, quoiqu'ils ne fussent pas encore. Nous avons senti se développer en nous ce germe d'émulation qui envie au trépas la meilleure partie de nous-mêmes et ravit au néant les seuls moments de notre existence dont nous soyons réellement flattés. En effet, l'homme se montre à ses contemporains et se voit tel qu'il est, composé bizarre de qualités sublimes et de faiblesses honteuses. Mais les faiblesses suivent la dépouille mortelle dans le tombeau et disparaissent avec elle; la même terre les couvre. Il ne reste que les qualités éternisées dans les monuments qu'il s'est élevés à lui-même ou qu'il doit à la vénération et à la reconnaissance publiques, honneurs dont la conscience de son propre mérite lui donne une jouissance anticipée, jouissance aussi pure, aussi forte, aussi réelle qu'aucune autre jouissance, et dans laquelle il ne peut y avoir d'imaginaire que les titres sur lesquels on fonde ses prétentions. Les nôtres sont déposés dans cet ouvrage; la postérité les jugera.

J'ai dit qu'il n'appartenait qu'à un siècle philosophe de tenter une *Encyclopédie*, et je l'ai dit parce que cet ouvrage demande partout plus de hardiesse dans l'esprit qu'on n'en a communément dans les siècles pusillanimes du goût. Il faut tout examiner, tout remuer sans exception et sans ménagement; oser voir, ainsi que nous commençons à nous en convaincre, qu'il en est presque des genres de littérature ainsi que de la compilation générale des lois et de la première formation des villes; que c'est à un hasard singulier, à une circonstance bizarre, quelquefois à un essor du génie, qu'ils ont dû leur naissance; que ceux qui sont venus après les premiers inventeurs, n'ont été pour la plupart que leurs esclaves; que des productions qu'on devait regarder comme le premier degré, prises aveuglément pour le dernier terme, au lieu d'avancer un art à sa perfection, n'ont servi qu'à le retarder, en réduisant les autres hommes à la condition servile d'imitateurs; qu'aussitôt qu'un nom fut donné à une composition d'un caractère particulier, il fallut modeler rigoureusement sur cette esquisse toutes celles qui se firent; que s'il parut de temps en temps un homme d'un génie hardi et original qui, fatigué du joug reçu, osa le secouer, s'éloigner de la route commune et enfanter quelque ouvrage auquel le nom donné et les lois prescrites ne furent point exactement applicables, il tomba dans l'oubli et y resta très longtemps. Il faut fouler aux pieds toutes ces vieilles puérilités, renverser les barrières que la raison n'aura point posées, rendre aux sciences et aux arts une liberté qui leur est si précieuse, et dire aux admirateurs de l'antiquité: Appelez *le Marchand de Londres*[1] comme il vous plaira, pourvu que vous conveniez que cette pièce étincelle de beautés sublimes. Il fallait un temps raisonneur où l'on ne cherchât plus les règles dans les auteurs, mais dans la nature, et où l'on sentît le faux et le vrai de tant de poétiques arbitraires; je prend le terme de *poétique* dans son acception la plus générale, pour un système de règles données, selon lesquelles, en quelque genre que ce soit, on prétend qu'il faut travailler pour réussir.

* * *

J'examine notre travail sans partialité; je vois qu'il n'y a peut-être aucune sorte de faute que nous n'ayons commise, et je suis forcé d'avouer que d'une *Encyclopédie* telle que la nôtre il en entrerait à peine les deux tiers dans une véritable *Encyclopédie*. C'est beaucoup, surtout si l'on convient qu'en jetant les premiers fondements d'un pareil ouvrage, l'on a été forcé de prendre pour base un mauvais auteur, quel qu'il fût, Chambers, Alstedius[2] ou un autre. Il n'y a presque aucun de nos collègues qu'on eût déterminé à travailler si on lui eût proposé de composer à neuf toute sa partie; tous auraient été effrayés, et l'*Encyclopédie*

---

[1] *The London Merchant, or the History of George Barnwell* (1731) by George Lillo. Diderot was soon to expound his ideas on a reform of the theatre in his *Entretiens sur le Fils Naturel* (1757) and *De la poésie dramatique* (1758). (Reprinted in *Diderot's Writings on the Theatre*, ed. F. C. Green, Cambridge, 1936.)

[2] Johann Heinrich Alsted (1588–1638), whose *Encyclopaedia* appeared at Herborn in Germany in 1630 in two folio volumes.

ne se serait point faite. Mais en présentant à chacun un rouleau de papiers[1] qu'il ne s'agissait que de revoir, corriger, augmenter, le travail de création qui est toujours celui qu'on redoute, disparaissait, et l'on se laissait engager par la considération la plus chimérique. Car ces lambeaux décousus se sont trouvés si incomplets, si mal composés, si mal traduits, si pleins d'omissions, d'erreurs et d'inexactitudes, si contraires aux idées de nos collègues, que la plupart les ont rejetés. Que n'ont-ils eu tous le même courage! Le seul avantage qu'en aient retiré les premiers, c'est de connaître d'un coup d'œil la nomenclature de leur partie qu'ils auraient pu trouver du moins aussi complète dans des tables de différents ouvrages ou dans quelque dictionnaire de langue.

Ce frivole avantage a coûté bien cher. Que de temps perdu à traduire de mauvaises choses! que de dépenses pour se procurer un plagiat continuel! combien de fautes et de reproches qu'on se serait épargnés avec une simple nomenclature! Mais eût-elle suffi pour déterminer nos collègues? D'ailleurs cette partie même ne pouvait guère se perfectionner que par l'exécution. A mesure qu'on exécute un morceau, la nomenclature se développe, les termes à définir se présentent en foule; il vient une infinité d'idées à renvoyer sous différents chefs; ce qu'on ne fait pas est du moins indiqué par un renvoi, comme étant du partage d'un autre. En un mot, ce que chacun fournit et se demande réciproquement, voilà la source d'où découlent les mots.

D'où l'on voit 1° qu'on ne pouvait, à une première édition, employer un trop grand nombre de collègues, mais que si notre travail n'est pas tout à fait inutile, un petit nombre d'hommes bien choisis suffirait à l'exécution d'une seconde. Il faudrait les préposer à différents travailleurs subalternes auxquels ils feraient honneur des secours qu'ils en auraient reçus, mais dont ils seraient obligés d'adopter l'ouvrage afin qu'ils ne pussent se dispenser d'y mettre la dernière main, que leur propre réputation se trouvât engagée et qu'on pût les accuser directement ou de

[1] Translated from Chambers's *Cyclopaedia*.

négligence ou d'incapacité. Un travailleur qui ose demander que son nom ne soit point mis à la fin d'un de ses articles, avoue qu'il le trouve mal fait ou du moins indigne de lui. Je crois que, selon ce nouvel arrangement, il ne serait pas impossible qu'un seul homme se chargeât de l'anatomie, de la médecine, de la chirurgie, de la matière médicale et d'une portion de la pharmacie; un autre, de la chimie, de la partie restante de la pharmacie, et de ce qu'il y a de chimique dans les arts, tels que la métallurgie, la teinture, une partie de l'orfèvrerie, une partie de la chaudronnerie, de la plomberie, de la préparation des couleurs de toute espèce, métalliques ou autres, etc. Un seul homme bien instruit de quelque art en fer embrasserait les métiers de cloutier, de coutelier, de serrurier, de taillandier, etc. Un autre versé dans la bijouterie se chargerait des arts du bijoutier, du diamantaire, du lapidaire, du metteur en œuvre. Je donnerais toujours la préférence à un homme qui aurait écrit avec succès sur la matière dont il se chargerait. Quant à celui qui préparerait actuellement un ouvrage sur cette matière, je ne l'accepterais pour collègue que s'il était déjà mon ami, que l'honnêteté de son caractère me fût bien connue, et que je ne pusse, sans lui faire l'injure la plus grande, le soupçonner d'un dessein secret de sacrifier notre ouvrage au sien.

2°. Que la première édition d'une *Encyclopédie* ne peut être qu'une compilation très informe et très incomplète.

Mais, dira-t-on, comment avec tous ces défauts vous est-il arrivé d'obtenir un succès qu'aucune production aussi considérable n'a jamais eu? A cela je réponds que notre *Encyclopédie* a presque sur tout autre ouvrage, je ne dis pas de la même étendue, mais quel qu'il soit, composé par une société ou par un seul homme, l'avantage de contenir une infinité de choses nouvelles et qu'on chercherait inutilement ailleurs. C'est la suite naturelle de l'heureux choix de ceux qui s'y sont consacrés.

Il ne s'est point encore fait et il ne se fera de longtemps une collection aussi considérable et aussi belle de machines. Nous avons environ mille planches. On est bien déterminé à ne rien épargner sur la gravure. Malgré le nombre prodigieux de figures qui les remplissent, nous avons eu l'attention de n'en admettre presque aucune qui ne représentât une machine subsistante et travaillant dans la société. Qu'on compare nos volumes avec le recueil si vanté de Ramelli,[1] le *Théâtre des machines* de Lupold[2] ou même les volumes des machines approuvées par l'Académie des Sciences,[3] et l'on jugera si de tous ces volumes fondus ensemble il était possible d'en tirer vingt planches dignes d'entrer dans une collection telle que nous avons eu le courage de la concevoir et le bonheur de l'exécuter. Il n'y a rien ici de superflu, ni de suranné, ni d'idéal; tout y est en action et vivant. Mais indépendamment de ce mérite et quelque différence qu'il puisse et qu'il doive nécessairement y avoir entre cette première édition et les suivantes, n'est-ce rien que d'avoir débuté? Entre une infinité de difficultés qui se présenteront d'elles-mêmes à l'esprit, qu'on pèse seulement celle d'avoir rassemblé un assez grand nombre de collègues qui, sans se connaître, semblent tous concourir d'amitié à la production d'un ouvrage commun. Des gens de lettres ont fait pour leurs semblables et leurs égaux ce qu'on n'eût point obtenu d'eux par aucune autre considération. C'est là le motif auquel nous devons nos premiers collègues; et c'est à la même cause que nous devons ceux que nous nous associons tous les jours. Il règne entre eux tous une émulation, des égards, une concorde qu'on aurait peine à imaginer. On ne s'en tient pas à fournir les secours qu'on a promis, on se fait encore des sacrifices mutuels, chose bien plus difficile! De là tant d'articles qui partent de mains étrangères sans qu'aucun de ceux qui s'étaient chargés des sciences auxquelles ils appartenaient, en

---

[1] The *Diverse et artificiose macchine* of Agostino Ramelli, an Italian engineer, appeared in 1588.

[2] Jacob Leupold, whose *Theatrum machinarum* appeared at Leipzig in seven folio volumes between 1723 and 1727.

[3] Although the *Descriptions des Arts et Métiers*, sponsored by the Académie des Sciences, were published between 1761 and 1788, the project goes back to the time of Colbert. The *Encyclopédie* was accused of plagiarizing the plates of this collection, which had long been in preparation.

aient jamais été offensés. C'est qu'il ne s'agit point ici d'un intérêt particulier; c'est qu'il ne règne entre nous aucune petite jalousie personnelle, et que la perfection de l'ouvrage et l'utilité du genre humain ont fait naître le sentiment général dont on est animé.

* * *

EXPÉRIMENTAL, adj. (*Philosophie nat.*). On appelle *philosophie expérimentale* celle qui se sert des expériences pour découvrir les lois de la nature. *Voyez* EXPÉRIENCE.

Les anciens, auxquels nous nous croyons fort supérieurs dans les sciences, parce que nous trouvons plus court et plus agréable de nous préférer à eux que de les lire, n'ont pas négligé la physique *expérimentale*, comme nous nous l'imaginons ordinairement. Ils comprirent de bonne heure que l'observation et l'expérience étaient le seul moyen de connaître la nature. Les ouvrages d'Hippocrate seul seraient suffisants pour montrer l'esprit qui conduisait alors les philosophes. Au lieu de ces systèmes, sinon meurtriers, du moins ridicules qu'a enfantés la médecine moderne pour les proscrire ensuite, on y trouve des faits bien vus et bien rapprochés; on y voit un système d'observations qui sert encore aujourd'hui et qui apparemment servira toujours de base à l'art de guérir. Or je crois pouvoir juger par l'état de la médecine chez les anciens de l'état où la physique était parmi eux, et cela pour deux raisons: la première, parce que les ouvrages d'Hippocrate sont les monuments les plus considérables qui nous restent de la physique des anciens; la seconde, parce que, la médecine étant la partie la plus essentielle et la plus intéressante de la physique, on peut toujours juger avec certitude de la manière dont on cultive celle-ci, par la manière dont on traite celle-là. Telle est la physique, telle est la médecine; et réciproquement telle est la médecine, telle est la physique. C'est une vérité dont l'expérience nous assure, puisqu'à compter seulement depuis le renouvellement des lettres, quoique nous pussions remonter plus haut, nous avons toujours vu subir à l'une de ces sciences les changements qui ont altéré ou dénaturé l'autre.

Nous savons d'ailleurs que dans le temps même d'Hippocrate plusieurs grands hommes, à la tête desquels on doit placer Démocrite, s'appliquèrent avec succès à l'observation de la nature. On prétend que le médecin envoyé par les habitants d'Abdère pour guérir la prétendue folie du philosophe, le trouva occupé à disséquer et à observer des animaux, et l'on peut deviner qui fut jugé le plus fou par Hippocrate, de celui qu'il allait voir ou de ceux qui l'avaient envoyé. Démocrite fou! lui qui, pour le dire ici en passant, avait trouvé la manière la plus philosophique de jouir de la nature et des hommes, savoir, d'étudier l'une et de rire des autres.

Quand je parle, au reste, de l'application que les anciens ont donnée à la physique *expérimentale*, je ne sais s'il faut prendre ce mot dans toute son étendue. La physique *expérimentale* roule sur deux points qu'il ne faut pas confondre, l'*expérience* proprement dite et l'*observation*. Celle-ci, moins recherchée et moins subtile, se borne aux faits qu'elle a sous les yeux, à bien voir et à détailler les phénomènes de toute espèce que le spectacle de la nature présente. Celle-là, au contraire, cherche à la pénétrer plus profondément, à lui dérober ce qu'elle cache, à créer, en quelque manière, par la différente combinaison des corps, de nouveaux phénomènes pour les étudier. Enfin, elle ne se borne pas à écouter la nature, mais elle l'interroge et la presse. On pourrait appeler la première *la physique des faits* ou plutôt *la physique vulgaire et palpable* et réserver pour l'autre le nom de *physique occulte*, pourvu qu'on attache à ce mot une idée plus philosophique et plus vraie que n'ont fait certains physiciens modernes, et qu'on le borne à désigner la connaissance des faits cachés dont on s'assure en les voyant, et non le roman des faits supposés qu'on devine bien ou mal, sans les chercher ni les voir.

Les anciens ne paraissent pas s'être fort appliqués à cette dernière physique; ils se contentaient de lire dans la nature, mais ils y lisaient fort assidûment et avec de meilleurs yeux que nous ne nous l'imaginons. Plusieurs faits qu'ils ont avancés et qui ont été d'abord démentis par les modernes, se sont trouvés vrais quand on les a mieux approfondis. La méthode que suivaient les anciens, en cultivant l'observation plus que l'expérience, était très philosophique et la plus propre de toutes à faire faire à la physique les plus grands progrès dont elle fût capable dans ce premier âge de l'esprit humain. Avant que d'employer et d'user notre sagacité pour chercher un fait dans des combinaisons subtiles, il faut être bien assuré que ce fait n'est pas près de nous et sous notre main, comme il faut en géométrie réserver ses efforts pour trouver ce qui n'a pas été résolu par d'autres. La nature est si variée et si riche qu'une simple collection de faits bien complète avancerait prodigieusement nos connaissances, et s'il était possible de pousser cette collection au point que rien n'y manquât, ce serait peut-être le seul travail auquel un physicien dût se borner; c'est au moins celui par lequel il faut qu'il commence, et voilà ce que les anciens ont fait. Ils ont traité la nature comme Hippocrate a traité le corps humain, nouvelle preuve de l'analogie et de la ressemblance de leur physique à leur médecine. Les plus sages d'entre eux ont fait, pour ainsi dire, la table de ce qu'ils voyaient, l'ont bien faite et s'en sont tenus là. Ils n'ont connu de l'aimant que sa propriété qui saute aux yeux, celle d'attirer le fer. Les merveilles de l'électricité qui les entouraient et dont on trouve quelques traces dans leurs ouvrages, ne les ont point frappés, parce que, pour être frappé de ces merveilles, il eût fallu en voir le rapport à des faits plus cachés que l'expérience a su découvrir dans ces derniers temps, car l'expérience, parmi plusieurs avantages, a entre autres celui d'étendre le champ de l'observation. Un phénomène que l'expérience nous découvre, ouvre nos yeux sur une infinité d'autres qui ne demandaient, pour ainsi dire, qu'à être aperçus. L'observation, par la curiosité qu'elle inspire et par les vides qu'elle laisse, mène à l'expérience; l'expérience ramène à l'observation par la même curiosité qui cherche à remplir et à serrer de plus en plus ces vides. Ainsi on peut regarder en quelque manière l'expérience et l'observation comme la suite et le complément l'une de l'autre.

Les anciens ne paraissent avoir cultivé l'expérience que par rapport aux arts, et nullement pour satisfaire, comme nous, une curiosité purement philosophique. Ils ne décomposaient et ne combinaient les corps que pour en tirer des usages utiles ou agréables, sans chercher beaucoup à en connaître le jeu ni la structure. Ils ne s'arrêtaient pas même sur les détails dans la description qu'ils faisaient des corps, et s'ils avaient besoin d'être justifiés sur ce point, ils le seraient en quelque manière suffisamment par le peu d'utilité que les modernes ont trouvé à suivre une méthode contraire.

C'est peut-être dans l'histoire des animaux d'Aristote qu'il faut chercher le vrai goût de physique des anciens plutôt que dans ses ouvrages de physique, où il est moins riche en faits et plus abondant en paroles, plus raisonneur et moins instruit; car telle est tout à la fois la sagesse et la manie de l'esprit humain, qu'il ne songe guère qu'à amasser et à ranger des matériaux, tant que la collection en est facile et abondante, mais qu'à l'instant que les matériaux lui manquent, il se met aussitôt à discourir; en sorte que, réduit même à un petit nombre de matériaux, il est toujours tenté d'en former un corps et de délayer en un système de science ou en quelque chose du moins qui en ait la forme, un petit nombre de connaissances imparfaites et isolées.

Mais en reconnaissant que cet esprit peut avoir présidé jusqu'à un certain point aux ouvrages physiques d'Aristote, ne mettons pas sur son compte l'abus que les modernes en ont fait durant les siècles d'ignorance qui ont duré si longtemps, ni toutes les inepties que ses commentateurs ont voulu faire prendre pour les opinions de ce grand homme.

Je ne parle de ces temps ténébreux que pour faire mention en passant de quelques génies supérieurs qui, abandonnant cette méthode vague et obscure de philosopher, laissaient les mots pour les choses et cherchaient dans leur sagacité et dans l'étude de la nature des connaissances plus réelles. Le moine Bacon,[1] trop peu connu et trop peu lu aujourd'hui, doit être mis au nombre de ces esprits du premier ordre; dans le sein de la plus profonde

[1] Roger Bacon (see p. 37, n. 2).

ignorance, il sut par la force de son génie s'élever au-dessus de son siècle et le laisser bien loin derrière lui. Aussi fut-il persécuté par ses confrères et regardé par le peuple comme un sorcier, à peu près comme Gerbert[1] l'avait été près de trois siècles auparavant pour ses inventions mécaniques, avec cette différence que Gerbert devint pape et que Bacon resta moine et malheureux.

Au reste le petit nombre de grands génies qui étudiaient ainsi la nature en elle-même jusqu'à la renaissance proprement dite de la philosophie, n'étaient pas vraiment adonnés à ce qu'on appelle *physique expérimentale*. Chimistes plutôt que physiciens, ils paraissaient plus appliqués à la décomposition des corps particuliers et au détail des usages qu'ils en pouvaient faire, qu'à l'étude générale de la nature. Riches d'une infinité de connaissances utiles ou curieuses, mais détachées, ils ignoraient les lois du mouvement, celles de l'hydrostatique, la pesanteur de l'air dont ils voyaient les effets, et plusieurs autres vérités qui sont aujourd'hui la base et comme les éléments de la physique moderne.

Le chancelier Bacon, Anglais comme le moine (car ce nom et ce peuple sont heureux en philosophie), embrassa le premier un plus vaste champ. Il entrevit les principes généraux qui doivent servir de fondement à l'étude de la nature, il proposa de les reconnaître par la voie de l'expérience, il annonça un grand nombre de découvertes qui se sont faites depuis. Descartes qui le suivit de près et qu'on accusa (peut-être assez mal à propos) d'avoir puisé des lumières dans les ouvrages de Bacon, ouvrit quelques routes dans la physique *expérimentale*, mais la recommanda plus qu'il ne la pratiqua; et c'est peut-être ce qui l'a conduit à plusieurs erreurs. Il eut, par exemple, le courage de donner le premier des lois du mouvement, courage qui mérite la reconnaissance des philosophes, puisqu'il a mis ceux qui l'ont suivi, sur la route des lois véritables; mais l'expérience, ou plutôt, comme nous le dirons plus bas, des réflexions sur les observations les plus communes, lui auraient appris que les lois qu'il avait données,

[1] Gerbert of Aquitania, Pope Sylvester II (999–1003).

étaient insoutenables. Descartes, et Bacon lui-même, malgré toutes les obligations que leur a la philosophie, lui auraient peut-être été encore plus utiles, s'ils eussent été plus physiciens de pratique et moins de théorie; mais le plaisir oisif de la méditation et de la conjecture même entraîne les grands esprits. Ils commencent beaucoup et finissent peu; ils proposent des vues, ils prescrivent ce qu'il faut faire pour en constater la justesse et l'avantage, et laissent le travail mécanique à d'autres qui, éclairés par une lumière étrangère, ne vont pas aussi loin que leurs maîtres auraient été seuls. Ainsi les uns pensent ou rêvent, les autres agissent ou manœuvrent; et l'enfance des sciences est longue ou, pour mieux dire, éternelle.

Cependant l'esprit de la physique *expérimentale* que Bacon et Descartes avaient introduit, s'étendit insensiblement. L'académie del Cimento à Florence,[1] Boyle[2] et Mariotte[3] et après eux plusieurs autres firent avec succès un grand nombre d'expériences. Les académies[4] se formèrent et saisirent avec empressement cette manière de philosopher; les universités, plus lentes parce qu'elles étaient déjà toutes formées lors de la naissance de la physique *expérimentale*, suivirent longtemps encore leur méthode ancienne. Peu à peu la physique de Descartes succéda dans les écoles à celle d'Aristote, ou plutôt de ses commentateurs. Si on ne touchait pas encore à la vérité, on était du moins sur la voie. On fit quelques expériences; on tenta de les expliquer. On aurait mieux fait de se contenter de les bien faire et d'en saisir l'analogie mutuelle; mais enfin il ne faut pas espérer que l'esprit se délivre si promptement de tous ses préjugés. Newton parut et montra le premier ce que ses prédécesseurs n'avaient fait qu'entrevoir, l'art d'introduire la géométrie dans la physique et de former, en réunissant l'expérience au calcul, une science exacte, profonde,

---

[1] Founded in 1657.

[2] Robert Boyle (1627–91), one of the founders of the Royal Society.

[3] Abbé Edme Mariotte (c. 1620–84), a foundation member of the Académie des Sciences.

[4] The Royal Society received its charter in 1662. The Académie des Sciences was founded in 1666.

lumineuse et nouvelle. Aussi grand du moins par ses expériences d'optique que par son système du monde, il ouvrit de tous côtés une carrière immense et sûre. L'Angleterre saisit ses vues; la Société royale les regarda comme siennes dès le moment de leur naissance. Les académies de France s'y prêtèrent plus lentement et avec plus de peine, par la même raison que les universités avaient eue pour rejeter durant plusieurs années la physique de Descartes. La lumière a enfin prévalu; la génération ennemie de ces grands hommes s'est éteinte dans les académies et dans les universités, auxquelles les académies semblent aujourd'hui donner le ton. Une génération nouvelle s'est élevée, car quand les fondements d'une révolution sont une fois jetés, c'est presque toujours dans la génération suivante que la révolution s'achève; rarement en deçà, parce que les obstacles périssent plutôt que de céder, rarement au delà, parce que, les barrières une fois franchies, l'esprit humain va souvent plus vite qu'il ne veut lui-même, jusqu'à ce qu'il rencontre un nouvel obstacle qui l'oblige à se reposer pour longtemps.

Qui jetterait les yeux sur l'Université de Paris, y trouverait une preuve convaincante de ce que j'avance. L'étude de la géométrie et de la physique *expérimentale* commence à y régner. Plusieurs jeunes professeurs pleins de savoir, d'esprit et de courage (car il en faut pour les innovations, même les plus innocentes), ont osé quitter la route battue pour s'en frayer une nouvelle, tandis que dans d'autres écoles, à qui nous épargnerons la honte de les nommer, les lois du mouvement de Descartes et même la physique péripatéticienne sont encore en honneur. Les jeunes maîtres dont je parle forment des élèves vraiment instruits qui, au sortir de leur philosophie, sont initiés aux vrais principes de toutes les sciences physico-mathématiques, et qui, bien loin d'être obligés (comme on l'était autrefois) d'oublier ce qu'ils ont appris, sont au contraire en état d'en faire usage pour se livrer aux parties de la physique qui leur plaisent le plus. L'utilité qu'on peut retirer de cette méthode est si grande qu'il serait à souhaiter ou qu'on augmentât d'une année le cours de philosophie des collèges, ou qu'on prît dès la première année le parti d'abréger beaucoup la métaphysique et la logique, auxquelles cette première année est ordinairement consacrée presque tout entière. Je n'ai garde de proscrire deux sciences dont je reconnais l'utilité et la nécessité indispensable, mais je crois qu'on les traiterait beaucoup moins longuement si on les réduisait à ce qu'elles contiennent de vrai et d'utile; renfermées en peu de pages, elles y gagneraient, et la physique aussi qui doit les suivre.

C'est dans ces circonstances que le Roi vient d'établir dans l'Université de Paris une chaire de physique *expérimentale*.[1] L'état présent de la physique parmi nous, le goût que les ignorants mêmes témoignent pour elle, l'exemple des étrangers qui jouissent depuis longtemps de l'avantage d'un tel établissement, tout semblait demander que nous songeassions à nous en procurer un semblable. L'occasion ne fut jamais plus favorable pour affermir dans un corps aussi utile et aussi estimable que l'Université de Paris, le goût de la saine physique, qui s'y répand avec tant de succès depuis plusieurs années. Le mérite reconnu de l'académicien qui occupe cette chaire, nous répond du succès avec lequel il la remplira. Je suis bien éloigné de lui tracer un plan que sa capacité et son expérience lui ont sans doute déjà montré depuis longtemps. Je prie seulement qu'on me permette quelques réflexions générales sur le véritable but des expériences. Ces réflexions ne seront peut-être pas inutiles aux jeunes élèves qui se disposent à profiter du nouvel établissement si avantageux au progrès de la physique. Les bornes et la nature de cet article m'obligeront d'ailleurs à abréger beaucoup ces réflexions, à ne faire que les ébaucher, pour ainsi dire, et en présenter l'esprit et la substance.

Les premiers objets qui s'offrent à nous dans la physique, sont les propriétés générales des corps et les effets de l'action qu'ils exercent les uns sur les autres. Cette action n'est point pour nous un phénomène extraordinaire; nous y sommes accoutumés dès

---

[1] In 1753 at the Collège de Navarre. Abbé Jean Antoine Nollet (1700–70) was appointed to the new chair.

notre enfance. Les effets de l'équilibre et de l'impulsion nous sont connus; je parle des effets en général, car pour la mesure et la loi précise de ces effets, les philosophes ont été longtemps à la chercher et plus encore à la trouver. Cependant un peu de réflexion sur la nature des corps, jointe à l'observation des phénomènes qui les environnaient, auraient dû, ce me semble, leur faire découvrir ces lois beaucoup plus tôt. J'avoue que quand on voudra résoudre ce problème métaphysiquement et sans jeter aucun regard sur l'univers, on parviendra peut-être difficilement à se satisfaire pleinement sur cet article et à démontrer en toute rigueur qu'un corps qui en rencontre un autre doit lui communiquer du mouvement; mais quand on fera attention que les lois du mouvement se réduisent à celles de l'équilibre, et que par la nature seule des corps il y a, antérieurement à toute expérience et à toute observation, un cas d'équilibre dans la nature, on déterminera facilement les lois de l'impulsion qui résultent de cette loi d'équilibre. *Voyez* ÉQUILIBRE. Il ne reste plus qu'à savoir si ces lois sont celles que la nature doit observer. La question serait bientôt décidée si on pouvait prouver rigoureusement que la loi d'équilibre est unique, car il s'ensuivrait de là que les lois du mouvement sont invariables et nécessaires. La métaphysique, aidée des raisonnements géométriques, fournirait, si je ne me trompe, de grandes lumières sur l'unité de cette loi d'équilibre et parviendrait peut-être à la démontrer (*voyez* ÉQUILIBRE); mais quand elle serait impuissante sur cet article, l'observation et l'expérience y suppléeraient abondamment. Au défaut des lumières que nous cherchons sur le droit, elles nous éclairent au moins sur le fait, en nous montrant que dans l'univers, tel qu'il est, la loi de l'équilibre est unique; les phénomènes les plus simples et les plus ordinaires nous assurent de cette vérité. Cette observation commune, ce phénomène populaire, si on peut parler ainsi, suffit pour servir de base à une théorie simple et lumineuse des lois du mouvement. La physique *expérimentale* n'est donc plus nécessaire pour constater ces lois, qui ne sont nullement de son objet. Si elle s'en occupe, ce doit être comme d'une recherche de simple curiosité, pour réveiller et soutenir l'attention des commençants, à peu près comme on les exerce dès l'entrée de la géométrie à faire des figures justes pour avoir le plaisir de s'assurer par leurs yeux de ce que la raison leur a déjà démontré; mais un physicien proprement dit n'a pas plus besoin du secours de l'expérience pour démontrer les lois du mouvement et de la statique qu'un bon géomètre n'a besoin de règle et de compas pour s'assurer qu'il a bien résolu un problème difficile.

La seule utilité véritable que puissent procurer au physicien les recherches *expérimentales* sur les lois de l'équilibre, du mouvement, et en général sur les affections primitives des corps, c'est d'examiner attentivement la différence entre le résultat que donne la théorie et celui que fournit l'expérience, et d'employer cette différence avec adresse pour déterminer, par exemple, dans les effets de l'impulsion l'altération causée par la résistance de l'air, dans les effets des machines simples l'altération occasionnée par le frottement et par d'autres causes. Telle est la méthode que les plus grands physiciens ont suivie, et qui est la plus propre à faire faire à la science de grands progrès, car alors l'expérience ne servira plus simplement à confirmer la théorie, mais, différant de la théorie sans l'ébranler, elle conduira à des vérités nouvelles auxquelles la théorie seule n'aurait pu atteindre.

Le premier objet réel de la physique *expérimentale* sont les propriétés générales des corps que l'observation nous fait connaître, pour ainsi dire, en gros, mais dont l'expérience seule peut mesurer et déterminer les effets; tels sont, par exemple, les phénomènes de la pesanteur. Aucune théorie n'aurait pu nous faire trouver la loi que les corps pesants suivent dans leur chute verticale, mais cette loi une fois connue par l'expérience, tout ce qui appartient au mouvement des corps pesants, soit rectiligne, soit curviligne, soit incliné, soit vertical, n'est plus que du ressort de la théorie, et si l'expérience s'y joint, ce ne doit être que dans la même vue et de la même manière que pour les lois primitives de l'impulsion.

L'observation journalière nous apprend de même que l'air est pesant, mais l'expérience seule pouvait nous éclairer sur la quantité absolue de sa pesanteur. Cette expérience est la base de l'aérométrie, et le raisonnement achève le reste. *Voyez* AÉROMÉTRIE.

On sait que les fluides pressent et résistent quand ils sont en repos, et poussent quand ils sont en mouvement; mais cette connaissance vague ne saurait être d'un grand usage. Il faut, pour la rendre plus précise et par conséquent plus réelle et plus utile, avoir recours à l'expérience. En nous faisant connaître les lois de l'hydrostatique, elle nous donne en quelque manière beaucoup plus que nous ne lui demandons; car elle nous apprend d'abord ce que nous n'aurions jamais soupçonné, que les fluides ne pressent nullement comme les corps solides, ni comme ferait un amas de petits corpuscules contigus et pressés. Les lois de la chute des corps, la quantité de la pesanteur de l'air, sont des faits que l'expérience seule a pu sans doute nous dévoiler, mais qui après tout n'ont rien de surprenant en eux-mêmes. Il n'en est pas ainsi de la pression des fluides en tout sens, qui est la base de l'équilibre des fluides. C'est un phénomène qui paraît hors des lois générales et que nous avons encore peine à croire, même lorsque nous n'en pouvons pas douter; mais ce phénomène une fois connu, l'hydrostatique n'a guère besoin de l'expérience. Il y a plus; l'hydraulique même devient une science entièrement ou presque entièrement mathématique. Je dis *presque entièrement*, car quoique les lois du mouvement des fluides se déduisent des lois de leur équilibre, il y a néanmoins des cas où l'on ne peut réduire les unes aux autres qu'au moyen de certaines hypothèses, et l'expérience est nécessaire pour nous assurer que ces hypothèses sont exactes et non arbitraires.

Ce serait ici le lieu de faire quelques observations sur l'abus du calcul et des hypothèses dans la physique, si cet objet n'avait été déjà rempli par des géomètres mêmes qu'on ne peut accuser en cela de partialité. Au fond, de quoi les hommes n'abusent-ils pas? On s'est bien servi de la méthode des géomètres pour embrouiller la métaphysique; on a mis des figures de géométrie dans des traités de l'âme, et depuis que l'action de Dieu a été réduite en théorèmes, doit-on s'étonner que l'on ait essayé d'en faire autant de l'action des corps? *Voyez* DEGRÉ.

Que de choses n'aurais-je point à dire ici sur les sciences qu'on appelle *physico-mathématiques*, sur l'astronomie physique entre autres, sur l'acoustique, sur l'optique et ses différentes branches, sur la manière dont l'expérience et le calcul doivent s'unir pour rendre ces sciences le plus parfaites qu'il est possible; mais afin de ne point rendre cet article trop long, je renvoie ces réflexions et plusieurs autres *au mot* PHYSIQUE, qui ne doit point être séparé de celui-ci. Je me bornerai pour le présent à ce qui doit être le véritable et comme l'unique objet de la physique *expérimentale*, à ces phénomènes qui se multiplient à l'infini, sur la cause desquels le raisonnement ne peut nous aider, dont nous n'apercevons point la chaîne, ou dont au moins nous ne voyons la liaison que très imparfaitement, très rarement et après les avoir envisagés sous bien des faces: tels sont, par exemple, les phénomènes de la chimie, ceux de l'électricité, ceux de l'aimant et une infinité d'autres. Ce sont là les faits que le physicien doit surtout chercher à bien connaître. Il ne saurait trop les multiplier; plus il en aura recueilli, plus il sera près d'en voir l'union. Son objet doit être d'y mettre l'ordre dont ils seront susceptibles, d'expliquer les uns par les autres, autant que cela sera possible, et d'en former, pour ainsi dire, une chaîne où il se trouve le moins de lacunes que faire se pourra. Il en restera toujours assez; la nature y a mis bon ordre. Qu'il se garde bien surtout de vouloir rendre raison de ce qui lui échappe; qu'il se défie de cette fureur d'expliquer tout que Descartes a introduite dans la physique, qui a accoutumé la plupart de ses sectateurs à se contenter de principes et de raisons vagues, propres à soutenir également le pour et le contre. On ne peut s'empêcher de rire quand on lit dans certains ouvrages de physique les explications des variations du baromètre, de la neige, de la grêle et d'une infinité d'autres faits. Ces auteurs, avec les principes et la méthode dont ils se servent, seraient du moins aussi peu embarrassés pour expliquer des faits absolument contraires, pour démontrer, par exemple, qu'en temps de pluie le baromètre doit hausser, que la neige doit tomber en été et la grêle en hiver, et ainsi des autres. Les explications dans un cours de physique doivent être, comme les réflexions dans l'histoire, courtes, sages, fines, amenées par les faits ou renfermées dans les faits mêmes par la manière dont on les présente.

Au reste, quand je proscris de la physique la manie des explications, je suis bien éloigné d'en proscrire cet esprit de conjecture qui, tout à la fois timide et éclairé, conduit quelquefois à des découvertes, pourvu qu'il se donne pour ce qu'il est, jusqu'à ce qu'il soit arrivé à la découverte réelle; cet esprit d'analogie dont la sage hardiesse perce au delà de ce que la nature semble vouloir montrer, et prévoit les faits avant que de les avoir vus. Ces deux talents précieux et si rares trompent à la vérité quelquefois celui qui n'en fait pas assez sobrement usage; mais ne se trompe pas ainsi qui veut.

Je finis par une observation qui sera courte, n'étant pas immédiatement de l'objet de cet article, mais à laquelle je ne puis me refuser. En imitant l'exemple des étrangers dans l'établissement d'une chaire de physique *expérimentale* qui nous manquait, pourquoi ne suivrions-nous pas ce même exemple dans l'établissement des trois autres chaires très utiles qui nous manquent entièrement, une de morale, une de droit public et une d'histoire, trois objets qui appartiennent en un certain sens à la philosophie *expérimentale*, prise dans toute son étendue. Je suis certainement bien éloigné de mépriser aucun genre de connaissances, mais il me semble qu'au lieu d'avoir au Collège Royal[1] deux chaires pour l'arabe, qu'on n'apprend plus; deux pour l'hébreu, qu'on n'apprend guère; deux pour le grec, qu'on apprend assez peu et qu'on devrait cultiver davantage; deux pour l'éloquence, dont la nature est presque le seul maître, on se contenterait aisément d'une seule chaire pour chacun de ces objets, et qu'il manque à la splendeur et à l'utilité de ce collège une chaire de morale, dont les principes bien développés intéresseraient toutes les nations; une de droit

[1] Now the Collège de France.

public, dont les éléments mêmes sont peu connus en France; une d'histoire enfin qui devrait être occupée par un homme tout à la fois savant et philosophe, c'est-à-dire par un homme fort rare. Ce souhait n'est pas le mien seul; c'est celui d'un grand nombre de bons citoyens; et s'il n'y a pas beaucoup d'espérance qu'il s'accomplisse, il n'y a du moins nulle indiscrétion à le proposer. (O)

FORMULAIRE, s.m. (*Théol. & Hist. ecclés.*). On appelle ainsi en général toute formule de foi qu'on propose pour être reçue ou signée; mais on donne aujourd'hui ce nom (comme par excellence) au fameux *formulaire* dont le clergé de France a ordonné la signature en 1662[1] et par lequel l'on condamne les cinq propositions dites de Jansénius.

Ce *formulaire*, auquel un petit nombre d'ecclésiastiques refuse encore d'adhérer, est une des principales causes des troubles dont l'église de France est affligée depuis cent ans. La postérité aura-t-elle pour les auteurs de ces troubles de la pitié ou de l'indignation, quand elle saura qu'une dissension si acharnée se réduit à savoir si les cinq propositions expriment ou non la doctrine de l'évêque d'Ypres, car tous s'accordent à condamner ces propositions en elles-mêmes? On appelle (très improprement) *Jansénistes* ceux qui refusent de signer que Jansénius ait enseigné ces propositions. Ceux-ci, de leur côté, qualifient (non moins ridiculement) leurs adversaires de *Molinistes*,[2] quoique le Molinisme n'ait rien de commun avec le *formulaire*, et ils appellent *athées* les hommes sages qui rient de ces contestations. Que les opinions de Luther et de Calvin aient agité et divisé l'Europe, cela est triste sans doute, mais du moins ces opinions erronées roulaient sur des objets réels et importants à la religion. Mais que l'Église et l'État aient été bouleversés pour savoir si cinq propositions inintelligibles sont dans un livre que personne ne lit; que des hommes, tels qu'Arnauld, qui auraient pu éclairer le genre humain

[1] In 1661.
[2] The name derives from Luis Molina (1535–1600), a Spanish Jesuit, who propounded the doctrine of 'sufficient' grace in 1588.

par leurs écrits, aient consacré leur vie et sacrifié leur repos à ces querelles frivoles; que l'on ait porté la démence jusqu'à s'imaginer que l'Être suprême ait décidé par des miracles une controverse si digne des temps barbares; c'est, il faut l'avouer, le comble de l'humiliation pour notre siècle. Le seul bien que ces disputes aient produit, c'est d'avoir été l'occasion des *Provinciales*, modèle de bonne plaisanterie dans une matière qui en paraissait bien peu susceptible. Il ne manquerait rien à cet immortel ouvrage si les *fanatiques** des deux partis y étaient également tournés en ridicule; mais Pascal n'a lancé ses traits que sur l'un des deux, sur celui qui avait le plus de pouvoir et qu'il croyait mériter seul d'être immolé à la risée publique. M. de Voltaire, dans son chapitre *du Jansénisme*, qui fait partie du *Siècle de Louis XIV*,[1] a su faire de la plaisanterie un usage plus impartial et plus utile; elle est distribuée à droite et à gauche avec une finesse et une légèreté qui doit couvrir tous ces hommes de parti d'un mépris ineffaçable. Peut-être aucun ouvrage n'est-il plus propre à faire sentir combien le gouvernement a montré de lumières et de sagesse en ordonnant enfin le silence sur ces matières,[2] et combien il eût été à désirer qu'une guerre aussi insensée eût été étouffée dès sa naissance. Mais le cardinal Mazarin qui gouvernait alors, pouvait-il prévoir que des hommes raisonnables s'acharneraient pendant plus de cent ans les uns contre les autres pour un pareil objet? La faute que ce grand ministre fit en cette occasion, apprend à ceux qui ont l'autorité en main, que les querelles de religion, même les plus futiles, ne sont jamais à mépriser; qu'il faut bien se garder de les aigrir par la persécution; que le ridicule dont on peut les couvrir dès leur origine, est le moyen le plus sûr de les anéantir de bonne heure; qu'on ne saurait surtout trop favoriser les progrès de l'esprit philosophique qui, en inspirant aux hommes

* Nous disons *les fanatiques*, car en tout genre le fanatisme seul est condamnable.

[1] Published in 1751.
[2] In October 1753 the Government attempted to bring the controversy to a close by issuing a declaration enjoining silence on the question of the Bull Unigenitus.

l'indifférence pour ces frivoles disputes, est le plus ferme appui de la paix dans la religion et dans l'état et le fondement le plus sûr du bonheur des hommes. (O)

GENÈVE (*Hist. & Politiq.*).[1] Cette ville est située sur deux collines, à l'endroit où finit le lac qui porte aujourd'hui son nom, et qu'on appelait autrefois *Lac Léman*. La situation en est très agréable. On voit d'un côté le lac, de l'autre le Rhône, aux environs une campagne riante, des coteaux couverts de maisons de campagne le long du lac, et à quelques lieues les sommets toujours glacés des Alpes qui paraissent des montagnes d'argent lorsqu'ils sont éclairés par le soleil dans les beaux jours. Le port de *Genève* sur le lac avec ses jetées, ses barques, ses marchés, etc., et sa position entre la France, l'Italie et l'Allemagne, la rendent industrieuse, riche et commerçante. Elle a plusieurs beaux édifices et des promenades agréables; les rues sont éclairées la nuit, et l'on a construit sur le Rhône une machine à pompes fort simple, qui fournit de l'eau jusqu'aux quartiers les plus élevés, à cent pieds de haut. Le lac est d'environ dix-huit lieues de long, et de quatre à cinq dans sa plus grande largeur. C'est une espèce de petite mer qui a ses tempêtes et qui produit d'autres phénomènes curieux. *Voyez* TROMBE, SEICHE, etc. & *l'Hist. de l'acad. des Sciences des années 1741 & 1742.* La latitude de *Genève* est de 46 d. 12', sa longitude de 23 d. 45'.

Jules-César parle de *Genève* comme d'une ville des Allobroges, alors province romaine; il y vint pour s'opposer au passage des Helvétiens, qu'on a depuis appelés *Suisses*. Dès que le christianisme fut introduit dans cette ville, elle devint un siège épiscopal, suffragant de Vienne. Au commencement du Ve siècle l'Empereur Honorius la céda aux Bourguignons qui en furent dépossédés en 534 par les rois francs. Lorsque Charlemagne,

---

[1] This article is important, not so much because it gave rise to Rousseau's passionate denunciation of the theatre in his *Lettre à M. d'Alembert sur les spectacles* (1758), but because, egged on by Voltaire whom he had just visited at Les Délices near Geneva, D'Alembert used it to express, prudently but none the less clearly, some very bold ideas.

sur la fin du IXe[1] siècle, alla combattre les rois des Lombards et délivrer le pape (qui l'en récompensa bien par la couronne impériale), ce prince passa à *Genève* et en fit le rendez-vous général de son armée. Cette ville fut ensuite annexée par héritage à l'Empire germanique, et Conrad y vint prendre la couronne en 1034. Mais les Empereurs ses successeurs, occupés d'affaires très importantes que leur suscitèrent les papes pendant plus de 300 ans, ayant négligé d'avoir les yeux sur cette ville, elle secoua insensiblement le joug et devint une ville impériale qui eut son évêque pour prince ou plutôt pour seigneur, car l'autorité de l'évêque était tempérée par celle des citoyens. Les armoiries qu'elle prit dès lors exprimaient cette constitution mixte : c'était une aigle impériale d'un côté, et de l'autre une clef représentant le pouvoir de l'Église, avec cette devise, *Post tenebras lux.* La ville de *Genève* a conservé ces armes après avoir renoncé à l'Église romaine. Elle n'a plus de commun avec la papauté que les clefs qu'elle porte dans son écusson. Il est même assez singulier qu'elle les ait conservées, après avoir brisé avec une espèce de superstition tous les liens qui pouvaient l'attacher à Rome. Elle a pensé apparemment que la devise, *Post tenebras lux*, qui exprime parfaitement, à ce qu'elle croit, son état actuel par rapport à la religion, lui permettait de ne rien changer au reste de ses armoiries.

Les ducs de Savoie voisins de *Genève*, appuyés quelquefois par les évêques, firent insensiblement et à différentes reprises des efforts pour établir leur autorité dans cette ville, mais elle y résista avec courage, soutenue de l'alliance de Fribourg et de celle de Berne. Ce fut alors, c'est-à-dire vers 1526, que le Conseil des Deux Cents fut établi. Les opinions de Luther et de Zwingle commençaient à s'introduire. Berne les avait adoptées ; *Genève* les goûtait ; elle les admit enfin en 1535. La papauté fut abolie, et l'évêque, qui prend toujours le titre d'*évêque de Genève*, sans y avoir plus de juridiction que l'évêque de Babylone[2] n'en a dans son diocèse, est résident à Annecy depuis ce temps-là.

---

[1] A misprint for 'VIIIe'.
[2] A title held by a bishop *in partibus infidelium* (i.e. a titular bishop).

On voit encore entre les deux portes de l'hôtel de ville de *Genève* une inscription latine en mémoire de l'abolition de la religion catholique. Le pape y est appelé l'*Antéchrist*. Cette expression que le fanatisme de la liberté et de la nouveauté s'est permise dans un siècle encore à demi barbare, nous paraît peu digne aujourd'hui d'une ville aussi philosophe. Nous osons l'inviter à substituer à ce monument injurieux et grossier une inscription plus vraie, plus noble et plus simple. Pour les catholiques le pape est le chef de la véritable église; pour les protestants sages et modérés, c'est un souverain qu'ils respectent comme prince sans lui obéir; mais dans un siècle tel que le nôtre il n'est plus d'Antéchrist pour personne.

Genève, pour défendre sa liberté contre les entreprises des ducs de Savoie et de ses évêques, se fortifia encore de l'alliance de Zurich et surtout de celle de la France. Ce fut avec ces secours qu'elle résista aux armes de Charles-Emmanuel et aux trésors de Philippe II, prince dont l'ambition, le despotisme, la cruauté et la superstition assurent à sa mémoire l'exécration de la postérité. Henri IV, qui avait secouru *Genève* de 300 soldats, eut bientôt après besoin lui-même de ses secours; elle ne lui fut pas inutile dans le temps de la Ligue et dans d'autres occasions. De là sont venus les privilèges dont les *Genevois* jouissent en France comme les Suisses.

Ces peuples, voulant donner de la célébrité à leur ville, y appelèrent Calvin, qui jouissait avec justice d'une grande réputation, homme de lettres du premier ordre, écrivant en latin aussi bien qu'on le peut faire dans une langue morte, et en français avec une pureté singulière pour son temps. Cette pureté que nos habiles grammairiens admirent encore aujourd'hui, rend ses écrits bien supérieurs à presque tous ceux du même siècle, comme les ouvrages de MM. de Port-Royal se distinguent encore aujourd'hui par la même raison des rapsodies barbares de leurs adversaires et de leurs contemporains. Calvin, jurisconsulte habile et théologien aussi éclairé qu'un hérétique le peut être, dressa de concert avec les magistrats un recueil de lois civiles et ecclésiastiques, qui fut approuvé en 1543 par le peuple, et qui est devenu le code fondamental de la république. Le superflu des biens ecclésiastiques, qui servait avant la réforme à nourrir le luxe des évêques et de leurs subalternes, fut appliqué à la fondation d'un hôpital, d'un collège et d'une académie; mais les guerres que *Genève* eut à soutenir pendant près de soixante ans, empêchèrent les arts et le commerce d'y fleurir autant que les sciences. Enfin le mauvais succès de l'escalade tentée en 1602 par le duc de Savoie a été l'époque de la tranquillité de cette république. Les *Genevois* repoussèrent leurs ennemis qui les avaient attaqués par surprise; et pour dégoûter le duc de Savoie d'entreprises semblables, ils firent pendre treize des principaux généraux ennemis. Ils crurent pouvoir traiter comme des voleurs de grand chemin des hommes qui avaient attaqué leur ville sans déclaration de guerre; car cette politique singulière et nouvelle, qui consiste à faire la guerre sans l'avoir déclarée, n'était pas encore connue en Europe,[1] et eût-elle été pratiquée dès lors par les grands états, elle est trop préjudiciable aux petits pour qu'elle puisse jamais être de leur goût.

Le duc Charles-Emmanuel, se voyant repoussé et ses généraux pendus, renonça à s'emparer de *Genève*. Son exemple servit de leçon à ses successeurs, et depuis ce temps cette ville n'a cessé de se peupler, de s'enrichir et de s'embellir dans le sein de la paix. Quelques dissensions intestines, dont la dernière a éclaté en 1738, ont de temps en temps altéré légèrement la tranquillité de la république; mais tout a été heureusement pacifié par la médiation de la France et des Cantons confédérés, et la sûreté est aujourd'hui établie au dehors plus fortement que jamais par deux nouveaux traités, l'un avec la France en 1749, l'autre avec le roi de Sardaigne en 1754.

C'est une chose très singulière qu'une ville qui compte à peine 24,000 âmes et dont le territoire morcelé ne contient pas trente

---

[1] Hostilities in the Seven Years' War, which was in progress as D'Alembert was writing, had been begun by England in 1755 without a formal declaration of war.

villages, ne laisse pas d'être un état souverain et une des villes les plus florissantes de l'Europe. Riche par sa liberté et par son commerce, elle voit souvent autour d'elle tout en feu sans jamais s'en ressentir. Les événements qui agitent l'Europe ne sont pour elle qu'un spectacle, dont elle jouit sans y prendre part. Attachée aux Français par ses traités et par son commerce, aux Anglais par son commerce et par la religion, elle prononce avec impartialité sur la justice des guerres que ces deux nations puissantes se font l'une à l'autre, quoiqu'elle soit d'ailleurs trop sage pour prendre aucune part à ces guerres, et juge tous les souverains de l'Europe sans les flatter, sans les blesser et sans les craindre.

La ville est bien fortifiée, surtout du côté du prince qu'elle redoute le plus, le roi de Sardaigne. Du côté de la France, elle est presque ouverte et sans défense. Mais le service s'y fait comme dans une ville de guerre. Les arsenaux et les magasins sont bien fournis; chaque citoyen y est soldat comme en Suisse et dans l'ancienne Rome. On permet aux *Genevois* de servir dans les troupes étrangères, mais l'état ne fournit à aucune puissance des compagnies avouées et ne souffre dans son territoire aucun enrôlement.

Quoique la ville soit riche, l'état est pauvre par la répugnance que témoigne le peuple pour les nouveaux impôts, même les moins onéreux. Le revenu de l'état ne va pas à cinq cent mille livres monnaie de France; mais l'économie admirable avec laquelle il est administré, suffit à tout et produit même des sommes en réserve pour les besoins extraordinaires.

On distingue dans *Genève* quatre ordres de personnes: les *citoyens* qui sont fils de bourgeois et nés dans la ville; eux seuls peuvent parvenir à la magistrature; les *bourgeois* qui sont fils de bourgeois ou de citoyens, mais nés en pays étranger, ou qui, étant étrangers, ont acquis le droit de bourgeoisie que le magistrat peut conférer; ils peuvent être du Conseil général et même du Grand Conseil, appelé *des Deux Cents*. Les *habitants* sont des étrangers qui ont la permission du magistrat de demeurer dans la ville et qui n'y sont rien autre chose. Enfin les *natifs* sont les fils des habitants; ils ont quelques privilèges de plus que leurs pères, mais ils sont exclus du gouvernement.

A la tête de la république sont quatre syndics, qui ne peuvent l'être qu'un an, et ne le redevenir qu'après quatre ans. Aux syndics est joint le Petit Conseil, composé de vingt conseillers, d'un trésorier et de deux secrétaires d'état, et un autre corps qu'on appelle *de la Justice.* Les affaires journalières et qui demandent expédition, soit criminelles, soit civiles, sont l'objet de ces deux corps.

Le Grand Conseil est composé de deux cent cinquante citoyens ou bourgeois; il est juge des grandes causes civiles, il fait grâce, il délibère sur ce qui doit être porté au Conseil général. Ce Conseil général embrasse le corps entier des citoyens et des bourgeois, excepté ceux qui n'ont pas vingt-cinq ans, les banqueroutiers et ceux qui ont eu quelque flétrissure. C'est à cette assemblée qu'appartiennent le pouvoir législatif, le droit de la guerre et de la paix, les alliances, les impôts et l'élection des principaux magistrats, qui se fait dans la cathédrale avec beaucoup d'ordre et de décence, quoique le nombre des votants soit d'environ 1500 personnes.

On voit par ce détail que le gouvernement de *Genève* a tous es avantages et aucun des inconvénients de la démocratie; tout est sous la direction des syndics, tout émane du Petit Conseil pour la délibération, et tout retourne à lui pour l'exécution. Ainsi il semble que la ville de *Genève* ait pris pour modèle cette loi si sage du gouvernement des anciens Germains: *De minoribus rebus principes consultant, de majoribus omnes; ita tamen, ut ea quorum penes plebem arbitrium est, apud principes praetractentur.*[1] Tacite, *de mor. German.*

Le droit civil de *Genève* est presque tout tiré du droit romain, avec quelques modifications: par exemple, un père ne peut jamais

---

[1] 'The leaders deliberate about lesser matters, while major issues are dealt with by the whole citizen body; this, however, is done in such a way that even those subjects that fall within the competence of the common people, are brought before the leaders.'

disposer que de la moitié de son bien en faveur de qui il lui plaît, le reste se partage également entre ses enfants. Cette loi assure d'un côté la dépendance des enfants, et de l'autre elle prévient l'injustice des pères.

M. de Montesquieu appelle avec raison une *belle loi* celle qui exclut des charges de la république les citoyens qui n'acquittent pas les dettes de leur père après sa mort, et à plus forte raison ceux qui n'acquittent pas leurs dettes propres.

L'on n'étend pas les degrés de parenté qui prohibent le mariage au delà de ceux que marque le Lévitique: ainsi les cousins germains peuvent se marier ensemble; mais aussi point de dispense dans les cas prohibés. On accorde le divorce en cas d'adultère ou de désertion malicieuse, après des proclamations juridiques.

La justice criminelle s'exerce avec plus d'exactitude que de rigueur. La question, déjà abolie dans plusieurs états et qui devrait l'être partout comme une cruauté inutile, est proscrite à *Genève*;[1] on ne la donne qu'à des criminels déjà condamnés à mort, pour découvrir leurs complices, s'il est nécessaire. L'accusé peut demander communication de la procédure et se faire assister de ses parents et d'un avocat pour plaider sa cause devant les juges à huis ouverts. Les sentences criminelles se rendent dans la place publique par les syndics, avec beaucoup d'appareil.

On ne connaît point à *Genève* de dignité héréditaire; le fils d'un premier magistrat reste confondu dans la foule, s'il ne s'en tire par son mérite. La noblesse ni la richesse ne donnent ni rang, ni prérogatives, ni facilité pour s'élever aux charges; les brigues sont sévèrement défendues. Les emplois sont si peu lucratifs qu'ils n'ont pas de quoi exciter la cupidité; ils ne peuvent tenter que des âmes nobles par la considération qui y est attachée.

On voit peu de procès; la plupart sont accommodés par des amis communs, par les avocats mêmes et par les juges.

Des lois somptuaires défendent l'usage des pierreries et de la dorure, limitent la dépense des funérailles, et obligent tous les

[1] See QUESTION (pp. 193 ff.).

citoyens à aller à pied dans les rues; on n'a de voitures que pour la campagne. Ces lois, qu'on regarderait en France comme trop sévères et presque comme barbares et inhumaines, ne sont point nuisibles aux véritables commodités de la vie qu'on peut toujours se procurer à peu de frais; elles ne retranchent que le faste, qui ne contribue point au bonheur et qui ruine sans être utile.

Il n'y a peut-être point de ville où il y ait plus de mariages heureux; *Genève* est sur ce point à deux cents ans de nos mœurs. Les règlements contre le luxe font que l'on ne craint point la multitude des enfants. Ainsi le luxe n'y est point, comme en France, un des grands obstacles à la population.

On ne souffre point à *Genève* de comédie. Ce n'est pas qu'on y désapprouve les spectacles en eux-mêmes; mais on craint, dit-on, le goût de parure, de dissipation et de libertinage que les troupes de comédiens répandent parmi la jeunesse. Cependant ne serait-il pas possible de remédier à cet inconvénient par des lois sévères et bien exécutées sur la conduite des comédiens? Par ce moyen *Genève* aurait des spectacles et des mœurs et jouirait de l'avantage des uns et des autres; les représentations théâtrales formeraient le goût des citoyens et leur donneraient une finesse de tact, une délicatesse de sentiment qu'il est très difficile d'acquérir sans ce secours. La littérature en profiterait sans que le libertinage fît des progrès, et *Genève* réunirait à la sagesse de Lacédémone la politesse d'Athènes. Une autre considération, digne d'une république si sage et si éclairée, devrait peut-être l'engager à permettre les spectacles. Le préjugé barbare contre la profession de comédien, l'espèce d'avilissement où nous avons mis ces hommes si nécessaires au progrès et au soutien des arts, est certainement une des principales causes qui contribue au dérèglement que nous leur reprochons; ils cherchent à se dédommager par les plaisirs de l'estime que leur état ne peut obtenir. Parmi nous un comédien qui a des mœurs est doublement respectable, mais à peine lui en sait-on quelque gré. Le traitant qui insulte à l'indigence publique et qui s'en nourrit, le courtisan qui rampe et qui ne paie point ses dettes, voilà l'espèce d'hommes que nous honorons le plus. Si les comédiens étaient non seulement soufferts à *Genève*, mais contenus d'abord par des règlements sages, protégés ensuite, et même considérés dès qu'ils en seraient dignes, enfin absolument placés sur la même ligne que les autres citoyens, cette ville aurait bientôt l'avantage de posséder ce qu'on croit si rare, et ce qui ne l'est que par notre faute, une troupe de comédiens estimables. Ajoutons que cette troupe deviendrait bientôt la meilleure de l'Europe. Plusieurs personnes, pleines de goût et de disposition pour le théâtre et qui craignent de se déshonorer parmi nous en s'y livrant, accourraient à *Genève* pour cultiver non seulement sans honte, mais même avec estime, un talent si agréable et si peu commun. Le séjour de cette ville, que bien des Français regardent comme triste par la privation des spectacles, deviendrait alors le séjour des plaisirs honnêtes, comme il est celui de la philosophie et de la liberté; et les étrangers ne seraient plus surpris de voir que dans une ville où les spectacles décents et réguliers sont défendus, on permette des farces grossières et sans esprit, aussi contraires au bon goût qu'aux bonnes mœurs. Ce n'est pas tout. Peu à peu l'exemple des comédiens de *Genève*, la régularité de leur conduite et la considération dont elle les ferait jouir, serviraient de modèle aux comédiens des autres nations et de leçon à ceux qui les ont traités jusqu'ici avec tant de rigueur et même d'inconséquence. On ne les verrait pas d'un côté pensionnés par le gouvernement, et de l'autre un objet d'anathème; nos prêtres perdraient l'habitude de les excommunier, et nos bourgeois de les regarder avec mépris; et une petite république aurait la gloire d'avoir réformé l'Europe sur ce point, plus important peut-être qu'on ne pense.

Genève a une université qu'on appelle *Académie* où la jeunesse est instruite gratuitement. Les professeurs peuvent devenir magistrats, et plusieurs le sont en effet devenus, ce qui contribue beaucoup à entretenir l'émulation et la célébrité de l'Académie. Depuis quelques années on a établi aussi une école de dessin. Les avocats, les notaires, les médecins forment des corps auxquels on n'est agrégé qu'après des examens publics, et tous les corps de métiers ont aussi leurs règlements, leurs apprentissages et leurs chefs-d'œuvre.

La bibliothèque publique est bien assortie; elle contient vingt-six mille volumes et un assez grand nombre de manuscrits. On prête ces livres à tous les citoyens. Ainsi chacun lit et s'éclaire; aussi le peuple de *Genève* est-il beaucoup plus instruit que partout ailleurs. On ne s'aperçoit pas que ce soit un mal, comme on prétend que c'en serait un chez nous. Peut-être les Genevois et nos politiques ont-ils également raison.

Après l'Angleterre *Genève* a reçu la première l'inoculation de la petite vérole, qui a tant de peine à s'établir en France, et qui pourtant s'y établira, quoique plusieurs de nos médecins la combattent encore, comme leurs prédécesseurs ont combattu la circulation du sang, l'émétique et tant d'autres vérités incontestables ou de pratiques utiles.

Toutes les sciences et presque tous les arts ont été si bien cultivés à *Genève* qu'on serait surpris de voir la liste des savants et des artistes en tout genre que cette ville a produits depuis deux siècles. Elle a eu même quelquefois l'avantage de posséder des étrangers célèbres que sa situation agréable et la liberté dont on y jouit, ont engagés à s'y retirer; M. de Voltaire, qui depuis trois ans y a établi son séjour, retrouve chez ces républicains les mêmes marques d'estime et de considération qu'il a reçues de plusieurs monarques.

La fabrique qui fleurit le plus à *Genève* est celle de l'horlogerie; elle occupe plus de cinq mille personnes, c'est-à-dire plus de la cinquième partie des citoyens. Les autres arts n'y sont pas négligés, entre autres l'agriculture; on remédie au peu de fertilité du terroir à force de soins et de travail.

Toutes les maisons sont bâties de pierre, ce qui prévient très souvent les incendies, auxquels on apporte d'ailleurs un prompt remède par le bel ordre établi pour les éteindre.

Les hôpitaux ne sont point à *Genève*, comme ailleurs, une simple retraite pour les pauvres malades et infirmes. On y exerce l'hospitalité envers les pauvres passants, mais surtout on en tire une multitude de petites pensions qu'on distribue aux pauvres familles pour les aider à vivre sans se déplacer et sans renoncer à leur travail. Les hôpitaux dépensent par an plus du triple de leur revenu, tant les aumônes de toute espèce sont abondantes.

Il nous reste à parler de la religion de *Genève*; c'est la partie de cet article qui intéresse peut-être le plus les philosophes. Nous allons donc entrer dans ce détail, mais nous prions nos lecteurs de se souvenir que nous ne sommes ici qu'historiens, et non controversistes. Nos articles de théologie sont destinés à servir d'antidote à celui-ci, et raconter n'est pas approuver. Nous renvoyons donc nos lecteurs aux *mots* EUCHARISTIE, ENFER, FOI, CHRISTIANISME, etc., pour les prémunir d'avance contre ce que nous allons dire.

La constitution ecclésiastique de *Genève* est purement presbytérienne: point d'évêque, encore moins de chanoines. Ce n'est pas qu'on désapprouve l'épiscopat, mais comme on ne le croit pas de droit divin, on a pensé que des pasteurs moins riches et moins importants que des évêques convenaient mieux à une petite république.

Les ministres sont ou *pasteurs*, comme nos curés, ou *postulants*, comme nos prêtres sans bénéfice. Le revenu des pasteurs ne va pas au delà de 1200 livres sans aucun casuel; c'est l'état qui le donne, car l'église n'a rien. Les ministres ne sont reçus qu'à vingt-quatre ans, après des examens qui sont très rigides quant à la science et quant aux mœurs, et dont il serait à souhaiter que la plupart de nos églises catholiques suivissent l'exemple.

Les ecclésiastiques n'ont rien à faire dans les funérailles; c'est un acte de simple police qui se fait sans appareil. On croit à *Genève* qu'il est ridicule d'être fastueux après la mort. On enterre dans un vaste cimetière assez éloigné de la ville, usage qui devrait être suivi partout. *Voyez* EXHALAISON.

Le clergé de *Genève* a des mœurs exemplaires. Les ministres vivent dans une grande union; on ne les voit point, comme dans d'autres pays, disputer entre eux avec aigreur sur des matières inintelligibles, se persécuter mutuellement, s'accuser indécemment auprès des magistrats.[1] Il s'en faut cependant beaucoup qu'ils pensent tous de même sur les articles qu'on regarde ailleurs comme les plus importants à la religion. Plusieurs ne croient plus à la divinité de Jésus-Christ, dont Calvin, leur chef, était si zélé défenseur et pour laquelle il fit brûler Servet.[2] Quand on leur parle de ce supplice, qui fait quelque tort à la charité et à la modération de leur patriarche, ils n'entreprennent point de le justifier. Ils avouent que Calvin fit une action très blâmable, et ils se contentent (si c'est un catholique qui leur parle) d'opposer au supplice de Servet cette abominable journée de la Saint Barthélemy que tout bon Français désirerait effacer de notre histoire avec son sang, et ce supplice de Jean Hus que les catholiques mêmes, disent-ils, n'entreprennent plus de justifier, où l'humanité et la bonne foi furent également violées, et qui doit couvrir la mémoire de l'Empereur Sigismond d'un opprobre éternel.

'Ce n'est pas, dit M. de Voltaire, un petit exemple du progrès de la raison humaine qu'on ait imprimé à *Genève* avec l'approbation publique (dans l'*Essai sur l'histoire universelle*[3] du même auteur) que Calvin avait une âme atroce, aussi bien qu'un esprit éclairé. Le meurtre de Servet paraît aujourd'hui abominable.'[4] Nous croyons que les éloges dûs à cette noble liberté de penser et d'écrire sont à partager également entre l'auteur, son siècle et *Genève*. Combien de pays où la philosophie n'a pas fait moins de progrès, mais où la vérité est encore captive, où la raison n'ose élever la voix pour foudroyer ce qu'elle condamne en silence, où même trop d'écrivains pusillanimes, qu'on appelle *sages*, respectent les préjugés qu'ils pourraient combattre avec autant de décence que de sûreté!

L'enfer, un des points principaux de notre croyance, n'en est

[1] See FORMULAIRE (pp. 81 ff.).

[2] Michel Servet, a Spanish doctor and theologian, burnt at the stake at Geneva in 1553.

[3] Generally known today under the title of *Essai sur les Mœurs*.

[4] These words, which appear in a letter of Voltaire to his friend, Thieriot, published in the *Mercure* of April 1757, caused a considerable stir in Geneva.

pas un aujourd'hui pour plusieurs ministres de *Genève*. Ce serait, selon eux, faire injustice à la Divinité d'imaginer que cet Être plein de bonté et de justice fût capable de punir nos fautes par une éternité de tourments. Ils expliquent le moins mal qu'ils peuvent les passages formels de l'Écriture qui sont contraires à leur opinion, prétendant qu'il ne faut jamais prendre à la lettre dans les Livres Saints tout ce qui paraît blesser l'humanité et la raison. Ils croient donc qu'il y a des peines dans une autre vie, mais pour un temps. Ainsi le purgatoire, qui a été une des principales causes de la séparation des Protestants d'avec l'Église Romaine, est aujourd'hui la seule peine que plusieurs d'entre eux admettent après la mort: nouveau trait à ajouter à l'histoire des contradictions humaines.

Pour tout dire en un mot, plusieurs pasteurs de *Genève* n'ont d'autre religion qu'un socinianisme parfait,[1] rejetant tout ce qu'on appelle *mystères* et s'imaginant que le premier principe d'une religion véritable, est de ne rien proposer à croire qui heurte la raison. Aussi quand on les presse sur la *nécessité* de la révélation, ce dogme si essentiel du christianisme, plusieurs y substituent le terme d'*utilité* qui leur paraît plus doux. En cela, s'ils ne sont pas orthodoxes, ils sont au moins conséquents à leurs principes. *Voyez* SOCINIANISME.

Un clergé qui pense ainsi, doit être tolérant, et l'est assez en effet pour n'être pas regardé de bon œil par les ministres des autres églises réformées. On peut dire encore, sans prétendre approuver d'ailleurs la religion de *Genève*, qu'il y a peu de pays où les théologiens et les ecclésiastiques soient plus ennemis de la superstition. Mais en récompense, comme l'intolérance et la superstition ne servent qu'à multiplier les incrédules, on se plaint moins à *Genève* qu'ailleurs des progrès de l'incrédulité, ce qui ne doit pas surprendre. La religion y est presque réduite à l'adoration d'un seul Dieu, du moins chez presque tout ce qui n'est pas peuple; le respect pour Jésus-Christ et pour les Écritures sont

---

[1] Although it was not entirely unfounded, this statement was hotly denied in Geneva.

peut-être la seule chose qui distingue d'un pur déisme le christianisme de *Genève*.

Les ecclésiastiques font encore mieux à *Genève* que d'être tolérants ; ils se renferment uniquement dans leurs fonctions, en donnant les premiers aux citoyens l'exemple de la soumission aux lois. Le Consistoire, établi pour veiller sur les mœurs, n'inflige que des peines spirituelles. La grande querelle du sacerdoce et de l'empire qui dans les siècles d'ignorance a ébranlé la couronne de tant d'Empereurs, et qui, comme nous ne le savons que trop, cause des troubles fâcheux dans des siècles plus éclairés, n'est point connue à *Genève* ; le clergé n'y fait rien sans l'approbation des magistrats.

Le culte est fort simple ; point d'images, point de luminaire, point d'ornements dans les églises. On vient pourtant de donner à la cathédrale un portail d'assez bon goût ; peut-être parviendra-t-on peu à peu à décorer l'intérieur des temples. Où serait en effet l'inconvénient d'avoir des tableaux et des statues, en avertissant le peuple, si l'on voulait, de ne leur rendre aucun culte et de ne les regarder que comme des monuments destinés à retracer d'une manière frappante et agréable les principaux événements de la religion ? Les arts y gagneraient sans que la superstition en profitât. Nous parlons ici, comme le lecteur doit le sentir, dans les principes des pasteurs de *Genève*, et non dans ceux de l'Église catholique.

Le service divin renferme deux choses : les prédications et le chant. Les prédications se bornent presque uniquement à la morale et n'en valent que mieux. Le chant est d'assez mauvais goût, et les vers français qu'on chante, plus mauvais encore. Il faut espérer que *Genève* se réformera sur ces deux points. On vient de placer un orgue dans la cathédrale, et peut-être parviendra-t-on à louer Dieu en meilleur langage et en meilleure musique. Du reste la vérité nous oblige de dire que l'Être suprême est honoré à *Genève* avec une décence et un recueillement qu'on ne remarque point dans nos églises.

Nous ne donnerons peut-être pas d'aussi grands articles aux

lus vastes monarchies; mais aux yeux du philosophe la République des Abeilles n'est pas moins intéressante que l'histoire des
grands empires; et ce n'est peut-être que dans les petits états
qu'on peut trouver le modèle d'une parfaite administration
politique. Si la religion ne nous permet pas de penser que les
Genevois aient efficacement travaillé à leur bonheur dans l'autre
monde, la raison nous oblige de croire qu'ils sont peut-être aussi
heureux qu'on le peut être dans celui-ci:

O fortunatos nimium, sua si bona norint! [1] (O)

IDOLE, IDOLATRE, IDOLATRIE. [2] *Idole* vient du grec

ιδος, *figure,* ειδολος, *représentation d'une figure,* λατρευιν, *servir,*
révérer, adorer. Ce mot *adorer* est latin et a beaucoup d'acceptions différentes; il signifie *porter la main à la bouche* en parlant
avec respect; *se courber, se mettre à genoux, saluer* et enfin communément *rendre un culte suprême.*

Il est utile de remarquer ici que le *Dictionnaire de Trévoux* [3]
commence cet article par dire que tous les païens étaient *idolâtres*
et que les Indiens sont encore des peuples *idolâtres.* Première-
ment, on n'appela personne païen avant Théodose le jeune; [4]
ce nom fut donné alors aux habitants des bourgs d'Italie, *pagorum*
incola pagani, qui conservèrent leur ancienne religion. Seconde-
ment, l'Indostan est mahométan, et les mahométans sont les
implacables ennemis des images et de l'*idolâtrie.* Troisièmement,
on ne doit point appeler *idolâtres* beaucoup de peuples de l'Inde
qui sont de l'ancienne religion des Perses, ni certaines côtes qui
n'ont point d'*idoles.*

S'il y a jamais eu un gouvernement idolâtre. Il paraît que jamais
il n'y a eu aucun peuple sur la terre qui ait pris le nom d'*idolâtre.*
Ce mot est une injure que les gentils, [5] les polythéistes semblaient
mériter, mais il est bien certain que si on avait demandé au sénat

---

[1] 'Ah, blest beyond all bliss, did they but know their happiness!' (Virgil.)
[2] By the time this volume of the *Encyclopédie* appeared in 1765, this article had
already been published in Voltaire's *Dictionnaire philosophique portatif* (1764).
[3] See p. 44, n. 1.   [4] Theodosius II, Emperor from 408 to 450.
[5] Pagans.

de Rome, à l'aréopage d'Athènes, à la cour des rois de Perse *Êtes-vous idolâtres?* ils auraient à peine entendu cette question Nul n'aurait répondu: nous adorons des images, des *idoles*. Or ne trouve ce mot *idolâtre, idolâtrie,* ni dans Homère, ni dans Hésiode, ni dans Hérodote, ni dans aucun auteur de la religion des gentils. Il n'y a jamais eu aucun édit, aucune loi qui ordonnâ qu'on adorât des *idoles,* qu'on les servît en dieux, qu'on les crû des dieux.

Quand les capitaines romains et carthaginois faisaient un traité, ils attestaient toutes les divinités; c'est en leur présence disaient-ils, que nous jurons la paix. Or les statues de tous ces dieux, dont le dénombrement était très long, n'étaient pas dans la tente des généraux; ils regardaient les dieux comme présents aux actions des hommes, comme témoins, comme juges, et ce n'était pas assurément le simulacre qui constituait la divinité.

De quel œil voyaient-ils donc les statues de leurs fausses divinités dans les temples? Du même œil, s'il était permis de s'exprimer ainsi, que nous voyons les images des vrais objets de notre vénération. L'erreur n'était pas d'adorer un morceau de bois ou de marbre, mais d'adorer une fausse divinité représentée par ce bois et par ce marbre. La différence entre eux et nous n'est pas qu'ils eussent des images, et que nous n'en ayons point; qu'ils aient fait des prières devant des images, et que nous n'en faisions point. La différence est que leurs images figuraient des êtres fantastiques dans une religion fausse, et que les nôtres figurent des êtres réels dans une religion véritable.

Quand le consul Pline adresse ses prières aux dieux immortels dans l'exorde du panégyrique de Trajan, ce n'est pas à des images qu'il les adresse; ces images n'étaient pas immortelles.

Ni les derniers temps du paganisme, ni les plus reculés, n'offrent pas un seul fait qui puisse faire conclure qu'on adorât réellement une *idole.* Homère ne parle que des dieux qui habitent le haut Olympe. Le palladium, quoique tombé du ciel, n'était qu'un gage sacré de la protection de Pallas; c'était elle qu'on adorait dans le palladium.

Mais les Romains et les Grecs se mettaient à genoux devant des statues, leur donnaient des couronnes, de l'encens, des fleurs, les promenaient en triomphe dans les places publiques. Nous avons sanctifié ces coutumes, et nous ne sommes point *idolâtres*.

Les femmes en temps de sécheresse portaient les statues des faux dieux après avoir jeûné. Elles marchaient pieds nus, les cheveux épars, et aussitôt il pleuvait à seaux, comme dit ironiquement Pétrone: *et statim urceatim pluebat*. Nous avons consacré cet usage, illégitime chez les gentils et légitime parmi nous. Dans combien de villes ne porte-t-on pas nu-pieds les châsses des saints pour obtenir les bontés de l'Être suprême par leur intercession?

Si un Turc, un lettré chinois était témoin de ces cérémonies, il pourrait par ignorance nous accuser d'abord de mettre notre confiance dans les simulacres que nous promenons ainsi en procession; mais il suffirait d'un mot pour le détromper.

On est surpris du nombre prodigieux de déclamations débitées contre l'*idolâtrie* des Romains et des Grecs; et ensuite on est plus surpris encore quand on voit qu'en effet ils n'étaient point *idolâtres*, que leur loi ne leur ordonnait point du tout de rapporter leur culte à des simulacres.

Il y avait des temples plus privilégiés que les autres; la grande Diane d'Éphèse avait plus de réputation qu'une Diane de village, que dans un autre de ses temples. La statue de Jupiter Olympien attirait plus d'offrandes que celle de Jupiter Paphlagonien. Mais puisqu'il faut toujours opposer ici les coutumes d'une religion vraie à celles d'une religion fausse, n'avons-nous pas eu depuis plusieurs siècles plus de dévotion à certains autels qu'à d'autres? Ne serait-il pas ridicule de saisir ce prétexte pour nous accuser d'*idolâtrie*?

On n'avait imaginé qu'une seule Diane, un seul Apollon et un seul Esculape, mais non pas autant d'Apollons, de Dianes, et d'Esculapes qu'ils avaient de temples et de statues. Il est donc prouvé, autant qu'un point d'histoire peut l'être, que les anciens ne croyaient pas qu'une statue fût une divinité, que le culte ne pouvait être rapporté à cette statue, à cette *idole*, et que par conséquent les anciens n'étaient point *idolâtres*.

Une populace grossière et superstitieuse qui ne raisonnait point, qui ne savait ni douter, ni nier, ni croire, qui courait aux temples par oisiveté et parce que les petits y sont égaux aux grands; qui portait son offrande par coutume, qui parlait continuellement de miracles sans en avoir examiné aucun, et qui n'était guère au-dessus des victimes qu'elle amenait; cette populace, dis-je, pouvait bien, à la vue de la grande Diane et de Jupiter tonnant, être frappé d'une horreur religieuse et adorer sans le savoir la statue même. C'est ce qui est arrivé quelquefois dans nos temples à nos paysans grossiers; et l'on n'a pas manqué de les instruire que c'est aux bienheureux, aux immortels reçus dans le ciel, qu'ils doivent demander leur intercession, et non à des figures de bois et de pierre, et qu'ils ne doivent adorer que Dieu seul.

Les Grecs et les Romains augmentèrent le nombre de leurs dieux par des apothéoses; les Grecs divinisaient les conquérants, comme Bacchus, Hercule, Persée. Rome dressa des autels à ses empereurs. Nos apothéoses sont d'un genre bien plus sublime; nous n'avons égard ni au rang, ni aux conquêtes. Nous avons élevé des temples à des hommes simplement vertueux qui seraient la plupart ignorés sur la terre, s'ils n'étaient placés dans le ciel. Les apothéoses des anciens sont faites par la flatterie; les nôtres par le respect pour la vertu. Mais ces anciennes apothéoses sont encore une preuve convaincante que les Grecs et les Romains n'étaient point *idolâtres*. Il est clair qu'ils n'admettaient pas plus une vertu divine dans la statue d'Auguste et de Claudius que dans leurs médailles. Cicéron dans ses ouvrages philosophiques ne laisse pas soupçonner seulement qu'on puisse se méprendre aux statues des dieux et les confondre avec les dieux mêmes. Ses interlocuteurs foudroient la religion établie, mais aucun d'eux n'imagine d'accuser les Romains de prendre du marbre et de l'airain pour des divinités.

Lucrèce ne reproche cette sottise à personne, lui qui reproche tout aux superstitieux. Donc, encore une fois, cette opinion n'existait pas, et l'erreur du polythéisme n'était pas erreur d'*idolâtrie*.

Horace fait parler une statue de Priape. Il lui fait dire: *J'étais autrefois un tronc de figuier; un charpentier, ne sachant s'il ferait de moi un dieu ou un banc, se détermina enfin à me faire dieu,* etc. Que conclure de cette plaisanterie? Priape était de ces petites divinités subalternes, abandonnées aux railleurs, et cette plaisanterie même est la preuve la plus forte que cette figure de Priape qu'on mettait dans les potagers pour effrayer les oiseaux, n'était pas fort révérée.

Dacier,[1] en digne commentateur, n'a pas manqué d'observer que Baruch avait prédit cette aventure en disant, *Ils ne seront que ce que voudront les ouvriers*; mais il pouvait observer aussi qu'on en peut dire autant de toutes les statues. On peut d'un bloc de marbre tirer tout aussi bien une cuvette qu'une figure d'Alexandre ou de Jupiter, ou de quelque chose de plus respectable. La matière dont étaient formés les chérubins du Saint des Saints, aurait pu servir également aux fonctions les plus viles. Un tronc, un autel en sont-ils moins révérés parce que l'ouvrier en pouvait faire une table de cuisine?

Dacier, au lieu de conclure que les Romains adoraient la statue de Priape, et que Baruch l'avait prédit, devait donc conclure que les Romains s'en moquaient. Consultez tous les auteurs qui parlent des statues de leurs dieux, vous n'en trouverez aucun qui parle d'*idolâtrie*; ils disent expressément le contraire. Vous voyez dans Martial:

> *Qui finxit sacros auro vel marmore vultus,*
> *Non facit ille deos.*[2]

Dans Ovide: *Colitur pro Jove forma Jovis.*[3]

[1] André Dacier (1651–1722), the husband of a more famous wife who played a prominent part in the 'Querelle des Anciens et des Modernes'.
[2] 'He who has fashioned from gold and marble divine features has not thereby created gods.'
[3] 'In the image of Jupiter it is Jupiter who is worshipped.'

Dans Stace:

> *Nulla autem effigies nulli commissa metallo.*
> *Forma Dei montes habitare ac numina gaudet.*[1]

Dans Lucain: *Est-ne Dei nisi terra et pontus, et aer?*[2]

On ferait un volume de tous les passages qui déposent que des images n'étaient que des images.

Il n'y a que le cas où les statues rendaient des oracles, qui ait pu faire penser que ces statues avaient en elles quelque chose de divin; mais certainement l'opinion régnante était que les dieux avaient choisi certains autels, certains simulacres, pour y venir résider quelquefois, pour y donner audience aux hommes, pour leur répondre. On ne voit dans Homère et dans les chœurs des tragédies grecques que des prières à Apollon, qui rend ses oracles sur les montagnes, en tel temple, en telle ville; il n'y a pas dans toute l'antiquité la moindre trace d'une prière adressée à une statue.

Ceux qui professaient la magie, qui la croyaient une science ou qui feignaient de le croire, prétendaient avoir le secret de faire descendre les dieux dans les statues, non pas les grands dieux, mais les dieux secondaires, les génies. C'est ce que Mercure Trismégiste[3] appelait *faire des dieux*, et c'est ce que saint Augustin réfute dans sa *Cité de Dieu*; mais cela même montre évidemment qu'on ne croyait pas que les simulacres eussent rien en eux de divin, puisqu'il fallait qu'un magicien les animât; et il me semble qu'il arrivait bien rarement qu'un magicien fût assez habile pour donner une âme à une statue pour la faire parler.

En un mot, les images des dieux n'étaient point des dieux; Jupiter, et non pas son image, lançait le tonnerre. Ce n'était pas la statue de Neptune qui soulevait les mers, ni celle d'Apollon

---

[1] 'For no one's likeness is expressed in metal. God delights to dwell in the mountains and in the spirits of the hills.'

[2] 'What then is God's if not earth and sea and sky?'

[3] Hermes Trismegistus was a name applied from the third century A.D. to the author of various Neoplatonic writings.

qui donnait la lumière; les Grecs et les Romains étaient des gentils, des polythéistes, et n'étaient point des *idolâtres*.

Si les Perses, les Sabéens, les Égyptiens, les Tartares, les Turcs ont été idolâtres, et de quelle antiquité est l'origine des simulacres appelés idoles; histoire abrégée de leur culte. C'est un abus des termes d'appeler *idolâtres* les peuples qui rendirent un culte au soleil et aux étoiles. Ces nations n'eurent longtemps ni simulacres, ni temples; si elles se trompèrent, c'est en rendant aux astres ce qu'ils devaient au Créateur des astres. Encore les dogmes de Zoroastre, ou Zardust, recueillis dans le Sadder, enseignent-ils un Être suprême vengeur et rémunérateur, et cela est bien loin de l'*idolâtrie*. Le gouvernement de la Chine n'a jamais eu aucune *idole*; il a toujours conservé le culte simple du maître du ciel, *Kingtien*, en tolérant les pagodes du peuple. Gengis-Kan chez les Tartares n'était point *idolâtre* et n'avait aucun simulacre; les Musulmans qui remplissent la Grèce, l'Asie Mineure, la Syrie, la Perse, l'Inde et l'Afrique, appellent les Chrétiens *idolâtres*, *giaour*, parce qu'ils croient que les Chrétiens rendent un culte aux images. Ils brisèrent toutes les statues qu'ils trouvèrent à Constantinople dans Sainte Sophie, dans l'église des saints Apôtres et dans d'autres qu'ils convertirent en mosquées. L'apparence les trompa comme elle trompe toujours les hommes; elle leur fit croire que des temples dédiés à des saints qui avaient été hommes autrefois, des images de ces saints adorées à genoux, des miracles opérés dans ces temples, étaient des preuves invincibles de l'*idolâtrie* la plus complète; cependant il n'en est rien. Les Chrétiens n'adorent en effet qu'un seul Dieu et ne révèrent dans les bienheureux que la vertu même de Dieu qui agit dans ses saints. Les iconoclastes et les protestants ont fait le même reproche d'*idolâtrie* à l'Église, et on leur a fait la même réponse.

Comme les hommes ont eu très rarement des idées précises et ont encore moins exprimé leurs idées par des mots précis et sans équivoque, nous appelons du nom d'*idolâtres* les gentils et surtout les polythéistes. On a écrit des volumes immenses, on a débité des sentiments différents sur l'origine de ce culte rendu à Dieu ou à plusieurs dieux sous des figures sensibles. Cette multitude de livres et d'opinions ne prouve que l'ignorance.

On ne sait pas qui inventa les habits et les chaussures, et on veut savoir qui le premier inventa les *idoles*! Qu'importe un passage de *Sanchoniaton*[1] qui vivait avant le siège de Troie? Que nous apprend-il quand il dit que le chaos, l'esprit, c'est-à-dire le souffle, amoureux de ses principes, en tira le limon, qu'il rendit l'air lumineux, que le vent Colp et sa femme Baü engendrèrent Eon, et qu'Eon engendra Jenos? que Cronos, leur descendant, avait deux yeux par derrière, comme par devant, qu'il devint dieu et qu'il donna l'Égypte à son fils, Thaur; voilà un des plus respectables monuments de l'antiquité.

Orphée, antérieur à Sanchoniaton, ne nous en apprendra pas davantage dans sa théogonie que Damascius nous a conservée; il représente le principe du monde sous la figure d'un dragon à deux têtes, l'une de taureau, l'autre de lion, un visage au milieu qu'il appelle *visage-dieu*, et des ailes dorées aux épaules.

Mais vous pouvez de ces idées bizarres tirer deux grandes vérités: l'une, que les images sensibles et les hiéroglyphes sont de l'antiquité la plus haute, l'autre, que tous les anciens philosophes ont reconnu un premier principe.

Quant au polythéisme, le bon sens vous dira que dès qu'il y a eu des hommes, c'est-à-dire des animaux faibles, capables de raison, sujets à tous les accidents, à la maladie et à la mort, ces hommes ont senti leur faiblesse et leur dépendance; ils ont reconnu aisément qu'il est quelque chose de plus puissant qu'eux. Ils ont senti une force dans la terre qui produit leurs aliments; une dans l'air qui souvent les détruit; une dans le feu qui consume, et dans l'eau qui submerge. Quoi de plus naturel dans des hommes ignorants que d'imaginer des êtres qui président à ces éléments? Quoi de plus naturel que de révérer la force invisible qui faisait luire aux yeux le soleil et les étoiles? Et dès qu'on voulut se former une idée de ces puissances supérieures à l'homme,

[1] The supposed author of the *Phoinikika*, a history of Phoenicia and Egypt.

quoi de plus naturel encore que de les figurer d'une manière sensible? La religion juive qui précéda la nôtre et qui fut donnée par Dieu même, était toute remplie de ces images sous lesquelles Dieu est représenté. Il daigne parler dans un buisson le langage humain; il paraît sur une montagne. Les esprits célestes qu'il envoie, viennent tous avec une forme humaine; enfin le sanctuaire est rempli de chérubins, qui sont des corps d'hommes avec des ailes et des têtes d'animaux; c'est ce qui a donné lieu à l'erreur grossière de Plutarque, de Tacite, d'Appien et de tant d'autres, de reprocher aux Juifs d'adorer une tête d'âne. Dieu, malgré sa défense de peindre et de sculpter aucune figure, a donc daigné se proportionner à la faiblesse humaine, qui demandait qu'on parlât aux sens par des images.

Isaïe, dans le *chap.* VI, voit le Seigneur assis sur un trône, et le bas de sa robe qui remplit le temple. Le Seigneur étend sa main et touche la bouche de Jérémie au *chap.* I de ce prophète. Ézéchiel, au *chap.* III, voit un trône de saphir, et Dieu lui paraît comme un homme assis sur ce trône. Ces images n'altèrent point la pureté de la religion juive, qui jamais n'employa les tableaux, les statues, les *idoles* pour représenter Dieu aux yeux du peuple.

Les lettrés chinois, les Perses, les anciens Égyptiens n'eurent point d'*idoles*, mais bientôt Isis et Osiris furent figurés; bientôt Bel à Babylone fut un gros colosse; Brahma fut un monstre bizarre dans la presqu'île de l'Inde. Les Grecs surtout multiplièrent les noms des dieux, les statues et les temples, mais en attribuant toujours la suprême puissance à leur *Zeus*, nommé par les Latins *Jupiter*, maître des dieux et des hommes. Les Romains imitèrent les Grecs: ces peuples placèrent toujours tous les dieux dans le ciel sans savoir ce qu'ils entendaient par le ciel et par leur Olympe. Il n'y avait pas apparence que ces êtres supérieurs habitassent dans les nuées qui ne sont que de l'eau. On en avait placé d'abord sept dans les sept planètes, parmi lesquelles on comptait le soleil; mais depuis la demeure ordinaire de tous les dieux fut l'étendue du ciel.

Les Romains eurent leurs douze grands dieux, six mâles et six femelles, qu'ils nommèrent *dii majorum gentium* : Jupiter, Neptune, Apollon, Vulcain, Mars, Mercure, Junon, Vesta, Minerve, Cérès, Vénus, Diane. Pluton fut alors oublié; Vesta prit sa place.

Ensuite venaient les dieux *minorum gentium*, les dieux indigètes, les héros, comme Bacchus, Hercule, Esculape; les dieux infernaux, Pluton, Proserpine; ceux de la mer, comme Thétis, Amphitrite, les néréïdes, Glaucus; puis les dryades, les naïades, les dieux des jardins, ceux des bergers. Il y en avait pour chaque profession, pour chaque action de la vie, pour les enfants, pour les filles nubiles, pour les mariées, pour les accouchées; on eut le dieu Pet. On divinisa encore les empereurs: ni ces empereurs, ni le dieu Pet, ni la déesse Pertunda, ni Priape, ni Rumilia, la déesse des tétons, ni Stercutius, le dieu de la garde-robe, ne furent à la vérité regardés comme les maîtres du ciel et de la terre. Les empereurs eurent quelquefois des temples; les petits dieux pénates n'en eurent point, mais tous eurent leur figure, leur *idole*.

C'étaient de petits magots dont on ornait son cabinet; c'étaient les amusements des vieilles femmes et des enfants, qui n'étaient autorisés par aucun culte public. On laissait agir à son gré la superstition de chaque particulier; on retrouve encore ces petites *idoles* dans les ruines des anciennes villes.

Si personne ne sait quand les hommes commencèrent à se faire des *idoles*, on sait qu'elles sont de l'antiquité la plus haute. Tharé, père d'Abraham, en faisait à Ur en Chaldée; Rachel déroba et emporta les *idoles* de son beau-père, Laban; on ne peut remonter plus haut.

Mais quelle notion précise avaient les anciennes nations de tous ces simulacres? Quelle vertu, quelle puissance leur attribuait-on? Croira-t-on que les dieux descendaient du ciel pour venir se cacher dans ces statues? ou qu'ils leur communiquaient une partie de l'esprit divin? ou qu'ils ne leur communiquaient rien du tout? C'est encore sur quoi on a très inutilement écrit; il est clair que chaque homme en jugeait selon le degré de sa raison, ou de sa crédulité, ou de son fanatisme. Il est évident que les prêtres attachaient le plus de divinité qu'ils pouvaient à leurs statues, pour s'attirer plus d'offrandes. On sait que les philosophes détestaient ces superstitions, que les guerriers s'en moquaient, que les magistrats les toléraient et que le peuple, toujours absurde, ne savait ce qu'il faisait: c'est en peu de mots l'histoire de toutes les nations à qui Dieu ne s'est pas fait connaître.

On peut se faire la même idée du culte que toute l'Égypte rendit à un bœuf, et que plusieurs villes rendirent à un chien, à un singe, à un chat, à des oignons. Il y a grande apparence que ce furent d'abord des emblèmes. Ensuite un certain bœuf, Apis, un certain chien, nommé *Anubis*, furent adorés. On mangea toujours du bœuf et des oignons; mais il est difficile de savoir ce que pensaient les vieilles femmes d'Égypte des oignons sacrés et des bœufs.

Les *idoles* parlaient assez souvent. On faisait commémoration à Rome, le jour de la fête de Cybèle, des belles paroles que la statue avait prononcées lorsqu'on en fit la translation du palais du roi Attale:

> *Ipsa peti volui, ne fit mora, mitte volentem,*
> *Dignus Roma locus quo deus omnis eat.*

'J'ai voulu qu'on m'enlevât, emmenez-moi vite; Rome est digne que tout dieu s'y établisse.'

La statue de la fortune avait parlé. Les Scipion, les Cicéron, les César à la vérité n'en croyaient rien, mais la vieille à qui Esculape donna un écu pour acheter des oies et des dieux, pouvait fort bien le croire.

Les *idoles* rendaient aussi des oracles, et les prêtres cachés dans le creux des statues parlaient au nom de la divinité.

Comment, au milieu de tant de dieux et de tant de théogonies différentes et de cultes particuliers, n'y eut-il jamais de guerre de religion chez les peuples nommés *idolâtres*? Cette paix fut un bien qui naquit d'un mal de l'erreur même, car chaque nation, reconnaissant plusieurs dieux inférieurs, trouvait bon que ses voisins eussent aussi les leurs. Si vous exceptez Cambyse,[1] à qui on reproche d'avoir tué le bœuf Apis, on ne voit dans l'histoire profane aucun conquérant qui ait maltraité les dieux d'un peuple vaincu. Les gentils n'avaient aucune religion exclusive, et les prêtres ne songèrent qu'à multiplier les offrandes et les sacrifices.

Les premières offrandes furent des fruits; bientôt après il fallut des animaux pour la table des prêtres; ils les égorgeaient eux-mêmes; ils devinrent bouchers et cruels. Enfin, ils introduisirent l'usage horrible de sacrifier des victimes humaines, et surtout des enfants et des jeunes filles. Jamais les Chinois, ni les Perses, ni les Indiens ne furent coupables de ces abominations; mais à Héliopolis en Égypte, au rapport de Porphyre,[2] on immola des hommes. Dans la Tauride on sacrifiait les étrangers; heureusement les prêtres de la Tauride ne devaient pas avoir beaucoup de pratiques. Les premiers Grecs, les Cypriotes, les Phéniciens, les Tyriens, les Carthaginois, eurent cette superstition abominable. Les Romains eux-mêmes tombèrent dans ce crime de religion, et Plutarque rapporte qu'ils immolèrent deux Grecs et deux Gaulois pour expier les galanteries de trois vestales. Procope,[3] contemporain du roi des Francs, Théodebert,[4] dit que les Francs immolèrent des hommes quand ils entrèrent en Italie avec ce prince; les Gaulois, les Germains faisaient communément de ces affreux sacrifices.

On ne peut guère lire l'histoire sans concevoir de l'horreur pour le genre humain. Il est vrai que chez les Juifs Jephté sacrifia sa fille et que Saül fut prêt d'immoler son fils. Il est vrai que ceux qui étaient voués au Seigneur par anathème, ne pouvaient être rachetés ainsi que l'on rachetait les bêtes et qu'il fallait qu'ils périssent; mais Dieu qui a créé les hommes, peut leur ôter la vie quand il veut et comme il le veut, et ce n'est pas aux hommes à se

[1] King of Persia (529–522 B.C.) who conquered Egypt.

[2] Porphyry (A.D. 233–c. 301).

[3] Procopius was secretary to Belisarius, the great general of the Emperor Justinian.

[4] King of Austrasia, 534–537.

mettre à la place du Maître de la vie et de la mort et à usurper les droits de l'Être suprême.

Pour consoler le genre humain de l'horrible tableau de ces pieux sacrilèges, il est important de savoir que chez presque toutes les nations nommées *idolâtres* il y avait la théologie sacrée et l'erreur populaire, le culte secret et les cérémonies publiques, la religion des sages et celle du vulgaire. On n'enseignait qu'un seul Dieu aux initiés dans les mystères; il n'y a qu'à jeter les yeux sur l'hymne attribué à Orphée qu'on chantait dans les mystères de Cérès Éleusine, si célèbres en Europe et en Asie.

'Contemple la nature divine, illumine ton esprit, gouverne ton cœur, marche dans la voie de la justice; que le Dieu du ciel et de la terre soit toujours présent à tes yeux. Il est unique, il existe seul par lui-même; tous les êtres tiennent de lui leur existence; il les soutient tous; il n'a jamais été vu des yeux mortels, et il voit toutes choses.'

Qu'on lise encore ce passage du philosophe Maxime de Madaure,[1] dans sa lettre à saint Augustin: 'Quel homme est assez grossier, assez stupide, pour douter qu'il soit un Dieu suprême, éternel, infini, qui n'a rien engendré de semblable à lui-même, qui est le père commun de toutes choses?' Il y a mille témoignages que les sages abhorraient non seulement l'*idolâtrie*, mais encore le polythéisme.

Épictète, ce modèle de résignation et de patience, cet homme si grand dans une condition si basse, ne parle jamais que d'un seul Dieu. Voici une de ses maximes: 'Dieu m'a créé, Dieu est au dedans de moi; je le porte partout; pourrais-je le souiller par des pensées obscènes, par des actions injustes, par d'infâmes désirs? Mon devoir est de remercier Dieu de tout, de le louer de tout, et de ne cesser de le bénir qu'en cessant de vivre.' Toutes les idées d'Épictète roulent sur ce principe.

Marc-Aurèle, aussi grand peut-être sur le trône de l'empire romain qu'Épictète dans l'esclavage, parle souvent à la vérité des dieux, soit pour se conformer au langage reçu, soit pour

[1] A pagan writer of the end of the fourth century.

exprimer des êtres mitoyens entre l'Être suprême et les hommes. Mais en combien d'endroits ne fait-il pas voir qu'il ne reconnaît qu'un Dieu éternel, infini? *Notre âme,* dit-il, *est une émanation de la divinité; mes enfants, mon corps, mes esprits viennent de Dieu.*

Les Stoïciens, les Platoniciens admettaient une nature divine et universelle; les Épicuriens la niaient; les pontifes ne parlaient que d'un seul Dieu dans les mystères; où étaient donc les *idolâtres?*

Au reste, c'est une des grandes erreurs du *Dictionnaire de Moréri*[1] de dire que du temps de Théodose le jeune il ne resta plus d'*idolâtres* que dans les pays reculés de l'Asie et de l'Afrique. Il y avait dans l'Italie beaucoup de peuples encore gentils, même au septième siècle. Le Nord de l'Allemagne depuis le Weser n'était pas chrétien du temps de Charlemagne; la Pologne et tout le Septentrion restèrent longtemps après lui dans ce qu'on appelle *idolâtrie.* La moitié de l'Afrique, tous les royaumes au delà du Gange, le Japon, la populace de Chine, cent hordes de Tartares ont conservé leur ancien culte. Il n'y a plus en Europe que quelques Lapons, quelques Samoyèdes,[2] quelques Tartares qui aient persévéré dans la religion de leurs ancêtres. *Article de* M. DE VOLTAIRE. *Voyez* ORACLES, RELIGION, SUPERSTITION, SACRIFICES, TEMPLES.

IMPOT, s.m. (*Droit politiq. & Finances*), contribution que les particuliers sont censés payer à l'état pour la conservation de leurs vies et de leurs biens.

Cette contribution est nécessaire à l'entretien du gouvernement et du souverain, car ce n'est que par des subsides qu'il peut procurer la tranquillité des citoyens, et pour lors ils n'en sauraient refuser le paiement raisonnable sans trahir leurs propres intérêts.

Mais comment la perception des *impôts* doit-elle être faite? Faut-il la porter sur les personnes, sur les terres, sur la consom-

---

[1] Louis Moréri (1643–80). His *Grand dictionnaire historique* (1674) was frequently reprinted in revised and enlarged editions.
[2] Inhabitants of the extreme north of Europe and Asia.

mation, sur les marchandises ou sur d'autres choses? Chacune de ces questions et celles qui s'y rapportent dans les discussions de détails, demanderait un traité profond qui fût encore adapté aux différents pays, d'après leur position, leur étendue, leur gouvernement, leur produit et leur commerce.

Cependant nous pouvons établir des principes décisifs sur cette importante matière. Tirons-les, ces principes, des écrits lumineux d'excellents citoyens,[1] et faisons-les passer dans un ouvrage où l'on respire les progrès des connaissances, l'amour de l'humanité, la gloire des souverains et le bonheur des sujets.

La gloire du souverain est de ne demander que des subsides justes, absolument nécessaires, et le bonheur des sujets est de n'en payer que de pareils. Si le droit du prince pour la perception des *impôts* est fondé sur les besoins de l'état, il ne doit exiger de tribut que conformément à ces besoins, les remettre d'abord après qu'ils sont satisfaits, n'en employer le produit que dans les mêmes vues et ne pas le détourner à ses usages particuliers ou en profusions pour des personnes qui ne contribuent point au bien public.

Les *impôts* sont dans un état ce que sont les voiles dans un vaisseau, pour le conduire, l'assurer, l'amener au port, non pas pour le charger, le tenir toujours en mer et finalement le submerger.

Comme les *impôts* sont établis pour fournir aux nécessités indispensables et que tous les sujets y contribuent d'une portion du bien qui leur appartient en propriété, il est expédient qu'ils soient perçus directement, sans frais, et qu'ils rentrent promptement dans les coffres de l'état. Ainsi le souverain doit veiller à la conduite des gens commis à leur perception, pour empêcher et punir leurs exactions ordinaires. Néron dans ses beaux jours fit un édit très sage. Il ordonna que les magistrats de Rome et des provinces reçussent à toute heure les plaintes contre les fermiers des *impôts* publics et qu'ils les jugeassent sur le champ.

[1] Such as Montesquieu's *Esprit des Lois* and the *Recherches et considérations sur les finances de France* (1758) of Véron de Forbonnais (for the latter, see p. 116).

Trajan voulait que dans les cas douteux on prononçât contre ses receveurs.

Lorsque dans un état tous les particuliers sont citoyens, que chacun y possède par son domaine ce que le prince possède par son empire, on peut mettre des *impôts* sur les personnes, sur les terres, sur la consommation, sur les marchandises, sur une ou sur deux de ces choses ensemble, suivant l'urgence des cas qui en requiert la nécessité absolue.

L'*impôt* sur la personne ou sur sa tête a tous les inconvénients de l'arbitraire, et sa méthode n'est point populaire. Cependant elle peut servir de ressource lorsqu'on a un besoin essentiel de sommes qu'il faudrait indispensablement rejeter sur le commerce, sur les terres ou leur produit. Cette taxe est encore admissible, pourvu qu'elle soit proportionnelle et qu'elle charge dans une proportion plus forte les gens aisés, en ne portant point du tout sur la dernière classe du peuple. Quoique tous les sujets jouissent également de la protection du gouvernement et de la sûreté qu'il leur procure, l'inégalité de leurs fortunes et des avantages qu'ils en retirent, veut des impositions conformes à cette inégalité et veut que ces impositions soient, pour ainsi parler, en progression géométrique, deux, quatre, huit, seize, sur les aisés, car cet *impôt* ne doit point s'étendre sur le nécessaire.

On avait divisé à Athènes les citoyens en quatre classes; ceux qui tiraient de leurs biens cinq cents mesures de fruits secs ou liquides, payaient au public un talent, c'est-à-dire soixante mines. Ceux qui en retiraient trois cents mesures, devaient un demi-talent. Ceux qui avaient deux cents mesures, payaient dix mines. Ceux de la quatrième classe ne payaient rien. La taxe était équitable; si elle ne suivait pas la proportion des biens, elle suivait la proportion des besoins. On jugea que chacun avait un nécessaire physique égal, que ce nécessaire physique ne devait point être taxé, que l'abondant devait être taxé, et que le superflu devait l'être encore davantage.

Tant que les *impôts* dans un royaume de luxe ne seront pas assis de manière qu'on perçoive des particuliers en raison de leur aisance, la condition de ce royaume ne saurait s'améliorer; une partie des sujets vivra dans l'opulence et mangera dans un repas la nourriture de cent familles, tandis que l'autre n'aura que du pain et dépérira journellement. Tel *impôt* qui retrancherait par an cinq, dix, trente, cinquante louis sur les dépenses frivoles dans chaque famille aisée, et ce retranchement fait à proportion de l'aisance de cette famille, suffirait avec les revenus courants pour rembourser les charges de l'état ou pour les frais d'une juste guerre, sans que le laboureur en entendît parler que dans les prières publiques.

On croit qu'en France une taxe imposée dans les villes seulement, sur les glaces, l'argenterie, les cochers, les laquais, les carrosses, les chaises à porteurs, les toiles peintes des Indes et autres semblables objets, rendrait annuellement quinze ou vingt millions; elle ne serait pas moins nécessaire pour mettre un frein à la dépopulation des campagnes que pour achever de répartir les *impôts* de la façon la plus conforme à la justice distributive; cette façon consiste à les étendre sur le luxe le plus grand, comme le plus onéreux à l'état. C'est une vérité incontestable que le poids des tributs se fait surtout sentir dans ce royaume par l'inégalité de son assiette, et que la force totale du corps politique est prodigieuse.

Passons à la taxe sur les terres, taxe très sage quand elle est faite d'après un dénombrement, une estimation vraie et exacte; il s'agit d'en exécuter la perception à peu de frais, comme cela se pratique en Angleterre. En France l'on fait des rôles où l'on met les diverses classes de fonds. Il n'y a rien à dire quand ces classes sont distinguées avec justice et avec lumières, mais il est difficile de bien connaître les différences de la valeur des fonds et encore plus de trouver des gens qui ne soient pas intéressés à les méconnaître dans la confection des rôles. Il y a donc deux sortes d'injustices à craindre, l'injustice de l'homme et l'injustice de la chose. Cependant si la taxe est modique à l'égard du peuple, quelques injustices particulières de gens plus aisés ne mériteraient pas une grande attention. Si au contraire on ne laisse pas au peuple sur la taxe de quoi subsister honnêtement, l'injustice deviendra des plus criantes et de la plus grande conséquence. Que quelques sujets par hasard ne paient pas assez dans la foule, le mal est tolérable; mais que plusieurs citoyens qui n'ont que le nécessaire, paient trop, leur ruine se tourne contre le public. Quand l'état proportionne sa fortune à celle du peuple, l'aisance du peuple fait bientôt monter la fortune de l'état.

Il ne faut donc point que la portion des taxes qu'on met sur le fermier d'une terre, à raison de son industrie, soit forte ou tellement décourageante de sa nature qu'il craigne de défricher un nouveau champ, d'augmenter le nombre de ses bestiaux ou de monter une nouvelle industrie de peur de voir augmenter cette taxe arbitraire qu'il ne pourrait payer. Alors il n'aurait plus d'émulation d'acquérir, et en perdant l'espoir de devenir riche, son intérêt serait de se montrer plus pauvre qu'il n'est réellement. Les gens qui prétendent que le paysan ne doit pas être dans l'aisance, débitent une maxime aussi fausse que contraire à l'humanité.

Ce serait encore une mauvaise administration que de taxer l'industrie des artisans, car ce serait les faire payer à l'état précisément parce qu'ils produisent dans l'état une valeur qui n'y existait pas. Ce serait un moyen d'anéantir l'industrie, ruiner l'état et lui couper la source des subsides.

Les *impôts* modérés et proportionnels sur les consommations des denrées, des marchandises, sont les moins onéreux au peuple, ceux qui rendent le plus au souverain, et les plus justes. Ils sont moins onéreux au peuple parce qu'ils sont payés imperceptiblement et journellement, sans décourager l'industrie, d'autant qu'ils sont le fruit de la volonté et de la faculté de consommer. Ils rendent plus au souverain qu'aucune autre espèce parce qu'ils s'étendent sur toutes choses qui se consomment chaque jour. Enfin ils sont les plus justes parce qu'ils sont proportionnels, parce que celui qui possède les richesses ne peut en jouir sans payer à proportion de ses facultés. Ces vérités, malgré leur évidence, pourraient être appuyées par l'expérience constante de l'Angleterre, de la Hollande, de la Prusse et de quelques villes d'Italie, si tant est que les exemples soient propres à persuader.

Mais il ne faut pas ajouter des *impôts* sur la consommation à des *impôts* personnels déjà considérables; ce serait écraser le peuple, au lieu que substituer un *impôt* sur la consommation à un *impôt* personnel, c'est tirer plus d'argent d'une manière plus douce et plus imperceptible.

Il faut observer, en employant cet *impôt*, que l'étranger paie une grande partie des droits ajoutés au prix des marchandises qu'il achète de la nation. Ainsi les marchandises qui ne servent qu'au luxe et qui viennent des pays étrangers, doivent souffrir de grands *impôts*. On en rehaussera les droits d'entrée lorsque ces marchandises consisteront en des choses qui peuvent croître ou être également fabriquées dans le pays, et on en encouragera les fabriques ou la culture. Pour les marchandises qu'on peut transporter chez l'étranger, s'il est de l'avantage public qu'elles sortent, on lèvera les droits de sortie ou même on en facilitera la sortie par des gratifications.

Enfin les *impôts* sur les denrées et les marchandises qu'on consomme dans le pays, sont ceux que les peuples sentent le moins, parce qu'on ne leur fait pas une demande formelle. Ces sortes de droits peuvent être si sagement ménagés que le peuple ignore presque qu'il les paie.

Pour cet effet, il est d'une grande conséquence que ce soit le vendeur de la marchandise qui paie le droit. Il sait bien qu'il ne le paie pas pour lui, et l'acheteur qui donne le fonds, le paie, le confond avec le prix. De plus, quand c'est le citoyen qui paie, il en résulte toutes sortes de gênes, jusqu'à des recherches qu'on permet dans sa maison. Rien n'est plus contraire à la liberté. Ceux qui établissent ces sortes d'impôts, n'ont pas le bonheur d'avoir rencontré la meilleure forme d'administration.

Afin que le prix de la chose et l'imposition sur la chose puisse se confondre dans l'esprit de celui qui paie, il faut qu'il y ait quelque rapport entre la valeur de la marchandise et l'*impôt*, et que sur une denrée de peu de valeur on ne mette point un droit excessif. Il y a des pays où le droit excède de quinze à vingt fois la valeur de la denrée, et d'une denrée essentielle à la vie.[1] Alors le prince qui met de pareilles taxes sur cette denrée, ôte l'illusion à ses sujets; ils voient qu'ils sont imposés à des droits tellement déraisonnables qu'ils ne sentent plus que leur misère et leur servitude. D'ailleurs, pour que le prince puisse lever un droit si disproportionné à la valeur d'une chose, il faut qu'il la mette en ferme et que le peuple ne puisse l'acheter que de ses fermiers, ce qui produit mille désastres.

La fraude étant dans ce cas très lucrative, la peine naturelle, celle que la raison demande, qui est la confiscation de la marchandise, devient incapable de l'arrêter; il faut donc avoir recours à des peines japonaises et pareilles à celles que l'on inflige aux plus grands crimes. Des gens qu'on ne saurait regarder comme des hommes méchants, sont punis comme des scélérats; toute la proportion des peines est ôtée.

Ajoutons que plus on met le peuple dans la nécessité de frauder ce fermier, plus on enrichit celui-ci et plus on appauvrit celui-là. Le fermier, avide d'arrêter la fraude, ne cesse de se plaindre, de demander, de surprendre, d'obtenir des moyens de vexations extraordinaires, et tout est perdu.

En un mot, les avantages de l'*impôt* sur les consommations consistent dans la modération des droits sur les denrées essentielles à la vie, dans la liberté de contribution à leur consommation et dans l'uniformité d'imposition. Sans cela, cette espèce d'*impôt*, admirable dans le principe, n'a plus que des inconvénients. *Voyez* en la preuve dans l'excellent ouvrage intitulé *Recherches et considérations sur les finances*, 1758, in-4°, 2 *vol.*

L'*impôt* arbitraire par tête est plus conforme à la servitude que tout autre. L'*impôt* proportionnel sur les terres est conforme à la justice. L'*impôt* sur les marchandises convient à la liberté d'un peuple commerçant. Cet *impôt* est proprement payé par l'acheteur, quoique le marchand l'avance et à l'acheteur et à l'état. Plus le gouvernement est modéré, plus l'esprit de liberté règne,

[1] E.g. the salt-tax (*gabelle*) in France (see SEL, p. 210).

plus les fortunes ont de sûreté, plus il est facile aux négociants d'avancer à l'état et aux particuliers des droits considérables. En Angleterre, un marchand prête réellement à l'état cinquante livres sterling à chaque tonneau de vin qu'il reçoit de France. Quel est le marchand qui oserait faire une chose de ce genre dans un pays gouverné comme la Turquie? Et quand il l'oserait faire, comment le pourrait-il avec une fortune suspecte, incertaine, ruinée?

La plupart des républiques peuvent augmenter les *impôts* dans les pressants besoins parce que le citoyen qui croit les payer à lui-même, a la volonté de les payer, et en a ordinairement le pouvoir, par l'effet de la nature du gouvernement. Dans la monarchie mitigée les *impôts* peuvent s'augmenter parce que la sagesse, l'habileté du gouvernement y peut procurer des richesses; c'est comme la récompense du prince, à cause du respect qu'il a pour les lois.

Cependant plus il les respecte, plus il doit borner les *impôts* qu'il est forcé d'établir, les distribuer proportionnellement aux facultés, les faire percevoir avec ordre, sans charges et sans frais. L'équité de la levée des tributs de Rome tenait au principe fondamental du gouvernement fondé par Servius Tullius,[1] et ne pouvait être enfreinte que la république ne fût ébranlée du même coup, comme l'expérience le justifia.

L'imposition mise par Aristide[2] sur toute la Grèce pour soutenir les frais de la guerre contre les Perses, fut répartie avec tant de douceur et de justice que les contribuables nommèrent cette taxe l'*heureux sort de la Grèce*, et c'est vraisemblablement la seule fois qu'une taxe a eu cette belle qualification. Elle montait à 450 talents; bientôt Périclès l'augmenta d'un tiers. Enfin, ayant été triplée dans la suite, sans que la guerre fût plus ruineuse par sa longueur ou par les divers accidents de la fortune, cette pesanteur d'*impôt* arrêta le progrès des conquêtes, épuisa les veines du peuple qui, devenu trop faible pour résister à Philippe, tomba sous le joug de son empire.

---

[1] Semi-legendary King of Rome.   [2] d. *circa* 468 B.C.

Ayons donc pour maxime fondamentale de ne point mesurer les *impôts* à ce que le peuple peut donner, mais à ce qu'il doit donner équitablement; et si quelquefois on est contraint de mesurer les *impôts* à ce que le peuple peut donner, il faut que ce soit du moins à ce qu'il peut toujours donner. Sans ce ménagement il arrivera qu'on sera forcé ou de surcharger ce malheureux peuple, c'est-à-dire de ruiner l'état, ou de faire des emprunts à perpétuité, ce qui conduit à la surcharge perpétuelle de l'imposition, puisqu'il faut payer les intérêts; finalement il en résulte un désordre assuré dans les finances, sans compter une infinité d'inconvénients pendant le cours de ces emprunts. Le principe qu'on vient de poser est bien plus constant, d'un effet plus étendu et plus favorable à la monarchie, que les trésors amassés par les rois.

Le souverain doit ôter tous les *impôts* qui sont vicieux par leur nature, sans chercher à en réprimer les abus, parce que la chose n'est pas possible. Lorsqu'un *impôt* est vicieux par lui-même, comme le sont tous les tributs arbitraires, la forme de la régie, toute bonne qu'elle est, ne change que le nom des excès, mais elle n'en corrige pas la cause.

La maxime des grands empires d'Orient, de remettre les tributs aux provinces qui ont souffert, devrait être portée dans tous les états monarchiques. Il y en a où elle est adoptée, mais en même temps elle accable autant et plus que si elle n'y était pas reçue, parce que, le prince n'en levant ni plus ni moins, tout l'état devient solidaire. Pour soulager un village qui paie mal, on charge de la dette un autre village qui paie mieux; on ne rétablit point le premier, on détruit le second. Le peuple est désespéré entre la nécessité de payer pour éviter les exécutions qui suivent promptement, et le danger de payer, crainte de surcharges.

On a osé avancer que la solidité[1] des habitants d'un même village était raisonnable, parce qu'on pouvait supposer un complot frauduleux de leur part. Mais où a-t-on pris que sur des suppositions on doive établir une chose injuste par elle-même

[1] In the sense of 'solidarité'.

et ruineuse pour l'état? Il faut bien, dit-on, que la perception des *impôts* soit fixe pour répondre aux dépenses qui le sont. Oui, la perception des *impôts* qui ne seront pas injustes et ruineux. Remettez sans hésiter de tels *impôts*, ils fructifieront immanquablement. Cependant ne peut-on pas faire des retranchements sur plusieurs de ces dépenses qu'on nomme *fixes*? Ce que l'entente peut dans la maison d'un particulier, ne le pourrait-elle pas dans l'administration d'un état? N'a-t-il point de ressources pour économiser dans des temps de paix, se libérer s'il est endetté, former même des épargnes pour les cas fortuits, les consacrer au bien public; et, en attendant, les faire toujours circuler entre les mains des trésoriers, des receveurs, en prêts à des compagnies solides, qui établiraient des caisses d'escompte, ou par d'autres emplois?

Il y a cent projets pour rendre l'état riche contre un seul dont l'objet soit de faire jouir chaque particulier de la richesse de l'état. Gloire, grandeur, puissance d'un royaume! Que ces mots sont vains et vides de sens auprès de ceux de liberté, aisance et bonheur des sujets! Quoi donc, ne serait-ce pas rendre une nation riche et puissante que de faire participer chacun de ses membres aux richesses de l'état? Voulez-vous y parvenir en France? Les moyens s'offrent en foule à l'esprit; j'en citerai quelques-uns par lesquels je ne puis mieux terminer cet article.

1°. Il s'agit de favoriser puissamment l'agriculture, la population et le commerce, sources des richesses du sujet et du souverain. 2°. Proportionner le bénéfice des affaires de finances à celui que donne le négoce et le défrichement des terres en général; car alors les entreprises de finances seront encore les meilleures, puisqu'elles sont sans risque, outre qu'il ne faut jamais oublier que le profit des financiers est encore une diminution des revenus du peuple et du roi. 3°. Restreindre l'usage immodéré des richesses et des charges inutiles. 4°. Abolir les monopoles, les péages, les privilèges exclusifs, les lettres de maîtrise, le droit d'aubaine, les droits de francs-fiefs, le nombre et les vexations des fermiers. 5°. Retrancher la plus grande partie des fêtes.

6°. Corriger les abus et les gênes de la taille, de la milice et de l'imposition du sel. 7°. Ne point faire de traités extraordinaires, ni d'affaiblissement dans les monnaies. 8°. Souffrir le transport des espèces parce que c'est une chose juste et avantageuse. 9°. Tenir l'intérêt de l'argent aussi bas que le permet le nombre combiné des prêteurs et des emprunteurs dans l'état. 10°. Enfin, alléger les *impôts* et les répartir suivant les principes de la justice distributive, cette justice par laquelle les rois sont les représentants de Dieu sur la terre. La France serait trop puissante et les Français seraient trop heureux, si ces moyens étaient mis en usage. Mais l'aurore d'un si beau jour est-elle prête à paraître? (D.J.)

INTENDANTS ET COMMISSAIRES *départis pour S.M. dans les provinces et généralités du royaume....*[1] L'autorité des *intendants* est, comme on le voit, très étendue dans les pays d'élection,[2] puisqu'ils y décident seuls de la répartition des impôts, de la quantité et du moment des corvées, des nouveaux établissements de commerce, de la distribution des troupes dans les différents endroits de la province, du prix et de la répartition des fourrages attribués aux gens de guerre; qu'enfin c'est par leur ordre et par leur loi que se font les achats des denrées pour remplir les magasins du roi; que ce sont eux qui président à la levée des milices et décident les difficultés qui surviennent à cette occasion; que c'est par eux que le ministère est instruit de l'état des provinces, de leurs productions, de leurs débouchés, de leurs charges, de leurs pertes, de leurs ressources, etc.; qu'enfin sous le nom d'*intendants* de justice, police et finances ils embrassent presque toutes les parties d'administration.

[1] There are two articles under this heading. The first, signed '(A)' (Boucher d'Argis), is historical and factual. The second, reproduced here, is unsigned. Although the proofs of this article have not come down to us, we know from a letter of Diderot to Le Breton (12 November 1764, *Œuvres*, vol. xix, p. 471) that the latter had censored it heavily.

[2] Before 1789 the term *pays d'élection* was applied to those provinces which did not have Estates to assist in local government and the assessment and collection of taxes.

Les états provinciaux sont le meilleur remède aux inconvénients d'une grande monarchie; ils sont même de l'essence de la monarchie, qui veut non des *pourvoirs*, mais des *corps intermédiaires* entre le prince et le peuple. Les états provinciaux font pour le prince une partie de ce que feraient les préposés du prince, et s'ils sont à la place du préposé, ils ne veulent ni ne peuvent se mettre à celle du prince; c'est tout au plus ce que l'on pourrait craindre des États généraux.[1]

Le prince peut avoir la connaissance de l'ordre général, des lois fondamentales, de sa situation par rapport à l'étranger, des droits de sa nation, etc.

Mais sans le secours des états provinciaux il ne peut jamais savoir quelles sont les richesses, les forces, les ressources; ce qu'il peut, ce qu'il doit lever de troupes, d'impôts, etc.

En France l'autorité du roi n'est nulle part plus respectée que dans les pays d'états; c'est dans leurs augustes assemblées où elle paraît dans toute sa splendeur. C'est le roi qui convoque et révoque ces assemblées; il en nomme le président, il peut en exclure qui bon lui semble; il est présent par ses commissaires. On n'y fait jamais entrer en question les bornes de l'autorité; on ne balance que sur le choix des moyens d'obéir, et ce sont les plus prompts que d'ordinaire on choisit. Si la province se trouve hors d'état de payer les charges qu'on lui impose, elle se borne à des représentations, qui ne sont jamais que l'exposition de leur subvention présente, de leurs efforts passés, de leurs besoins actuels, de leurs moyens, de leur zèle et de leur respect. Soit que le roi persévère dans sa volonté, soit qu'il la change, tout obéit. L'approbation que les notables qui composent ces états, donnent aux demandes du prince, sert à persuader aux peuples qu'elles étaient justes et nécessaires; ils sont intéressés à faire obéir le peuple promptement. On donne plus que dans les pays d'élection, mais on donne librement, volontairement, avec zèle, et on est content.

Dans les pays éclairés par la continuelle discussion des affaires,

[1] They had not met since 1614.

la taille sur les biens s'est établie sans difficulté; on n'y connaît plus les barbaries et les injustices de la taille personnelle. On n'y voit point un collecteur, suivi d'huissiers ou de soldats, épier s'il pourra découvrir et faire vendre quelques lambeaux qui restent au misérable pour couvrir ses enfants, et qui sont à peine échappés aux exécutions de l'année précédente. On n'y voit point cette multitude d'hommes de finance qui absorbe une partie des impôts et tyrannise le peuple. Il n'y a qu'un trésorier général pour toute la province; ce sont les officiers préposés par les états ou les officiers municipaux qui, sans frais, se chargent de la régie.

Les trésoriers particuliers des bourgs et des villages ont des gages modiques; ce sont eux qui perçoivent la taille dont ils répondent. Comme elle est sur les fonds, s'il y a des délais, ils ne risquent point de perdre leurs avances, ils les recouvrent sans frais; les délais sont rares, et les recouvrements presque toujours prompts.

On ne voit point dans les pays d'états trois cents collecteurs, baillis ou maires d'une seule province, gémir une année entière et plusieurs mourir dans les prisons, pour n'avoir point apporté la taille de leurs villages qu'on a rendus insolvables. On n'y voit point charger de 7000 livres d'impôts un village dont le territoire produit 4000 livres. Le laboureur ne craint point de jouir de son travail et de paraître augmenter son aisance; il sait que ce qu'il payera de plus sera exactement proportionné à ce qu'il aura acquis. Il n'a point à corrompre ou à fléchir un collecteur; il n'a point à plaider à une élection de l'élection,[1] devant l'*intendant* de l'*intendant* au conseil.

Le roi ne supporte point les pertes dans les pays d'états, la province fournit toujours exactement la somme qu'on a exigée d'elle; et les répartitions, faites avec équité, toujours sur la proportion des fonds, n'accablent point un laboureur aisé pour soulager le malheureux que pourtant on indemnise.

Quant aux travaux publics, les ingénieurs, les entrepreneurs,

[1] *Élection* is here used in the sense of a law court which tried cases arising out of the assessment and collection of taxes.

les pionniers, les fonds enlevés aux particuliers, tout se paie exactement et se lève sans frais. On ne construit point de chemins ou de ponts qui ne soient utiles qu'à quelques particuliers, on n'est point l'esclave d'une éternelle et aveugle avarice.

S'il survient quelques changements dans la valeur des biens ou dans le commerce, toute la province en est instruite, et on fait dans l'administration les changements nécessaires.

Les ordres des états s'éclairent mutuellement; aucun n'ayant d'autorité, ne peut opprimer l'autre; tous discutent et le roi ordonne. Il se forme dans ces assemblées des hommes capables d'affaires; c'est en faisant élire les consuls d'Aix et exposant à l'assemblée les intérêts de la Provence que le cardinal de Janson[1] était devenu un célèbre négociateur.

On ne traverse point le royaume sans s'apercevoir de l'excellente administration des états et de la funeste administration des pays d'élection. Il n'est pas nécessaire de faire de questions; il ne faut que voir les habitants des campagnes, pour savoir si on est en pays d'états ou en pays d'élection. De quelle ressource infinie ces pays d'états ne sont-ils pas pour le royaume!

Comparez ce que le roi tire de la Normandie et ce qu'il tire du Languedoc. Ces provinces sont de la même étendue; les sables et l'aridité de la dernière envoient plus d'argent au trésor royal que les pacages opulents et les fertiles campagnes de la première. Que serait-ce que ces pays d'états si les domaines du roi y étaient affermés et mis en valeur par les états mêmes? C'était le projet du feu duc de Bourgogne,[2] et à ce projet il en ajoutait un plus grand, celui de mettre tout le royaume en provinces d'états.

Si le royaume a des besoins imprévus, subits et auxquels il faut un prompt remède, c'est des pays d'états que le prince doit l'attendre. La Bretagne, malgré ses landes et son peu d'étendue, donna dans la dernière guerre un tiers de subsides de plus que

[1] 1625–1713. A successful diplomat.
[2] Grandson of Louis XIV. He was heir to the throne when he died suddenly in 1712 at the age of thirty. Many people had hoped that he would bring about important reforms.

la vaste et riche Normandie. La Provence, pays stérile, donna le double du Dauphiné, pays abondant en toutes sortes de genres de production.

La Provence, dévastée par les armées ennemies, surchargée du fardeau de la guerre, propose de lever et d'entretenir une armée de trente mille hommes à ses dépens. Le Languedoc envoie deux mille mulets au Prince de Conti pour le mettre en état de profiter de ses victoires et du passage des Alpes.

Ce que je dis est connu de tout le monde, et chez l'étranger nos provinces d'états ont la réputation d'opulence. Elles ont plus de crédit que le gouvernement; elles en ont plus que le roi lui-même.

Souvenons-nous que Gênes, dans la dernière guerre, ne voulut prêter au roi que sous le cautionnement du Languedoc.

Il y a des *intendants* dans ces provinces. Il est à désirer qu'ils n'y soient jamais que des hommes qui y veillent pour le prince; il est à désirer qu'ils n'y étendent jamais leur autorité, et qu'on la modère beaucoup dans les pays d'élection.

INTOLÉRANCE, s.f. (*Morale*). Le mot *intolérance* s'entend communément de cette passion féroce qui porte à haïr et à persécuter ceux qui sont dans l'erreur. Mais pour ne pas confondre des choses fort diverses, il faut distinguer deux sortes d'*intolérance*, l'ecclésiastique et la civile.

L'*intolérance* ecclésiastique consiste à regarder comme fausse toute autre religion que celle que l'on professe et à le démontrer sur les toits, sans être arrêté par aucune terreur, par aucun respect humain, au hasard même de perdre la vie. Il ne s'agira point dans cet article de cet héroïsme qui a fait tant de martyrs dans tous les siècles de l'Église.

L'*intolérance* civile consiste à rompre tout commerce et à poursuivre, par toutes sortes de moyens violents, ceux qui ont une façon de penser sur Dieu et sur son culte autre que la nôtre.

Quelques lignes détachées de l'Écriture sainte, des pères, des conciles suffiront pour montrer que l'*intolérant*, pris en ce dernier sens, est un méchant homme, un mauvais chrétien, un sujet dangereux, un mauvais politique et un mauvais citoyen.

Mais avant que d'entrer en matière, nous devons dire, à l'honneur de nos théologiens catholiques, que nous en avons trouvé plusieurs qui ont souscrit, sans la moindre restriction, à ce que nous allons exposer d'après les autorités les plus respectables.

Tertullien[1] dit (*Apolog. ad Scapul*): *Humani juris et naturalis potestatis est unicuique quod putaverit, colere; nec alii obest aut prodest alterius religio. Sed nec religionis est cogere religionem quae sponte suscipi debeat, non vi; cum et hostiae ab animo lubenti expostulentur.*[2]

Voilà ce que les chrétiens faibles et persécutés représentaient aux idolâtres qui les traînaient aux pieds de leurs autels.

Il est impie d'exposer la religion aux imputations odieuses de tyrannie, de dureté, d'injustice, d'insociabilité, même dans le dessein d'y ramener ceux qui s'en seraient malheureusement écartés.

L'esprit ne peut acquiescer qu'à ce qui lui paraît vrai; le cœur ne peut aimer que ce qui lui semble bon. La violence fera de l'homme un hypocrite, s'il est faible; un martyr, s'il est courageux. Faible ou courageux, il sentira l'injustice de la persécution et s'en indignera.

L'instruction, la persuasion et la prière, voilà les seuls moyens légitimes d'étendre la religion.

Tout moyen qui excite la haine, l'indignation et le mépris, est impie.

Tout moyen qui réveille les passions et qui tient à des vues intéressées, est impie.

Tout moyen qui relâche les liens naturels et éloigne les pères des enfants, les frères des frères, les sœurs des sœurs, est impie.

---

[1] A native of Carthage, born *c.* A.D. 160.
[2] 'It is in keeping with human law and that of Nature for each one to worship in accordance with his own views, for the beliefs of one are of no value to another; moreover it is not in keeping with the very nature of religious belief to force itself on anyone, for it should be received of one's own free will, since even sacrificial victims are demanded in a pleasant manner.'

Tout moyen qui tendrait à soulever les hommes, à armer les nations et tremper la terre de sang, est impie.

Il est impie de vouloir imposer des lois à la conscience, règle universelle des actions. Il faut l'éclairer et non la contraindre.

Les hommes qui se trompent de bonne foi sont à plaindre, jamais à punir.

Il ne faut tourmenter ni les hommes de bonne foi, ni les hommes de mauvaise foi, mais en abandonner le jugement à Dieu.

Si l'on rompt le lien avec celui qu'on appelle impie, on rompra le lien avec celui qu'on appellera avare, impudique, ambitieux, colère, vicieux. On conseillera cette rupture aux autres, et trois ou quatre *intolérants* suffiront pour déchirer toute la société.

Si l'on peut arracher un cheveu à celui qui pense autrement que nous, on pourra disposer de sa tête, parce qu'il n'y a point de limites à l'injustice. Ce sera ou l'intérêt, ou le fanatisme, ou le moment, ou la circonstance qui décidera du plus ou du moins de mal qu'on se permettra.

Si un prince infidèle demandait aux missionnaires d'une religion *intolérante* comment elle en use avec ceux qui n'y croient point, il faudrait ou qu'ils avouassent une chose odieuse, ou qu'ils mentissent, ou qu'ils gardassent un honteux silence.

Qu'est-ce que le Christ a recommandé à ses disciples en les envoyant chez les nations? est-ce de tuer ou de mourir? est-ce de persécuter ou de souffrir?

Saint Paul écrivait aux Thessaloniciens: *Si quelqu'un vient vous annoncer un autre Christ, vous proposer un autre esprit, vous prêcher un autre évangile, vous le souffrirez. Intolérants*, est-ce ainsi que vous en usez même avec celui qui n'annonce rien, ne propose rien, ne prêche rien?

Il écrivait encore: *Ne traitez point en ennemi celui qui n'a pas les mêmes sentiments que vous, mais avertissez-le en frère. Intolérants*, est-ce là ce que vous faites?

Si vos opinions vous autorisent à me haïr, pourquoi mes opinions ne m'autoriseraient-elles pas à vous haïr aussi?

Si vous criez, C'est moi qui ai la vérité de mon côté, je crierai aussi haut que vous, C'est moi qui ai la vérité de mon côté; mais j'ajouterai: Et qu'importe qui se trompe ou de vous ou de moi, pourvu que la paix soit entre nous? Si je suis aveugle, faut-il que vous frappiez un aveugle au visage?

Si un *intolérant* s'expliquait nettement sur ce qu'il est, quel est le coin de la terre qui ne lui fût fermé? Et quel est l'homme sensé qui osât aborder le pays qu'habite l'*intolérant*?

On lit dans Origène,[1] dans Minutius Felix,[2] dans les Pères des trois premiers siècles: *La religion se persuade et ne se commande pas. L'homme doit être libre dans le choix de son culte; le persécuteur fait haïr son Dieu; le persécuteur calomnie sa religion.* Dites-moi si c'est l'ignorance ou l'imposture qui a fait ces maximes?

Dans un état *intolérant* le prince ne serait qu'un bourreau aux gages du prêtre. Le prince est le père commun de ses sujets; et son apostolat est de les rendre tous heureux.

S'il suffisait de publier une loi pour être en droit de sévir, il n'y aurait point de tyran.

Il y a des circonstances où l'on est aussi fortement persuadé de l'erreur que de la vérité. Cela ne peut être contesté que par celui qui n'a jamais été sincèrement dans l'erreur.

Si votre vérité me proscrit, mon erreur que je prends pour la vérité, vous proscrira.

Cessez d'être violents, ou cessez de reprocher la violence aux païens et aux musulmans.

Lorsque vous haïssez votre frère, et que vous prêchez la haine à votre prochain, est-ce l'esprit de Dieu qui vous inspire?

Le Christ a dit: *Mon royaume n'est pas de ce monde*; et vous, son disciple, vous voulez tyranniser ce monde!

Il a dit: *Je suis doux et humble de cœur*; êtes-vous doux et humble de cœur?

Il a dit: *Bienheureux les débonnaires, les pacifiques, et les miséricordieux.* Sondez votre conscience et voyez si vous méritez

---

[1] A.D. 185–254.
[2] A contemporary of Tertullian.

cette bénédiction; êtes-vous débonnaire, pacifique, miséricordieux?

Il a dit: *Je suis l'agneau qui a été mené à la boucherie sans se plaindre*, et vous êtes tout prêt à prendre le couteau du boucher et à égorger celui pour qui le sang de l'agneau a été versé.

Il a dit: *Si l'on vous persécute, fuyez*; et vous chasserez ceux qui vous laissent dire et qui ne demandent pas mieux que de paître doucement à côté de vous.

Il a dit: *Vous voudriez que je fisse tomber le feu du ciel sur vos ennemis; vous ne savez quel esprit vous anime*; et je vous le répète avec lui, *intolérants*, vous ne savez quel esprit vous anime.

Écoutez saint Jean: *Mes petits enfants, aimez vous les uns les autres.*

Saint Athanase:[1] *S'ils persécutent, cela seul est une preuve manifeste qu'ils n'ont ni piété, ni crainte de Dieu. C'est le propre de la piété, non de contraindre, mais de persuader, à l'imitation du Seigneur, qui laissait à chacun la liberté de le suivre. Pour le diable, comme il n'a pas la vérité, il vient avec des haches et des cognées.*

Saint Jean Chrysostome:[2] *Jésus-Christ demande à ses disciples s'ils veulent s'en aller aussi, parce que ce doivent être les paroles de celui qui ne fait point de violence.*

Salvien:[3] *Ces hommes sont dans l'erreur, mais ils y sont sans le savoir. Ils se trompent parmi nous, mais ils ne se trompent pas parmi eux. Ils s'estiment si bons catholiques qu'ils nous appellent hérétiques. Ce qu'ils sont à notre égard, nous le sommes au leur; ils errent, mais à bonne intention. Quel sera leur sort à venir? Il n'y a que le Grand Juge qui le sache. En attendant, il les tolère.*

Saint Augustin: *Que ceux-là vous maltraitent qui ignorent avec quelle peine on trouve la vérité et combien il est difficile de se garantir de l'erreur. Que ceux-là vous maltraitent qui ne savent pas combien il est rare et pénible de surmonter les fantômes de la chair. Que ceux-là vous maltraitent qui ne savent pas combien il faut gémir et*

---

[1] Patriarch of Alexandria (A.D. 299–373).
[2] Patriarch of Constantinople (A.D. 347–407).
[3] A priest at Marseilles (A.D. 390–484).

soupirer pour comprendre quelque chose de Dieu. Que ceux-là vous maltraitent qui ne sont point tombés dans l'erreur.

Saint Hilaire:[1] *Vous vous servez de la contrainte dans une cause où il ne faut que la raison; vous employez la force où il ne faut que la lumière.*

Les constitutions du pape saint Clément:[2] *Le Sauveur a laissé aux hommes l'usage de leur libre arbitre, ne les punissant pas d'une mort temporelle, mais les assignant en l'autre monde pour y rendre compte de leurs actions.*

Les pères d'un concile de Tolède: *Ne faites à personne aucune sorte de violence pour l'amener à la foi, car Dieu fait miséricorde à qui il veut et il endurcit qui il lui plaît.*

On remplirait des volumes de ces citations trop oubliées des chrétiens de nos jours.

Saint Martin[3] se repentit toute sa vie d'avoir communiqué avec des persécuteurs d'hérétiques.

Les hommes sages ont tous désapprouvé la violence que l'empereur Justinien[4] fit aux Samaritains.

Les écrivains qui ont conseillé les lois pénales contre l'incrédulité, ont été détestés.

Dans ces derniers temps l'apologiste de la révocation de l'Édit de Nantes a passé pour un homme de sang, avec lequel il ne fallait pas partager le même toit.[5]

Quelle est la voix de l'humanité? est-ce celle du persécuteur qui frappe ou celle du persécuté qui se plaint?

Si un prince incrédule a un droit incontestable à l'obéissance de son sujet, un sujet mécroyant a un droit incontestable à la protection de son prince. C'est une obligation réciproque.

Si le prince dit que le sujet mécroyant est indigne de vivre, n'est-il pas à craindre que le sujet ne dise que le prince infidèle

---

[1] St Hilary of Poitiers (d. *circa* A.D. 367).
[2] Clement I, Pope from A.D. 91 to 100.
[3] St Martin of Tours (*circa* A.D. 316–397).
[4] Emperor, 527–565.
[5] Abbé Jean Novi de Caveirac (1713–82) whose *Apologie de Louis XIV et de son conseil sur la révocation de l'édit de Nantes* was published in 1758. (See PACIFIQUE.)

est indigne de régner? *Intolérants*, hommes de sang, voyez les suites de vos principes et frémissez-en. Hommes que j'aime, quels que soient vos sentiments, c'est pour vous que j'ai recueilli ces pensées que je vous conjure de méditer. Méditez-les et vous abdiquerez un système atroce qui ne convient ni à la droiture de l'esprit ni à la bonté du cœur.

Opérez votre salut. Priez pour le mien, et croyez que tout ce que vous vous permettrez au delà est d'une injustice abominable aux yeux de Dieu et des hommes.

LABOUREUR, s.m. (*Économ. rustiq.*). Ce n'est point cet homme de peine, ce mercenaire qui panse les chevaux ou les bœufs et qui conduit la charrue. On ignore ce qu'est cet état, et encore plus ce qu'il doit être, si l'on y attache les idées de grossièreté, d'indigence et de mépris. Malheur au pays où il serait vrai que le *laboureur* est un homme pauvre; ce ne pourrait être que dans une nation qui le serait elle-même, et chez laquelle une décadence progressive se ferait bientôt sentir par les plus funestes effets.

La culture des terres est une entreprise qui exige beaucoup d'avances, sans lesquelles elle est stérile et ruineuse. Ce n'est point au travail des hommes qu'on doit les grandes récoltes: ce sont les chevaux ou les bœufs qui labourent; ce sont les bestiaux qui engraissent les terres. Une riche récolte suppose nécessairement une richesse précédente à laquelle les travaux, quelque multipliés qu'ils soient, ne peuvent pas suppléer. Il faut donc que le *laboureur* soit propriétaire d'un fonds considérable, soit pour monter la ferme en bestiaux et en instruments, soit pour fournir aux dépenses journalières, dont il ne commence à recueillir le fruit que près de deux ans après ses premières avances. *Voyez* FERME & FERMIER, *Économie politique*.[1]

---

[1] The second of these two articles (like GRAINS, which is referred to on p. 131) is by Dr François Quesnay (1694–1774), the founder of the school of economists known as the Physiocrats, who held that the land was the sole source of wealth. The article LABOUREUR is obviously strongly influenced by their ideas.

De toutes les classes de richesses il n'y a que les dons de la terre qui se reproduisent constamment, parce que les premiers besoins sont toujours les mêmes. Les manufactures ne produisent que très peu au delà du salaire des hommes qu'elles occupent. Le commerce de l'argent ne produit que le mouvement dans un signe qui par lui-même n'a point de valeur réelle. C'est la terre, la terre seule qui donne les vraies richesses, dont la renaissance annuelle assure à un état des revenus fixes, indépendants de l'opinion, visibles, et qu'on ne peut point soustraire à ses besoins. Or les dons de la terre sont toujours proportionnés aux avances du *laboureur* et dépendent des dépenses par lesquelles on les prépare. Ainsi la richesse plus ou moins grande des *laboureurs* peut être un thermomètre fort exact de la prospérité d'une nation qui a un grand territoire.

Les yeux du gouvernement doivent donc toujours être ouverts sur cette classe d'hommes intéressants. S'ils sont avilis, foulés, soumis à des exigences dures, ils craindront d'exercer une profession stérile et sans honneur. Ils porteront leurs avances sur des entreprises moins utiles; l'agriculture languira, dénuée de richesses, et sa décadence jettera sensiblement l'état entier dans l'indigence et l'affaiblissement. Mais par quels moyens assurera-t-on la prospérité de l'état en favorisant l'agriculture? par quel genre de faveur engagera-t-on des hommes riches à consacrer à cet emploi leur temps et leurs richesses? On ne peut l'espérer qu'en assurant au *laboureur* le débit de ses denrées, en lui laissant pleine liberté dans la culture; enfin, en le mettant hors de l'atteinte d'un impôt arbitraire qui porte sur les avances nécessaires à la reproduction. S'il est vrai qu'on ne puisse pas établir une culture avantageuse sans de grandes avances, l'entière liberté d'exportation des denrées est une condition nécessaire sans laquelle ces avances ne se feront pas. Comment, avec l'incertitude du débit qu'entraîne la gêne sur l'exportation, voudrait-on exposer ses fonds? Les grains ont un prix fondamental nécessaire. *Voyez* GRAINS (*Économ. politiq.*). Où l'exportation n'est pas libre, les *laboureurs* sont réduits à craindre l'abondance et une surcharge de denrées dont la valeur vénale est au-dessous des frais auxquels ils ont été obligés. La liberté d'exportation assure, par l'égalité du prix, la rentrée certaine des avances et un produit net, qui est le seul motif qui puisse exciter à de nouvelles. La liberté dans la culture n'est pas une condition moins nécessaire à sa prospérité, et la gêne à cet égard est inutile autant que dure et ridicule. Vous pouvez forcer un *laboureur* à semer du blé, mais vous ne le forcerez pas à donner à sa terre toutes les préparations et les engrais sans lesquels la culture du blé est infructueuse. Ainsi vous anéantissez en pure perte un produit qui eût été avantageux; par une précaution aveugle et imprudente vous préparez de loin la famine que vous vouliez prévenir.

L'imposition arbitraire tend visiblement à arrêter tous les efforts du *laboureur* et les avances qu'il aurait envie de faire. Elle dessèche donc la source des revenus de l'état et, en répandant la défiance et la crainte, elle étouffe tout germe de prospérité. Il n'est pas possible que l'imposition arbitraire ne soit souvent excessive; mais quand elle ne le serait pas, elle a toujours un vice radical, celui de porter sur les avances nécessaires à la production. Il faudrait que l'impôt non seulement ne fût jamais arbitraire, mais qu'il ne portât point immédiatement sur le *laboureur*. Les états ont des moments de crise où les ressources sont indispensables et doivent être promptes. Chaque citoyen doit alors à l'état le tribut de son aisance. Si l'impôt sur les propriétaires devient excessif, il ne prend que sur des dépenses qui par elles-mêmes sont stériles. Un grand nombre de citoyens souffrent et gémissent, mais du moins ce n'est que d'un malaise passager qui n'a de durée que celle de la contribution extraordinaire; mais si l'impôt a porté sur les avances nécessaires au *laboureur*, il est devenu spoliatif. La reproduction, diminuée par ce qui a manqué du côté des avances, entraîne assez rapidement à la décadence.

L'état épuisé languit longtemps et souvent ne reprend pas cet embonpoint qui est le caractère de la force. L'opinion dans laquelle on est que le *laboureur* n'a besoin que de ses bras pour exercer sa profession, est en partie l'origine des erreurs dans lesquelles on est tombé à ce sujet. Cette idée destructive n'est vraie qu'à l'égard de quelques pays dans lesquels la culture est dégradée. La pauvreté des *laboureurs* n'y laisse presque point de prise à l'impôt, ni de ressources à l'état. *Voyez* MÉTAYER.

LIBELLE (*Gouvern. politiq.*), écrit satirique, injurieux contre la probité, l'honneur et la réputation de quelqu'un. La composition et la publication de pareils écrits méritent l'opprobre des sages; mais laissant aux *libelles* toute leur flétrissure en morale, il s'agit ici de les considérer en politique.

Les *libelles* sont inconnus dans les états despotiques de l'Orient, où l'abattement, d'un côté, et l'ignorance, de l'autre, ne donnent ni le talent, ni la volonté d'en faire. D'ailleurs, comme il n'y a point d'imprimeries, il n'y a point par conséquent de publication de *libelles*; mais aussi il n'y a ni liberté, ni propriété, ni arts, ni sciences. L'état des peuples de ces tristes contrées n'est pas au-dessus de celui des bêtes, et leur condition est pire. En général tout pays où il n'est pas permis de penser et d'écrire ses pensées doit nécessairement tomber dans la stupidité, la superstition et la barbarie.

Les *libelles* se trouvent sévèrement punis dans le gouvernement aristocratique parce que les magistrats s'y voient de petits souverains qui ne sont pas assez grands pour mépriser les injures. Voilà pourquoi les décemvirs,[1] qui formaient une aristocratie, décernèrent une punition capitale contre les auteurs de *libelles*.

Dans la démocratie il ne convient pas de sévir contre les *libelles*, par les raisons qui les punissent criminellement dans les gouvernements absolus et aristocratiques.

Dans les monarchies éclairées les *libelles* sont moins regardés comme un crime que comme un objet de police. Les Anglais abandonnent les *libelles* à leur destinée et les regardent comme un inconvénient d'un gouvernement libre qu'il n'est pas dans la nature des choses humaines d'éviter. Ils croient qu'il faut laisser

[1] Entrusted with the preparation of a new code of laws at Rome in 451 B.C.

aller, non la licence effrénée de la satire, mais la liberté des discours et des écrits, comme des gages de la liberté civile et politique d'un état, parce qu'il est moins dangereux que quelques gens d'honneur soient mal à propos diffamés que si l'on n'osait éclairer son pays sur la conduite des gens puissants en autorité. Le pouvoir a de si grandes ressources pour jeter l'effroi et la servitude dans les âmes, il a tant de pente à s'accroître injustement, qu'on doit beaucoup plus craindre l'adulation qui le suit, que la hardiesse de démasquer ses allures. Quand les gouverneurs d'un état ne donnent aucun sujet réel à la censure de leur conduite, ils n'ont rien à redouter de la calomnie et du mensonge. Libres de tout reproche, ils marchent avec confiance et n'appréhendent point de rendre compte de leur administration; les traits de la satire passent sur leurs têtes et tombent à leurs pieds. Les honnêtes gens embrassent le parti de la vertu et punissent la calomnie par le mépris.

Les *libelles* sont encore moins redoutables par rapport aux opinions spéculatives. La vérité a un ascendant si victorieux sur l'erreur! elle n'a qu'à se montrer pour s'attirer l'estime et l'admiration. Nous la voyons tous les jours briser les chaînes de la fraude et de la tyrannie, ou percer au travers des nuages de la superstition et de l'ignorance. Que ne produirait-elle point si l'on ouvrait toutes les barrières qu'on oppose à ses pas!

On aurait tort de conclure de l'abus d'une chose à la nécessité de sa destruction. Les peuples ont souffert de grands maux de leurs rois et de leurs magistrats; faut-il pour cette raison abolir la royauté et les magistratures? Tout bien est d'ordinaire accompagné de quelque inconvénient et n'en peut être séparé. Il s'agit de considérer qui doit l'emporter et déterminer notre choix en faveur du plus grand avantage.

Enfin, disent ces mêmes politiques, toutes les méthodes employées jusqu'à ce jour pour prévenir ou proscrire les *libelles* dans les gouvernements monarchiques ont été sans succès, soit avant, soit surtout depuis que l'imprimerie est répandue dans toute l'Europe. Les *libelles* odieux et justement défendus ne sont, par la punition de leurs auteurs, que plus recherchés et plus multipliés. Sous l'empire de Néron un nommé Fabricius Véjeton, ayant été convaincu de quantité de *libelles* contre les sénateurs et le clergé de Rome, fut banni d'Italie et ses écrits satiriques condamnés au feu. On les rechercha, dit Tacite, on les lut avec la dernière avidité tant qu'il y eut du péril à le faire, mais dès qu'il fut permis de les avoir, personne ne s'en soucia plus. Le latin est au-dessus de ma traduction: *Convictum Vejetonem, Italia depulit. Nero, libros exuri jussit, conquisitos, lectitatosque, donec cum periculo parabantur; mox licentia habendi, oblivionem attulit.*[1] Annal. liv. XIV. ch. 1.

Néron, tout Néron qu'il était, empêcha de poursuivre criminellement les écrivains des satires contre sa personne, et laissa seulement subsister l'ordonnance du sénat qui condamnait au bannissement et à la confiscation des biens le préteur Antistius, dont les *libelles* étaient les plus sanglants. Henri IV, eh quel aimable prince! se contenta de lasser le duc de Mayenne[2] à la promenade pour peine de tous les *libelles* diffamatoires qu'il avait semés contre lui pendant le cours de la Ligue, et quand il vit que le duc de Mayenne suait un peu pour le suivre: 'Allons, dit-il, mon cousin, nous reposer présentement; voilà toute la vengeance que j'en voulais.'

Un auteur français très moderne, qui est bien éloigné de prendre le parti des *libelles* et qui les condamne sévèrement, n'a pu cependant s'empêcher de réfléchir que certaines flatteries peuvent être encore plus dangereuses et par conséquent plus criminelles aux yeux d'un prince ami de la gloire, que les *libelles* faits contre lui. Une flatterie, dit-il, peut à son insu détourner un bon prince du chemin de la vertu, lorsqu'un *libelle* peut quelquefois y ramener un tyran; c'est souvent par la bouche de la

---

[1] 'Having convicted Vejento, Nero banished him from Italy and ordered the burning of his books which, while there was danger in procuring them, men sought out and read eagerly; but when in a short time these were again legally obtainable, they were practically forgotten.'

[2] Charles de Lorraine (1554–1611), the leader of the League after the murder of his brother, the Duc de Guise.

licence que les plaintes des opprimés s'élèvent jusqu'au trône qui les ignore.

A Dieu ne plaise que je prétende que les hommes puissent insolemment répandre la satire et la calomnie sur leurs supérieurs ou leurs égaux ! La religion, la morale, les droits de la vérité, la nécessité de la subordination, l'ordre, la paix et le repos de la société concourent ensemble à détester cette audace; mais je ne voudrais pas, dans un état policé, réprimer la licence par des moyens qui détruiraient inévitablement toute liberté. On peut punir les abus par des lois sages qui dans leur prudente exécution réuniront la justice avec le plus grand bonheur de la société et la conservation du gouvernement. (D.J.)

LIBERTÉ NATURELLE (*Droit naturel*), droit que la nature donne à tous les hommes de disposer de leurs personnes et de leurs biens de la manière qu'ils jugent la plus convenable à leur bonheur, sous la restriction qu'ils le fassent dans les termes de la loi naturelle et qu'ils n'en abusent pas au préjudice des autres hommes. Les lois naturelles sont donc la règle et la mesure de cette *liberté*, car quoique les hommes dans l'état primitif de nature soient dans l'indépendance les uns à l'égard des autres, ils sont tous sous la dépendance des lois naturelles, d'après lesquelles ils doivent diriger leurs actions.

Le premier état que l'homme acquiert par la nature et qu'on estime le plus précieux de tous les biens qu'il puisse posséder, est l'état de *liberté*. Il ne peut ni se changer contre un autre, ni se vendre, ni se perdre, car naturellement tous les hommes naissent libres, c'est-à-dire, qu'ils ne sont pas soumis à la puissance d'un maître et que personne n'a sur eux un droit de propriété.

En vertu de cet état tous les hommes tiennent de la nature même le pouvoir de faire ce que bon leur semble et de disposer à leur gré de leurs actions et de leurs biens, pourvu qu'ils n'agissent pas contre les lois du gouvernement auquel ils se sont soumis.

Chez les Romains un homme perdait sa *liberté naturelle* lorsqu'il était pris par l'ennemi dans une guerre ouverte, ou que, pour le punir de quelque crime, on le réduisait à la condition d'esclave. Mais les chrétiens ont aboli la servitude en paix et en guerre, jusque là que les prisonniers qu'ils font à la guerre sur les infidèles sont censés des hommes libres, de manière que celui qui tuerait un de ces prisonniers, serait regardé et puni comme homicide.

De plus, toutes les puissances chrétiennes ont jugé qu'une servitude qui donnerait au maître un droit de vie et de mort sur ses esclaves était incompatible avec la perfection à laquelle la religion chrétienne appelle les hommes. Mais comment les puissances chrétiennes n'ont-elles pas jugé que cette même religion, indépendamment du droit naturel, réclamait contre l'esclavage des nègres?[1] C'est qu'elles en ont besoin pour leurs colonies, leurs plantations et leurs mines. *Auri sacra fames!*[2]

LIBERTÉ CIVILE (*Droit des nations*). C'est la liberté naturelle dépouillée de cette partie qui faisait l'indépendance des particuliers et la communauté des biens, pour vivre sous des lois qui leur procuraient la sûreté et la liberté. Cette *liberté civile* consiste en même temps à ne pouvoir être forcé de faire une chose que la loi n'ordonne pas, et l'on ne se trouve dans cet état que parce qu'on est gouverné par des lois civiles. Ainsi plus ces lois sont bonnes, plus la *liberté* est heureuse.

Il n'y a point de mot, comme le dit M. de Montesquieu, qui ait frappé les esprits de tant de manières différentes, que celui de *liberté*. Les uns l'ont pris pour la facilité de déposer celui à qui ils avaient donné un pouvoir tyrannique; les autres pour la facilité d'élire celui à qui ils devaient obéir; tels ont pris ce mot pour le droit d'être armé et de pouvoir exercer la violence, et tels autres pour le privilège de n'être gouvernés que par un homme de leur nation ou par leurs propres lois. Plusieurs ont attaché ce nom à une forme de gouvernement et en ont exclu les autres. Ceux qui avaient goûté du gouvernement républicain, l'ont mise

---

[1] See TRAITE DES NÈGRES (pp. 222 ff.).
[2] 'O cursed lust for gold' (Virgil).

dans ce gouvernement, tandis que ceux qui avaient joui du gouvernement monarchique, l'ont placée dans la monarchie. Enfin chacun a appelé *liberté* le gouvernement qui était conforme à ses coutumes et à ses inclinations; mais la *liberté* est le droit de faire tout ce que les lois permettent, et si un citoyen pouvait faire ce qu'elles défendent, il n'aurait plus de *liberté*, parce que les autres auraient tous de même ce pouvoir. Il est vrai que cette *liberté* ne se trouve que dans les gouvernements modérés, c'est-à-dire dans les gouvernements dont la constitution est telle que personne n'est contraint de faire les choses auxquelles la loi ne l'oblige pas et à ne point faire celles que la loi lui permet.

La *liberté civile* est donc fondée sur les meilleures lois possibles, et dans un état qui les aurait en partage, un homme à qui on ferait son procès selon les lois et qui devrait être pendu le lendemain, serait plus libre qu'un bacha ne l'est en Turquie. Par conséquent il n'y a point de *liberté* dans les états où la puissance législative et la puissance exécutrice sont dans la même main. Il n'y en a point à plus forte raison dans ceux où la puissance de juger est réunie à la législatrice et à l'exécutrice.

LIBERTÉ POLITIQUE (*Droit politique*).

La *liberté politique* d'un état est formée par des lois fondamentales qui y établissent la distribution de la puissance législative, de la puissance exécutrice des choses qui dépendent du droit des gens, et de la puissance exécutrice de celles qui dépendent du droit civil, de manière que ces trois pouvoirs sont liés les uns par les autres.

La *liberté politique* du citoyen est cette tranquillité d'esprit qui procède de l'opinion que chacun a de sa sûreté; et pour qu'on ait cette sûreté, il faut que le gouvernement soit tel qu'un citoyen ne puisse pas craindre un citoyen. De bonnes lois civiles et politiques assurent cette *liberté*; elle triomphe encore lorsque les lois criminelles tirent chaque peine de la nature particulière du crime.

Il y a dans le monde une nation qui a pour objet direct de sa constitution la *liberté politique*; et si les principes sur lesquels elle la fonde sont solides, il faut en reconnaître les avantages. C'est à ce sujet que je me souviens d'avoir ouï dire à un beau génie d'Angleterre que Corneille avait mieux peint la hauteur des sentiments qu'inspire la *liberté politique* qu'aucun de leurs poètes, dans ce discours que tient Viriate à Sertorius:

> *Affranchissons le Tage, et laissons faire au Tibre:*
> *La liberté n'est rien quand tout le monde est libre.*
> *Mais il est beau de l'être, et voir tout l'univers*
> *Soupirer sous le joug, et gémir dans les fers.*
> *Il est beau d'étaler cette prérogative*
> *Aux yeux du Rhône esclave et de Rome captive,*
> *Et de voir envier aux peuples abattus*
> *Ce respect que le fort garde pour les vertus.*
>
> Sertorius, act. IV. sc. vi.

Je ne prétends point décider que les Anglais jouissent actuellement de la prérogative dont je parle; il me suffit de dire avec M. de Montesquieu qu'elle est établie par leurs lois, et qu'après tout cette *liberté politique* extrême ne doit point mortifier ceux qui n'en ont qu'une modérée, parce que l'excès même de la raison n'est pas toujours désirable et que les hommes en général s'accommodent presque toujours mieux des milieux que des extrémités. (D.J.)

LOI FONDAMENTALE (*Droit politique*), toute *loi* primordiale de la constitution d'un gouvernement.

Les *lois fondamentales* d'un état, prises dans toute leur étendue, sont non seulement les ordonnances par lesquelles le corps entier de la nation détermine quelle doit être la forme du gouvernement, et comment on succédera à la couronne; mais encore ce sont des conventions entre le peuple et celui ou ceux à qui il défère la souveraineté, lesquelles conventions règlent la manière dont on doit gouverner et prescrivent des bornes à l'autorité souveraine.

Ces règlements sont appelés *lois fondamentales* parce qu'ils sont la base et le fondement de l'état, sur lesquels l'édifice du gouvernement est élevé, et que les peuples les considèrent comme ce qui en fait toute la force et la sûreté.

Ce n'est pourtant que d'une manière, pour ainsi dire, abusive qu'on leur donne le nom de *lois*, car, à proprement parler, ce sont de véritables conventions; mais ces conventions étant obligatoires entre les parties contractantes, elles ont la force des *lois* mêmes.

Toutefois, pour en assurer le succès dans une monarchie limitée, le corps entier de la nation peut se réserver le pouvoir législatif, la nomination de ses magistrats, confier à un sénat, à un parlement le pouvoir judiciaire, celui d'établir des subsides, et donner au monarque, entre autres prérogatives, le pouvoir militaire et exécutif. Si le gouvernement est fondé sur ce pied-là par l'acte primordial d'association, cet acte primordial porte le nom de *lois fondamentales* de l'état, parce qu'elles en constituent la sûreté et la liberté. Au reste, de telles *lois* ne rendent point la souveraineté imparfaite, mais au contraire elles la perfectionnent et réduisent le souverain à la nécessité de bien faire, en le mettant pour ainsi dire dans l'impuissance de faillir.

Ajoutons encore qu'il y a une espèce de *lois fondamentales* de droit et de nécessité, essentielles à tous les gouvernements, même dans les états où la souveraineté est, pour ainsi dire, absolue; et cette *loi* est celle du bien public, dont le souverain ne peut s'écarter sans manquer plus ou moins à son devoir. (D.J.)

MAGES (*Théologie*). Des quatre évangélistes saint Matthieu est le seul qui fasse mention de l'adoration des *mages* qui vinrent exprès d'Orient, de la fuite de Joseph en Égypte avec sa famille, et du massacre des Innocents qui se fit dans Bethléem et ses environs par les ordres cruels d'Hérode l'ancien, roi de Judée. Quoique cette autorité suffise pour établir la croyance de ce fait dans l'esprit d'un chrétien et que l'histoire nous peigne Hérode comme un prince soupçonneux et sans cesse agité de la crainte que son sceptre ne lui fût enlevé, et qui, sacrifiant tout à cette jalousie outrée de puissance et d'autorité, ne balança pas à tremper ses mains dans le sang de ses propres enfants, cependant il y a des difficultés qu'on ne saurait se dissimuler. Tel est le silence des trois autres évangélistes, celui de l'historien Josèphe,[1] sur un événement aussi extraordinaire, et la peine qu'on a d'accorder le récit de saint Luc avec celui de saint Matthieu.

Saint Matthieu dit que, Jésus étant né à Bethléem de Juda, les *Mages* vinrent d'Orient à Jérusalem pour s'informer du lieu de sa naissance, le nommant roi des Juifs: *Ubi est qui natus est rex Judaeorum?* qu'Hérode et toute la ville en furent alarmés, mais que ce prince, prenant le parti de dissimuler, fit assembler les principaux d'entre les prêtres pour savoir d'eux où devait naître le Christ; que les prêtres lui répondirent que c'était à Bethléem de Juda; qu'Hérode laissa partir les *Mages* pour aller adorer le Messie nouveau-né; qu'il se contenta de leur demander avec instance de s'informer avec soin de tout ce qui concernait cet enfant afin qu'étant lui-même instruit, il pût, disait-il, lui rendre aussi ses hommages; mais que son dessein secret était de profiter de ce qu'il apprendrait pour lui ôter plus sûrement la vie; que les *Mages*, après avoir adoré Jésus-Christ, et lui avoir offert leurs présents, avertis par Dieu même, prirent pour s'en retourner une route différente de celle par laquelle ils étaient venus, évitant ainsi de reparaître à la cour d'Hérode; que Joseph reçut par un ange l'ordre de se soustraire à la colère de ce prince en fuyant en Égypte avec sa famille; qu'Hérode, voyant enfin que les *Mages* lui avaient manqué de parole, fit tuer tous les enfants de Bethléem et des environs depuis l'âge de deux ans et au-dessous, selon le temps de l'apparition de l'étoile; qu'après la mort de ce prince Joseph eut ordre de retourner avec l'enfant et sa mère dans la terre d'Israël; mais qu'ayant appris qu'Archelaüs, fils d'Hérode, régnait dans la Judée, il craignit, et n'osa y aller demeurer, de sorte que, sur un songe qu'il eut la nuit, il résolut de se retirer en Galilée et d'établir son séjour à Nazareth afin que ce que les prophètes avaient dit fût accompli, que Jésus serait nommé Nazaréen: *et venit in terram Israel, audiens autem quod Archelaus regnaret in Judaea pro Herode patre suo, timens illo ire, et admonitus*

[1] Flavius Josephus (A.D. 37–c. 98).

*somnis, secessit in partes Galileae et veniens habitavit in civitate
quae vocatur Nazareth, ut adimpleretur quod dictum est per Pro-
phetas, quoniam Nazarenus vocabitur.*

L'évangéliste distingue là Bethléem par le territoire où elle
était située, afin qu'on ne la confondît pas avec une autre ville
de même nom, située dans la Galilée, et dans la tribu de Zabulon.

Saint Luc commence son évangile par nous assurer qu'il a fait
une recherche exacte et particulière de tout ce qui regardait notre
Sauveur, *assecuto a principio omnia diligenter.* En effet, il est le
seul qui nous ait raconté quelque chose de l'enfant Jésus. Après
ce prélude sur son exactitude historique, il dit que l'ange Gabriel
fut envoyé de Dieu dans une ville de Galilée, nommée Nazareth,
à une vierge nommée Marie, épouse de Joseph, de la famille de
David; que César ayant ensuite ordonné par un édit que chacun
se ferait inscrire, selon sa famille, dans les registres publics
dressés à cet effet, Joseph et Marie montèrent en Judée et allèrent
à Bethléem se faire inscrire, parce que c'était dans cette ville que
se tenaient les registres de ceux de la famille de David; que le
temps des couches de Marie arriva précisément dans cette circonstance; que les bergers de la contrée furent avertis par un
ange de la naissance du Sauveur; qu'ils vinrent aussitôt l'adorer;
que huit jours après on circoncit l'enfant, qui fut nommé Jésus;
qu'après le temps de la purification marqué par la loi de Moïse,
c'est-à-dire sept jours immondes et trente-trois d'attente, on porta
l'enfant à Jérusalem pour le présenter au Seigneur et faire
l'offrande accoutumée pour les aînés; que, ce précepte de la loi
accompli, Joseph et Marie revinrent en Galilée avec leur fils
dans la ville de Nazareth, leur demeure, *in civitatem suam
Nazareth*; que l'enfant y fut élevé, croissant en âge et en sagesse;
que ses parents ne manquaient point d'aller tous les ans une fois
à Jérusalem; qu'ils l'y perdirent lorsqu'il n'avait que douze ans
et, qu'après l'avoir cherché avec beaucoup d'inquiétude, ils le
trouvèrent dans le temple disputant au milieu des docteurs:
*et ut perfecerunt omnia secundum legem Domini, reversi sunt in
Galileam in civitatem suam Nazareth. Puer autem crescebat et*

confortabatur plenus sapientia, et gratia Dei erat in illo, et ibant parentes ejus per omnes annos in Jerusalem, in die solemni paschae.

Tels sont les récits différents des deux évangélistes. Examinons-les maintenant en détail. 1°. Saint Matthieu ne dit rien de l'adoration des bergers, mais il n'oublie ni celle des *Mages*, ni la cruauté d'Hérode, deux événements qui mirent Jérusalem dans le mouvement et le trouble. Saint Luc qui se pique d'être minutieux, comme il le dit lui-même,[1] *multi quidem conati sunt ordinare narrationem quae in nobis completae sunt rerum; visum est et mihi assecuto* omnia *a principio diligenter, ex ordine tibi scribere, optime Theophile, ut cognoscas eorum verborum de quibus eruditus es veritatem*; cependant il se tait et de l'adoration des *Mages*, et de la fuite de Joseph en Égypte et du massacre des Innocents. Pouvait-il ignorer des faits si publics, si marqués, si singuliers, s'ils sont véritablement arrivés? et s'il n'a pu les ignorer, quelle apparence que lui, qui affecte plus d'exactitude que les autres, les ait omis? n'est-ce pas là un préjugé contre saint Matthieu?

2°. Saint Matthieu dit qu'après le départ des *Mages* de Bethléem Joseph alla en Égypte avec l'enfant et Marie et qu'il y demeura jusqu'à la mort d'Hérode. Saint Luc dit qu'ils demeurèrent à Bethléem jusqu'à ce que le temps marqué pour la purification de la femme accouchée fût accompli; qu'alors on porta l'enfant à Jérusalem pour l'offrir à Dieu dans le temple, où Siméon et la prophétesse Anne eurent le bonheur de le voir; que de là ils retournèrent à Nazareth où Jésus fut élevé au milieu de sa famille; et que ses parents ne manquaient pas d'aller chaque année à Jérusalem dans le temps de la pâque avec leur fils, à qui il arriva de se dérober une fois de leur compagnie pour aller disputer dans les écoles des docteurs, quoiqu'il n'eût encore que douze ans. Quand est-il donc allé en Égypte? quand est-ce que les *Mages* l'ont adoré? Ce dernier fait s'est passé à Bethléem, à ce que dit saint Matthieu; il faut donc que ce soit pendant les quarante jours que Joseph et Marie y séjournèrent en attendant le temps de la purification. Pour le voyage d'Égypte, si Joseph

[1] Luke, i. 1–4.

en reçut l'ordre immédiatement après l'adoration des *Mages*, en sorte qu'en même temps que ceux-ci évitaient la rencontre d'Hérode par un chemin, celui-ci évitait la colère en fuyant en Égypte, comment ce voyage d'Égypte s'arrangera-t-il avec le voyage de Bethléem à Jérusalem, entrepris quarante jours après la naissance de Jésus, avec le retour à Nazareth, et les voyages faits tous les ans à la capitale, expressément annoncés dans saint Luc? Pour placer la fuite en Égypte immédiatement après l'adoration des *Mages*, reculera-t-on celle-ci jusqu'après la purification, lorsque Jésus ni sa famille n'étaient plus à Bethléem? Ce serait nier le fond de l'histoire pour en défendre une circonstance. Reculera-t-on la fuite de Joseph en Égypte jusqu'à un temps plus commode, et les promènera-t-on à Jérusalem et de là à Nazareth, comme le dit saint Luc? Mais combien de préjugés contre cette supposition! Le premier, c'est que le récit de saint Matthieu semble marquer précisément que Joseph alla de Bethléem en Égypte immédiatement après l'adoration des *Mages* et peu de temps après la naissance de Jésus. Le second, qu'il ne fallait pas un long temps pour qu'Hérode fût informé du départ des *Mages*, Bethléem n'étant pas fort éloignée de Jérusalem, et la jalousie d'Hérode le tenant très attentif. Aussi ne tarda-t-il guère à exercer sa cruauté; son ordre inhumain d'égorger les enfants fut expédié aussitôt qu'il connut que les *Mages* l'avaient trompé, *videns quod illusus esset a* Magis, *misit*, etc. On ne peut donc laisser à Joseph le temps d'aller à Jérusalem et de là à Nazareth avant que d'avoir prévenu par sa fuite les mauvais desseins d'Hérode. Le troisième, c'est que le commandement fait à Joseph pressait, puisqu'il partit dès la nuit, *qui consurgens accepit puerum et matrem ejus nocte, et secessit in Egyptum*. Et comment, dans la nécessité pressante d'échapper à Hérode, lui aurait-il été enjoint d'aller de Nazareth en Égypte, c'est-à-dire de retourner à Jérusalem où était Hérode, et de passer du côté de Bethléem où ce prince devait chercher sa proie, afin de traverser toute la terre d'Israël et le royaume de Juda pour chercher l'Égypte à l'autre bout, car on sait que c'est là le chemin. Étant à Nazareth, il était bien plus simple de fuir du côté de Syrie, et il y a toute apparence que saint Matthieu n'envoie Jésus en Égypte que parce que cette contrée était bien plus voisine du lieu où Joseph séjournait alors; c'est-à-dire que cet évangéliste suppose manifestement par son récit que le départ de la sainte famille fut de Bethléem et non de Nazareth. Le quatrième, c'est qu'Hérode devait chercher à Bethléem et non à Nazareth; que ce fut sur cette première ville et non sur l'autre que tomba la fureur du tyran, et que par conséquent Joseph ne devait fuir avec son dépôt que de Bethléem et non de Nazareth, où il était en sûreté. Le cinquième, c'est que saint Luc nous fait entendre que Jésus, après son retour à Nazareth, n'en sortit plus que pour aller tous les ans à Jérusalem avec ses parents, et que c'est là que se passèrent les premières années de son enfance, et non en Égypte.

3°. Il semble que saint Matthieu ait ignoré que Nazareth était le séjour ordinaire de Joseph et de Marie, et que la naissance de Jésus à Bethléem n'a été qu'un effet du hasard ou de la providence, une suite de la description des familles ordonnée par César. Car après avoir dit simplement que Jésus vint au monde dans la ville de Bethléem, y avoir conduit les *Mages* et l'avoir fait sauver devant la persécution d'Hérode, quand après la mort de ce prince il se propose de le ramener dans son pays, il ne le conduit pas directement à Nazareth en Galilée, mais dans la Judée où Bethléem est située, et ce n'est qu'à l'occasion de la crainte que le fils d'Hérode n'eût hérité de la cruauté de son père que saint Matthieu résout Joseph à se retirer à Nazareth en Galilée, et non dans son ancienne demeure, afin que les prophéties qui disaient que Jésus serait nommé *Nazaréen* fussent accomplies. De sorte que la demeure du Sauveur dans Nazareth n'a été, selon saint Matthieu, qu'un événement fortuit ou la suite de l'ordre de Dieu à l'occasion de la crainte de Joseph, pour l'accomplissement des prophéties. Au lieu que dans saint Luc, c'est la naissance du Sauveur à Bethléem qui devient un événement fortuit, ou arrangé pour l'accomplissement des prophéties à l'occasion de l'édit de César, et son séjour à Nazareth n'a rien de singulier, c'est une chose naturelle. Nazareth est le lieu où demeuraient Joseph et Marie, où l'ange fit l'annonciation, d'où ils partirent pour aller à Bethléem se faire inscrire et où ils retournèrent, après l'accomplissement du précepte pour la purification des femmes accouchées et l'offrande des aînés.

Voilà les difficultés qu'ont fait naître, de la part des anti-chrétiens, la diversité des évangiles sur l'adoration des *Mages*, l'apparition de l'étoile, la fuite de Joseph en Égypte et le massacre des Innocents. Que s'ensuit-il? Rien; rien ni sur la vérité de la religion, ni sur la sincérité des historiens sacrés.

Il y a bien de la différence entre la vérité de la religion et la vérité de l'histoire, entre la certitude d'un fait et la sincérité de celui qui le raconte.

La foi et la morale, c'est-à-dire le culte que nous devons à Dieu par la soumission du cœur et de l'esprit, sont l'unique et le principal objet de la révélation, et, autant qu'il est possible et raisonnable, les faits et les circonstances historiques qui en accompagnent le récit.

C'est en ce qui regarde ce culte divin et spirituel que Dieu a inspiré les écrivains et conduit leur plume d'une manière particulière et infaillible. Pour ce qui est du tissu de l'histoire et des faits qui y sont mêlés, il les a laissé écrire naturellement, comme d'honnêtes gens écrivent, dans la bonne foi et selon leurs lumières, d'après les mémoires qu'ils ont trouvés et crus véritables.

Ainsi les faits n'ont qu'une certitude morale plus ou moins forte, selon la nature des preuves et les règles d'une critique sage et éclairée; mais la religion a une certitude infaillible, appuyée non seulement sur la vérité des faits qui ont connexion, mais encore sur l'infaillibilité de la révélation et l'évidence de la raison.

Le doigt de Dieu se trouve marqué dans tout ce qui est le lui. Le Créateur a gravé lui-même dans sa créature ce qu'il inspirait aux prophètes et aux apôtres, et la raison est le premier rayon de sa lumière éternelle, une étincelle de sa science. C'est de là que la religion tient sa certitude, et non des faits que M. l'abbé d'Houteville,[1] ni Abbadie,[2] ni aucun autre docteur ne pourra jamais mettre hors de toute atteinte, lorsque les difficultés seront proposées dans toute leur force.[3]

MAGIE, science ou art occulte qui apprend à faire des choses qui paraissent au-dessus du pouvoir humain.[4]

La *magie*, considérée comme la science des premiers mages, ne fut autre chose que l'étude. Pour lors elle se prenait en bonne part, mais il est rare que l'homme se renferme dans les bornes du vrai; il est trop simple pour lui. Il est presque impossible qu'un petit nombre de gens instruits, dans un siècle et dans un pays en proie à une crasse ignorance, ne succombent bientôt à la tentation de passer pour extraordinaires et plus qu'humains. Ainsi les mages de Chaldée et de tout l'Orient, ou plutôt leurs disciples (car c'est de ceux-ci que vient d'ordinaire la dépravation dans les idées), les mages, dis-je, s'attachèrent à l'astrologie, aux divinations, aux enchantements, aux maléfices, et bientôt le terme de *magie* devint odieux et ne servit plus dans la suite qu'à désigner une science également illusoire et méprisable. Fille de l'ignorance et de l'orgueil, cette science a dû être des plus anciennes; il serait difficile de déterminer le temps de son origine; ayant pour objet d'alléger les peines de l'humanité, elle a pris naissance avec nos misères. Comme c'est une science ténébreuse, elle est sur son trône dans les pays où règnent la barbarie et la grossièreté. Les Lapons et en général les peuples sauvages cultivent la *magie* et en font grand cas.

[1] Alexandre Claude François d'Houteville (1686–1742), the author of *La vérité de la religion chrétienne prouvée par les faits* (1722).

[2] Jacques Abbadie (1657–1727), whose *Traité de la vérité de la religion chrétienne* appeared in 1684.

[3] The authorship of this very bold article is a mystery. R. Naves suggests that it might even be by Voltaire himself. (*Voltaire et l'Encyclopédie*, p. 146, n.)

[4] This unsigned article, along with eight others, was contributed by Antoine Noé de Polier de Bottens (1713–84), who, despite the fact that he was *premier pasteur de Lausanne*, was for a while on friendly terms with Voltaire. (See R. Naves, *Voltaire et l'Encyclopédie*.)

Pour faire un traité complet de *magie*, à la considérer dans le sens le plus étendu, c'est-à-dire dans tout ce qu'elle peut avoir de bon et de mauvais, on devrait la distinguer en *magie* divine, *magie* naturelle et *magie* surnaturelle.

1°. La *magie* divine n'est autre chose que cette connaissance particulière des plans, des vues de la souveraine sagesse que Dieu dans sa grâce révèle aux saints hommes animés de son esprit, ce pouvoir surnaturel qu'il leur accorde de prédire l'avenir, de faire des miracles et de lire, pour ainsi dire, dans le cœur de ceux à qui ils ont à faire. Il fut de tels dons, nous devons le croire; si même la philosophie ne s'en fait aucune idée juste, éclairée par la foi, elle les révère dans le silence. Mais en est-il encore? Je ne sais, et je crois qu'il est permis d'en douter. Il ne dépend pas de nous d'acquérir cette désirable *magie; elle ne vient ni du courant ni du voulant; c'est un don de Dieu.*

2°. Par la *magie* naturelle on entend l'étude un peu approfondie de la nature, les admirables secrets qu'on y découvre. Les avantages inestimables que cette étude a apportés à l'humanité dans presque tous les arts et toutes les sciences; physique, astronomie, médecine, agriculture, navigation, mécanique, je dirai même éloquence, car c'est à la connaissance de la nature et de l'esprit humain en particulier et des ressorts qui le remuent que les grands maîtres sont redevables de l'impression qu'ils font sur leurs auditeurs, des passions qu'ils excitent chez eux, des larmes qu'ils leur arrachent, *etc. etc. etc.*

Cette *magie* très louable en elle-même fut poussée très loin dans l'antiquité. Il paraît même par le feu grégeois et quelques autres découvertes dont les anciens nous parlent, qu'à divers égards les anciens nous ont surpassés dans cette espèce de *magie*, mais les invasions des peuples du Nord lui firent éprouver les plus funestes révolutions et la replongèrent dans cet affreux chaos dont les sciences et les beaux-arts avaient eu tant de peine à sortir dans notre Europe.

Ainsi, bien des siècles après la sphère de verre d'Archimède, la colombe de bois volante d'Archytas, les oiseaux d'or de l'empereur Léon qui chantaient, les oiseaux d'airain de Boëce qui chantaient et qui volaient, les serpents de même matière qui sifflaient, etc., il fut un pays en Europe (mais ce n'était ni le siècle ni la patrie de Vaucanson),[1] il fut, dis-je, un pays dans lequel on fut sur le point de brûler Brioché[2] et ses marionnettes. Un cavalier français qui promenait et faisait voir dans les foires une jument qu'il avait eu l'habileté de dresser à répondre exactement à ses signes, comme nous en avons tant vus dans la suite, eut la douleur en Espagne de voir mettre à l'Inquisition un animal qui faisait toute sa ressource, et eut assez de peine à se tirer lui-même d'affaire. On pourrait multiplier sans nombre les exemples de choses toutes naturelles que l'ignorance a voulu criminaliser et faire passer pour les actes d'une *magie* noire et diabolique. A quoi ne furent pas exposés ceux qui les premiers osèrent parler d'antipodes et d'un nouveau monde?

Mais nous reprenons insensiblement le dessus, et l'on peut dire qu'aux yeux mêmes de la multitude les bornes de cette prétendue *magie* naturelle se rétrécissent tous les jours, parce qu'éclairés du flambeau de la philosophie, nous faisons tous les jours d'heureuses découvertes dans les secrets de la nature, et que de bons systèmes soutenus par une multitude de belles expériences annoncent à l'humanité de quoi elle peut être capable par elle-même et sans *magie*. Ainsi la boussole, les télescopes, les microscopes, etc. et de nos jours les polypes,[3] l'électricité; dans la chimie, dans la mécanique et la statique les découvertes les plus belles et les plus utiles vont immortaliser notre siècle; et si l'Europe retombait jamais dans la barbarie dont elle est enfin sortie, nous passerons chez de barbares successeurs pour autant de magiciens.

3°. La *magie* surnaturelle est la *magie* proprement dite, cette *magie* noire qui se prend toujours en mauvaise part, que pro-

[1] Jacques de Vaucanson (1709–84), a famous French inventor, best known for his automatons. [2] Seventeenth-century French puppet-player.
[3] Polyps were discovered in 1740 by the naturalist, Abraham Trembley (1700–84) and described in his *Mémoires pour servir à l'histoire d'un genre de polypes d'eau douce en forme de cornes* (Leyden, 1744).

duisent l'orgueil, l'ignorance et le manque de philosophie. C'est elle qu'Agrippa[1] comprend sous les noms de *coelestalis* et *ceremonialis*. Elle n'a de science que le nom et n'est autre chose que l'amas confus de principes obscurs, incertains et non démontrés, de pratiques la plupart arbitraires, puériles, et dont l'inefficacité se prouve par la nature des choses.

Agrippa, aussi peu philosophe que magicien, entend par la *magie* qu'il appelle *coelestalis*, l'astronomie judiciaire qui attribue à des esprits une certaine domination sur les planètes, et aux planètes sur les hommes, et qui prétend que les diverses constellations influent sur les inclinations, le sort, la bonne ou la mauvaise fortune des humains; et sur ces faibles fondements bâtit un système ridicule, mais qui n'ose paraître aujourd'hui que dans l'almanach de Liége[2] et autres livres semblables, tristes dépôts des matériaux qui servent à nourrir les préjugés et les erreurs populaires.

La *magie ceremonialis*, suivant Agrippa, est bien sans contredit ce qu'il y a de plus odieux dans ces vaines sciences. Elle consiste dans l'invocation des démons et s'arroge, ensuite d'un pacte exprès ou tacite fait avec les puissances infernales, le prétendu pouvoir de nuire à leurs ennemis, de produire des effets mauvais et pernicieux que ne sauraient éviter les malheureuses victimes de leur fureur.

Elle se partage en plusieurs branches, suivant ses divers objets et opérations: la cabale, le sortilège, l'enchantement, l'évocation des morts ou des malins esprits; la découverte des trésors cachés, des plus grands secrets; la divination, le don de prophétie, celui de guérir par des pratiques mystérieuses les maladies les plus opiniâtres; la fréquentation du sabbat, etc. De quels travers n'est pas capable l'esprit humain! On a donné dans toutes ces rêveries; c'est le dernier effort de la philosophie d'avoir enfin désabusé l'humanité de ces humiliantes chimères. Elle a eu à combattre

[1] Henricus Cornelius Agrippa (1486–1535), author of various works on the occult sciences.

[2] The model of popular almanacs (first published in 1635?).

la superstition et même la théologie qui ne fait que trop souvent cause commune avec elle. Mais enfin dans les pays où l'on sait penser, réfléchir et douter, le démon fait un petit rôle, et la *magie* diabolique reste sans estime et sans crédit.

Mais ne tirons pas vanité de notre façon de penser; nous y sommes venus un peu tard. Ouvrez les registres de la plus petite cour de justice, vous y trouverez d'immenses cahiers de procédures contre les sorciers, les magiciens et les enchanteurs. Les seigneurs de juridictions se sont enrichis de leurs dépouilles, et la confiscation des biens appartenant aux prétendus sorciers a peut-être allumé plus d'un bûcher. Du moins est-il vrai que souvent la passion a su tirer un grand parti de la crédulité du peuple, et faire regarder comme un sorcier et docteur en *magie* celui qu'elle voulait perdre, dans le temps même que, suivant la judicieuse remarque d'Apulée, accusé autrefois de *magie*:[1] *Ce crime*, dit-il, *n'est pas même cru par ceux qui en accusent les autres, car si un homme était bien persuadé qu'un autre homme pût le faire mourir par magie, il appréhenderait de l'irriter en l'accusant de ce crime abominable.*

Le fameux maréchal d'Ancre, Léonora Galigaï, son épouse,[2] sont des exemples mémorables de ce que peut la funeste accusation d'un crime chimérique, fomentée par une passion secrète et poussée par la dangereuse intrigue de cour. Mais il est peu d'exemples dans ce genre mieux constatés que celui du célèbre Urbain Grandier, curé et chanoine de Loudun, brûlé vif comme magicien l'an 1629.[3] Qu'un philosophe ou seulement un ami de l'humanité souffre avec peine l'idée d'un malheureux immolé à la simplicité des uns et à la barbarie des autres! Comment le voir de sang-froid condamné comme magicien à périr par les

[1] Lucius Apuleius (*fl. circa* A.D. 155), the author of *The Golden Ass*, who was accused of having persuaded a rich widow to marry him by the use of magic.

[2] Concino Concini, an Italian favourite of Marie de Medici, Regent during the minority of Louis XIII. He was created Maréchal d'Ancre, but was murdered in 1617 by the captain of the King's bodyguard. His widow, Leonora Galigaï, was sentenced to death for high treason and sorcery and burnt at the stake.

[3] In 1634 (see Aldous Huxley, *The Devils of Loudun*, London 1952).

flammes, jugé sur la déposition d'Astaroth, diable de l'ordre
des séraphins; d'Easas, de Celsus, d'Acaos, de Cédon, d'Asmodée,
diables de l'ordre des trônes; d'Alex, de Zabulon, Nephtalim,
de Cham, d'Uriel, d'Ahaz, de l'ordre des principautés? Comment
voir ce malheureux chanoine jugé impitoyablement sur la déposition de quelques religieuses qui disaient qu'il les avait livrées
à ces légions d'esprits infernaux? Comment n'est-on pas mal
à son aise, lorsqu'on le voit brûlé tout vif, avec des caractères
prétendus magiques, poursuivi et noirci comme magicien jusques
sur le bûcher même, où une mouche noirâtre de l'ordre de celles
qu'on appelle des *bourdons* et qui rôdait autour de la tête de
Grandier, fut prise par un moine qui sans doute avait lu dans le
Concile de Quieres que les diables se trouvaient toujours à la
mort des hommes pour les tenter, fut prise, dis-je, pour Béelzebuth,
prince des mouches, qui volait autour de Grandier pour emporter
son âme en enfer? Observation puérile, mais qui dans la bouche
de ce moine fut peut-être l'un des moins mauvais arguments
qu'une barbare politique sut mettre en usage pour justifier ses
excès et en imposer par des contes absurdes à la funeste crédulité
des simples. Que d'horreurs! et où ne se porte pas l'esprit humain
lorsqu'il est aveuglé par les malheureuses passions de l'envie et
de l'esprit de vengeance? L'on doit sans doute tenir compte
à Gabriel Naudé d'avoir pris généreusement la défense des grands
hommes accusés de *magie*;[1] mais je pense qu'ils ont plus d'obligations à ce goût de philosophie qui a fait sentir toute la vanité
de cette accusation, qu'au zèle de leur avocat qui a peut-être
marqué plus de courage dans son entreprise que d'habileté dans
l'exécution et de forces dans les raisonnements qu'il emploie.
Si Naudé a pu justifier bien des grands hommes d'une imputation
qui, aux yeux du bon sens et de la raison, se détruit d'elle-même,
malgré tout son zèle il eût sans doute échoué s'il eût entrepris
d'innocenter entièrement à cet égard les sages de l'antiquité,
puisque toute leur philosophie n'a pu les mettre à l'abri de cette

---

[1] Gabriel Naudé (1600–53). His *Apologie pour les grands hommes faussement
soupçonnés de magie* appeared in 1625.

grossière superstition que la *magie* tient par la main. Je n'en citerai d'autre exemple que Caton.[1] Il était dans l'idée qu'on peut guérir les maladies les plus sérieuses par des paroles enchantées. Voici les paroles barbares, au moyen desquelles, suivant lui, on a une recette très assurée pour remettre les membres démis : *Incipe cantare in alto S : F. motas danata dardaries astotaries, dic unaparite usquedum cocant*, etc. C'est l'édition d'Alde Manuce que je lis, car celle d'Henri Estienne, revue et corrigée par Victorius, a été fort changée sur un point où la grande obscurité du texte ouvre un vaste champ à la manie des critiques.

Chacun sait que les anciens avaient attaché les plus grandes vertus au mot *abracadabra*. Q. Serenus, célèbre médecin,[2] prétend que ce mot vide de sens, écrit sur du papier et pendu au cou, était un sûr remède pour guérir la fièvre quarte. Sans doute qu'avec de tels principes la superstition était toute sa pharmacie, et la foi du patient sa meilleure ressource.

C'est à cette foi qu'on peut et qu'on doit rapporter ces guérisons, si extraordinaires dans le récit qu'elles semblent tenir de la *magie*, mais qui, approfondies, sont presque toujours des fraudes pieuses ou les suites de cette superstition qui n'a que trop souvent triomphé du bon sens, de la raison et même de la philosophie. Nos préjugés, nos erreurs et nos folies se tiennent toutes par la main. La crainte est fille de l'ignorance ; celle-ci a produit la superstition, qui est à son tour la mère du fanatisme, source féconde d'erreurs, d'illusions, de fantômes, d'une imagination échauffée qui change en lutins, en loups-garous, en revenants, en démons mêmes tout ce qui le heurte. Comment dans cette disposition d'esprit ne pas croire à tous les rêves de la *magie*? Si le fanatisme est pieux et dévot (et c'est presque toujours ce ton sur lequel il est monté), il se croira magicien pour la gloire de Dieu ; du moins s'attribuera-t-il l'important privilège de sauver

[1] Marcus Porcius Cato (the Censor) (234–149 B.C.). The editions of his *De re rustica* referred to here appeared at Venice in 1515 and Paris in 1543 respectively.

[2] Q. Serenus Sammonicus. The word is first used in a poem of the second century A.D.

et de damner sans appel. Il n'est pire *magie* que celle des faux dévots. Je finis par cette remarque: c'est qu'on pourrait appeler le *sabbat* l'empire des amazones souterraines; du moins il y a toujours eu beaucoup plus de sorcières que de sorciers. Nous l'attribuons bonnement à la faiblesse d'esprit ou à la trop grande curiosité des femmes; filles d'Ève, elles veulent se perdre comme elle pour tout savoir. Mais un anonyme (*Voyez* Alector *ou le Coq, lib.* II. *des Adeptes*)[1] qui voudrait persuader au public qu'il est un des premiers confidents de Satan, prête aux démons un esprit de galanterie qui justifie leur prédilection pour le sexe et les faveurs dont ils l'honorent; par là même le juste retour de cette moitié du genre humain avec laquelle pour l'ordinaire on gagne plus qu'on ne perd.

MALFAISANT, adj. (*Gram. & Morale*), qui nuit, qui fait du mal. Si l'homme est libre, c'est-à-dire, si l'âme a une activité qui lui soit propre et en vertu de laquelle elle puisse se déterminer à faire ou ne pas faire une action, quelles que soient ses habitudes ou celles du corps, ses idées, ses passions, le tempérament, l'âge, les préjugés, etc., il y a certainement des hommes vertueux et des hommes vicieux. S'il n'y a point de liberté, il n'y a plus que des hommes bienfaisants et des hommes *malfaisants*, mais les hommes n'en sont pas moins modifiables en bien et en mal; les bons exemples, les bons discours, les châtiments, les récompenses, le blâme, la louange, les lois ont toujours leur effet. L'homme *malfaisant* est malheureusement né.[2]

MANES, s.m.[3] (*Mythologie*), divinités domestiques des anciens païens, et dont il paraît par leur mythologie qu'ils n'avaient pas des idées bien fixes. Ce qu'on peut en recueillir de plus constaté,

[1] Barthélemy Aneau, *Alector, histoire fabuleuse* (Lyons, 1560).

[2] In this short article Diderot does more than hint at the determinism which he preached in works not intended for immediate publication; see, for instance, a parallel passage in the *Rêve de d'Alembert* (*Selected Philosophical Writings*, Cambridge, 1953, pp. 145–6).

[3] This unsigned article is by Pollier de Bottens (see p. 147, n. 4).

c'est que souvent ils les prenaient pour les âmes séparées des corps, d'autres fois pour les dieux infernaux, ou simplement comme les dieux ou les génies tutélaires des défunts.

Quelques anciens, au rapport de Servius,[1] ont prétendu que les grands dieux célestes étaient les dieux des vivants, mais que les dieux du second ordre, les *mânes* en particulier, étaient les dieux des morts, qu'ils n'exerçaient leur empire que dans les ténèbres de la nuit, auxquels ils présidaient, ce qui, suivant eux, a donné lieu d'appeler le matin *mane*.

Le mot de *mânes* a aussi été pris quelquefois pour les enfers en général, c'est-à-dire pour les lieux souterrains où se devaient rendre les âmes des hommes après leur mort, et d'où les bonnes étaient envoyées aux champs *Élyséens*, et les méchantes au lieu des supplices, appelé le *Tartare*.

C'est ainsi que Virgile dit:

Haec manes *veniet mihi fama sub imos.*[2]

On a donné au mot de *mânes* diverses étymologies. Les uns le font venir du mot latin *manare*, sortir, découler, parce, disent-ils, qu'ils occupent l'air qui est entre la terre et le cercle lunaire d'où ils descendent pour venir tourmenter les hommes; mais si ce mot vient de *manare*, ne serait-ce point plutôt parce que les païens croyaient que c'était par le canal des *mânes* que découlent particulièrement les biens ou les maux de la vie privée? D'autres le tirent du vieux mot latin *manus*, qui signifie *bon*, et suivant cette idée ils ne les considèrent que comme des divinités bienfaisantes qui s'intéressent au bonheur des humains, avec lesquels elles ont soutenu pendant leur vie des relations particulières, comme leurs proches ou leurs amis. Un auteur allemand, prévenu en faveur de sa langue, tire *mânes* du vieux mot *mann*, homme, qu'il prétend être un mot des plus anciens et qui vient de la langue étrusque. Or il dit que *mânes* signifie des *hommes* par

---

[1] Servius Marius Honoratus, Latin grammarian of the second half of the fourth century and the early fifth century A.D.
[2] 'This tale will reach me in the depths of the world below.'

excellence, parce qu'il n'y a que les âmes véritablement vertueuses qui puissent espérer de devenir, après la mort de leurs corps, des espèces de divinités, capables de faire du bien aux amis de la vertu. Mais la véritable étymologie du mot *mânes* se trouve dans les langues orientales, et vient sans doute de l'ancienne racine *moun*, d'où se sont formés les mots chaldaïque et arabe *moan, man*, hébreu, *figura, similitudo, imago, phantasma, idea, species intelligibilis, forma imaginis cujusdam, dicitur enim de rebus, tam corporalibus quam spiritualibus, presertim de Deo. Vide* Robert. *Thes. ling. sancta.*[1] Ce sont là tout autant de significations analogues aux idées qu'on se formait des *mânes* et aux diverses opérations qu'on leur attribuait.

De tous les anciens Apulée est celui qui, dans son livre *De Deo Socratis*,[2] nous parle le plus clairement de la doctrine des *mânes*. 'L'esprit de l'homme, dit-il, après être sorti du corps, devient une espèce de démon que les anciens Latins appelaient *lemures*. Ceux d'entre les défunts qui étaient bons et prenaient soin de leurs descendants, s'appelaient *lares familiares*; mais ceux qui étaient inquiets, turbulents et malfaisants, qui épouvantaient les hommes par des apparitions nocturnes, s'appelaient *larva*, et lorsqu'il était incertain ce qu'était devenue l'âme d'un défunt, si elle avait été faite *lar* ou *larva*, on l'appelait *mane*;' et quoiqu'ils ne déïfiassent pas tous les morts, cependant ils établissaient que toutes les âmes des honnêtes gens devenaient autant d'espèces de dieux. C'est pourquoi on lisait sur les tombeaux ces trois lettres capitales D.M.S. qui signifiaient *diis manibus sacrum.* Je ne sais où les compilateurs du célèbre *Dictionnaire de Trévoux*[3] ont appris qu'à Rome il était défendu d'invoquer les *mânes*. S'ils avaient consulté Festus,[4] il leur aurait appris que les augures mêmes du peuple romain étaient chargés du soin de les invoquer, parce qu'on les regardait comme des êtres bienfaisants et les pro-

---

[1] William Robertson, *Thesaurus linguae sanctae* (London, 1680).
[2] See p. 151, n. 1. [3] See p. 44, n. 1.
[4] Sextus Pompeius Festus, Latin lexicographer of the second or third century A.D.

tecteurs des humains. Il paraît même que ceux qui avaient de la dévotion pour les *mânes* et qui voulaient soutenir avec eux quelque commerce particulier, s'endormaient auprès des tombeaux des morts afin d'avoir des songes prophétiques et des révélations par l'entremise des *mânes* ou des âmes des défunts.

C'est ainsi qu'Hérodote, dans Melpomène, dit que les Nasamons, peuples d'Afrique, 'juraient par ceux qui avaient été justes et honnêtes gens, qu'ils devinaient en touchant leurs tombeaux, et qu'en s'approchant de leurs sépulcres, après avoir fait quelques prières, ils s'endormaient et étaient instruits en songe de ce qu'ils voulaient savoir'.

Nous verrons dans l'article de l'ob des Hébreux ce qui regarde l'évocation des morts et leur prétendue apparition.

Au reste il paraît clairement par une multitude d'auteurs que les païens attribuaient aux âmes des défunts des espèces de corps très subtils, de la nature de l'air, mais cependant organisés et capables des diverses fonctions de la vie humaine, comme voir, parler, entendre, se communiquer, passer d'un lieu à un autre, etc. Il semble même que sans cette supposition nous ayons de la peine à nous tirer des grandes difficultés que l'on fait tous les jours contre les dogmes fondamentaux et consolants de l'immortalité de l'âme et de la résurrection des corps.

Chacun sait que l'idée de corps ou du moins de figures particulières unies aux intelligences célestes, à la divinité même, a été adoptée par ceux des chrétiens qu'on appelait *Anthropomorphites*, parce qu'ils représentaient Dieu sous la figure humaine.

Nous sommes redevables à cette erreur de je ne sais combien de belles peintures du Père Éternel, qui ont immortalisé le pinceau qui les a faites, décorent aujourd'hui plusieurs autels, et servent à soutenir la foi et la piété des fidèles, qui souvent ont besoin de ce secours.

MASSACRE, s.m. (*Gramm.*). C'est l'action de tuer impitoyablement ceux sur lesquels on a quelque avantage qui les a mis sans défense. Il ne se dit guère que d'une troupe d'hommes à une autre. Le *massacre* de la Saint-Barthélemy, l'opprobre éternel de ceux qui le conseillèrent, de ceux qui le permirent, de ceux qui l'exécutèrent et de l'homme infâme qui a osé depuis en faire l'apologie.[1] Le *massacre* des Innocents. Le *massacre* des habitants d'une ville.

MENACE, s.f. (*Gramm. & Moral.*). C'est le signe extérieur de la colère ou du ressentiment. Il y en a de permises; ce sont celles qui précèdent l'injure et qui peuvent intimider l'agresseur et l'arrêter. Il y en a d'illicites; ce sont celles qui suivent le mal. Si la vengeance n'est permise qu'à Dieu, la *menace* qui l'annonce est ridicule dans l'homme. Licite ou illicite, elle est toujours indécente. Les termes *menace* et *menacer* ont été employés métaphoriquement en cent manières diverses. On dira très bien, par exemple, lorsque le gouvernement d'un peuple se déclare contre la philosophie, c'est qu'il est mauvais; il *menace* le peuple d'une stupidité prochaine. Lorsque les honnêtes gens sont traduits sur la scène,[2] c'est qu'ils sont *menacés* d'une persécution plus violente; on cherche d'abord à les avilir aux yeux du peuple, et l'on se sert, pour cet effet, d'un Anite, d'un Milite[3] ou de quelque autre personnage diffamé qui n'a nulle considération à perdre. La perte de l'esprit patriotique *menace* l'état d'une dissolution totale.[4]

MILICE (*Gouvern. politiq.*). Ce nom se donne aux paysans, aux laboureurs, aux cultivateurs qu'on enrôle de force dans les troupes. Les lois du royaume, dans les temps de guerre, recrutent les armées des habitants de la campagne, qui sont obligés sans

---

[1] Abbé Jean Novi de Caveirac, who published his *Dissertation sur la journée de la Saint-Barthélemy* in 1758, along with his *Apologie de Louis XIV et de son conseil sur la révocation de l'édit de Nantes.* (See INTOLÉRANCE, p. 129, n. 5.)

[2] As Diderot and others had been in Palissot's satirical comedy, *Les Philosophes*, performed at the Comédie Française in 1760.

[3] Meletus and Anytus were two of the accusers of Socrates.

[4] That Diderot was very anxious for this article not to be tampered with by Le Breton is seen by the marginal note which he inserted in the page proofs (Gordon and Torrey, pp. 56–7).

distinction de tirer à la *milice*. La crainte qu'inspire cette ordonnance porte également sur le pauvre, le médiocre et le laboureur aisé. Le fils unique d'un cultivateur médiocre, forcé de quitter la maison paternelle au moment où son travail pourrait soutenir et dédommager ses pauvres parents de la dépense de l'avoir élevé, est une perte irréparable; et le fermier un peu aisé préfère à son état toute profession qui peut éloigner de lui un pareil sacrifice.

Cet établissement a paru sans doute trop utile à la monarchie pour que j'ose y donner atteinte; mais du moins l'exécution semble susceptible d'un tempérament qui, sans l'énerver, corrigerait en partie les inconvénients actuels. Ne pourrait-on pas, au lieu de faire tirer au sort les garçons d'une paroisse, permettre à chacune d'acheter les hommes qu'on lui demande? Partout il s'en trouve de bonne volonté, dont le service semblerait préférable en tout point, et la dépense serait imposée sur la totalité des habitants au marc la livre de l'imposition. On craindra sans doute une désertion plus facile, mais les paroisses, obligées au remplacement, auraient intérêt à chercher et à présenter des sujets dont elles seraient sûres; et comme l'intérêt est le ressort le plus actif parmi les hommes, ne serait-ce pas un bon moyen de faire payer par les paroisses une petite rente à leurs miliciens à la fin de chaque année? La charge de la paroisse n'en serait pas augmentée; elle retiendrait le soldat qui ne peut guère espérer de trouver mieux. A la paix elle suffirait, avec les petits privilèges qu'on daignerait lui accorder, pour le fixer dans la paroisse qui l'aurait commis, et tous les six ans son engagement serait renouvelé à des conditions fort modérées; ou bien on le remplacerait par quelque autre milicien de bonne volonté. Après tout, les avantages de la *milice* même doivent être mûrement combinés avec les maux qui en résultent, car il faut peser si le bien des campagnes, la culture des terres et la population ne sont pas préférables à la gloire de mettre sur pied de nombreuses armées, à l'exemple de Xerxès. (D.J.)[1]

[1] Almost the whole of this article is taken from Véron de Forbonnais's *Recherches et considérations sur les finances de France* (1758).

**MODIFICATION, MODIFIER, MODIFICATIF, MODI-
FIABLE** (*Gram.*). Dans l'école *modification* est synonyme
à *mode* ou *accident*. *Voyez* MODE & ACCIDENT. Dans l'usage
commun de la société il se dit des choses et des personnes: des
choses, par exemple, d'un acte, d'une promesse, d'une proposition, lorsqu'on la restreint à des bornes dont on convient.
L'homme, libre ou non, est un être qu'on *modifie*. Le *modificatif*
est la chose qui *modifie*; le *modifiable* est la chose qu'on peut
modifier. Un homme qui a de la justesse dans l'esprit et qui sait
combien il y a peu de propositions généralement vraies en morale,
les énonce toujours avec quelque *modificatif* qui les restreint
à leur juste étendue et qui les rend incontestables dans la conversation et dans les écrits. Il n'y a point de cause qui n'ait son
effet; il n'y a point d'effet qui ne *modifie* la chose sur laquelle
la cause agit. Il n'y a pas un atome dans la nature qui ne soit
exposé à l'action d'une infinité de causes diverses; il n'y a pas
une de ces causes qui s'exerce de la même manière en deux points
différents de l'espace; il n'y a donc pas deux atomes rigoureusement semblables dans la nature. Moins un être est libre, plus on
est sûr de le *modifier*, et plus la *modification* lui est nécessairement
attachée. Les *modifications* qui nous ont été imprimées, nous
changent sans ressource, et pour le moment et pour toute la
suite de la vie, parce qu'il ne se peut jamais faire que ce qui a été
une fois tel n'ait pas été tel.[1]

MONARCHIE, s.f. (*Gouvernement polit.*), forme de gouvernement où un seul gouverne par des lois fixes et établies.

La *monarchie* est cet état dans lequel la souveraine puissance,
et tous les droits qui lui sont essentiels, réside indivisiblement
dans un seul homme appelé *roi*, *monarque* ou *empereur*.

Établissons, d'après M. de Montesquieu, le principe de ce
gouvernement, son soutien et sa dégénération.

La nature de la *monarchie* consiste en ce que le monarque est
la source de tout pouvoir politique et civil, et qu'il régit seul

[1] See MALFAISANT (p. 154).

l'état par des lois fondamentales; car s'il n'y avait dans l'état que la volonté momentanée et capricieuse d'un seul sans lois fondamentales, ce serait un gouvernement despotique où un seul homme entraîne tout par sa volonté; mais la *monarchie* commande par des lois dont le dépôt est entre les mains de corps politiques qui annoncent les lois lorsqu'elles sont faites et les rappellent lorsqu'on les oublie.

Le gouvernement monarchique n'a pas, comme le républicain, la bonté des mœurs pour principe. Les lois y tiennent lieu de vertus, indépendamment de l'amour pour la patrie, du désir de la vraie gloire, du renoncement à soi-même, du sacrifice de ses plus chers intérêts et de toutes les vertus héroïques des anciens dont nous avons seulement entendu parler. Les mœurs n'y sont jamais aussi pures que dans les gouvernements républicains, et les vertus qu'on y montre sont toujours moins ce que l'on doit aux autres que ce que l'on se doit à soi-même. Elles ne sont pas tant ce qui nous appelle vers nos concitoyens que ce qui nous en distingue; l'honneur, c'est-à-dire le préjugé de chaque personne et de chaque condition, prend dans la *monarchie* la place de la vertu politique et la représente. Il entre dans toutes les façons de penser et dans toutes les manières de sentir. Il étend ou borne les devoirs à sa fantaisie, soit qu'ils aient leur force dans la religion, la politique ou la morale. Il y peut cependant inspirer les plus belles actions; il peut même, joint à la forme des lois, conduire au but du gouvernement comme la vertu même.

Telle est la force du gouvernement monarchique qu'elle use à son gré de tous les membres qui la composent. Comme c'est du prince seul qu'on attend des richesses, des dignités, des récompenses, l'empressement à les mériter fait l'appui de son trône. De plus, les affaires étant toutes menées par un seul, l'ordre, la diligence, le secret, la subordination, les objets les plus grands, les exécutions les plus promptes en sont les effets assurés. Dans les secousses mêmes la sûreté du prince est attachée à l'incorruptibilité de tous les différents ordres de l'état à la fois;

et les séditieux, qui n'ont ni la volonté, ni l'espérance de renverser l'état, ne peuvent ni ne veulent renverser le prince.

Si le monarque est vertueux, s'il dispense les récompenses et les peines avec justice et avec discernement, tout le monde s'empresse à mériter ses bienfaits, et son règne est le siècle d'or; mais si le monarque n'est pas tel, le principe qui sert à élever l'âme de ses sujets pour participer à ses grâces, pour percer la foule par de belles actions, il dégénère en bassesse et en esclavage. Romains, vous triomphâtes sous les deux premiers Césars, vous fûtes sous les autres les plus vils des mortels.

Le principe de la *monarchie* se corrompt lorsque les premières dignités sont les marques de la première servitude, lorsqu'on ôte aux grands le respect des peuples, et qu'on les rend les instruments du pouvoir arbitraire.

Il se corrompt lorsque des âmes singulièrement lâches tirent vanité de la grandeur que pourrait avoir leur servitude; lorsqu'elles croient que ce qui fait que l'on doit tout au prince, fait que l'on ne doit rien à sa patrie; et plus encore lorsque l'adulation, tenant une coquille de fard à la main, s'efforce de persuader à celui qui porte le sceptre, que les hommes sont à l'égard de leur souverain ce qu'est la nature entière par rapport à son auteur.

Le principe de la *monarchie* se corrompt lorsque le prince change sa justice en sévérité, lorsqu'il met, comme les empereurs romains, une tête de Méduse sur sa poitrine, lorsqu'il prend cet air menaçant et terrible que Commode[1] faisait donner à ses statues.

La *monarchie* se perd lorsqu'un prince croit qu'il montre plus sa puissance en changeant l'ordre des choses qu'en le suivant; lorsqu'il prive les corps de l'état de leurs prérogatives; lorsqu'il ôte les fonctions naturelles des uns pour les donner arbitrairement à d'autres; et lorsqu'il est amoureux de ses fantaisies frivoles.

La *monarchie* se perd lorsque le monarque rapporte tout directement à lui, appelle l'état à sa capitale, la capitale à sa cour, et la cour à sa seule personne.

---

[1] Lucius Amelius Commodus, Emperor from A.D. 180 to 192. He commanded that he should be worshipped as Hercules.

La *monarchie* se perd lorsqu'un prince méconnaît son autorité, sa situation, l'amour de ses peuples, et qu'il ne sent pas qu'un monarque doit se juger en sûreté, comme un despote doit se croire en péril.

La *monarchie* se perd lorsqu'un prince, trompé par ses ministres, vient à croire que plus les sujets sont pauvres, plus les familles sont nombreuses, et que plus ils sont chargés d'impôts, plus ils sont en état de les payer: deux opinions que j'appelle crime de lèse-majesté, qui ont toujours ruiné et ruineront à jamais toutes les *monarchies*. Les républiques finissent par le luxe, les *monarchies* par la dépopulation et par la pauvreté.

Enfin la *monarchie* est absolument perdue quand elle est culbutée dans le despotisme, état qui jette bientôt une nation dans la barbarie et de là dans un anéantissement total, où tombe avec elle le joug pesant qui l'y précipite.

Mais, dira quelqu'un aux sujets d'une *monarchie* dont le principe est prêt à s'écrouler, il vous est né un prince qui le rétablira dans tout son lustre. La nature a doué ce successeur de l'empire des vertus et des qualités qui feront vos délices; il ne s'agit que d'en aider le développement. Hélas! peuples, je tremble encore que les espérances qu'on vous donne ne soient déçues. Des monstres flétriront, étoufferont cette belle fleur dans sa naissance; leur souffle empoisonneur éteindra les heureuses facultés de cet héritier du trône pour le gouverner à leur gré. Ils rempliront son âme d'erreurs, de préjugés et de superstitions. Ils lui inspireront avec l'ignorance leurs maximes pernicieuses. Ils infecteront ce tendre rejeton de l'esprit de domination qui les possède.

Telles sont les causes principales de la décadence et de la chute des plus florissantes *monarchies*. *Heu! quam pereunt brevibus ingentia causis!*[1] (D.J.)

MONARCHIE ABSOLUE (*Gouvernement*), forme de *monarchie* dans laquelle le corps entier des citoyens a cru devoir conférer la souveraineté au prince, avec l'étendue et le pouvoir absolu qui

---

[1] 'Ah! how great things perish from small causes!'

résidait en lui originairement, et sans y ajouter de restriction particulière que celle des lois établies. Il ne faut pas confondre le pouvoir absolu d'un tel monarque avec le pouvoir arbitraire et despotique, car l'origine et la nature de la *monarchie* absolue est limitée, par sa nature même, par l'intention de ceux de qui le monarque le tient et par les lois fondamentales de son état. Comme les peuples qui vivent sous une bonne police, sont plus heureux que ceux qui, sans règles et sans chefs, errent dans les forêts, aussi les monarques qui vivent sous les lois fondamentales de leur état, sont-ils plus heureux que les princes despotiques, qui n'ont rien qui puisse régler le cœur de leurs peuples, ni le leur. (D.J.)

MONARCHIE ÉLECTIVE (*Gouvernement politiq.*). On appelle ainsi tout gouvernement dans lequel on ne parvient à la royauté que par élection; c'est sans doute une manière très légitime d'acquérir la souveraineté, puisqu'elle est fondée sur le consentement et le choix libre du peuple.

L'élection d'un monarque est cet acte par lequel la nation désigne celui qu'elle juge le plus capable de succéder au roi défunt pour gouverner l'état, et sitôt que cette personne a accepté l'offre du peuple, elle est revêtue de la souveraineté.

L'on peut distinguer deux sortes de *monarchies électives*: l'une dans laquelle l'élection est entièrement libre, l'autre dans laquelle l'élection est gênée à certains égards. La première a lieu lorsque le peuple peut choisir pour monarque celui qu'il juge à propos; l'autre, quand le peuple par la constitution de l'état est astreint d'élire pour souverain une personne qui soit d'une certaine nation, d'une certaine famille, d'une certaine religion, etc. Parmi les anciens Perses aucun, dit Cicéron, ne pouvait être élu roi s'il n'avait été instruit par les mages.

Mais une nation qui jouit du privilège d'élever à la monarchie un de ses citoyens, et principalement une nation qui serait encore soumise aux lois de la nature, n'est-elle pas en droit de tenir à ce citoyen, lors de son élection, le discours suivant?

'Nous sommes bien aises de mettre la puissance entre vos mains, mais en même temps nous vous recommandons d'observer les conventions faites entre nous, et comme elles tendent à entretenir une réciprocité de secours si parfaite qu'aucun ne manque, s'il est possible, du nécessaire et de l'utile, nous vous enjoignons de veiller de votre mieux à la conservation de cet ordre, de nous faciliter les moyens efficaces de le maintenir, et de nous encourager à les mettre en usage. La raison nous a prescrit cette règle, et nous vous prions de nous y rappeler sans cesse. Nous vous conférons le pouvoir et l'autorité des lois sur chacun de nous; nous vous en faisons l'organe et le héraut. Nous nous engageons à vous aider et à contraindre avec vous quiconque de nous serait assez dépourvu de sens pour désobéir. Vous devez concevoir en même temps que si vous-même alliez jusqu'à nous imposer quelque joug contraire aux lois, ces mêmes lois vous déclarent déchu de tout pouvoir et de toute autorité.

'Nous vous jugeons capable de nous gouverner, nous nous abandonnons avec confiance aux directions de vos conseils; c'est un premier hommage que nous rendons à la supériorité des talents dont la nature vous a doué. Si vous êtes fidèle à vos devoirs, nous vous chérirons comme un présent du ciel, nous vous respecterons comme un père: voilà votre récompense, votre gloire, votre grandeur. Quel bonheur de pouvoir mériter que plusieurs milliers de mortels, vos égaux, s'intéressent tendrement à votre existence et à votre conservation!

'Dieu est un être souverainement bienfaisant; il nous a faits sociables, maintenez-nous dans la société que nous avons choisie. Comme il est le moteur de la nature entière, où il entretient un ordre admirable, soyez le moteur de notre corps politique: en cette qualité vous semblerez imiter l'Être suprême. Du reste, souvenez-vous qu'à l'égard de ce qui vous touche personnellement, vous n'avez d'autres droits incontestables, d'autres pouvoirs que ceux qui lient le commun des citoyens, parce que vous n'avez point d'autres besoins et que vous n'éprouvez pas d'autres plaisirs. Si nous pensons que quelqu'un des vôtres soit après vous capable du même commandement, nous y aurons beaucoup d'égard, mais par un choix libre et indépendant de toute prétention de leur part.'

Quelle capitulation, quel droit d'antique possession peut prescrire contre la vérité de cet édit perpétuel, peut en affranchir les souverains élus à ces conditions? Que dis-je, ce serait les priver d'un privilège qui les revêt du pouvoir de suprêmes bienfaiteurs, et les rend par là véritablement semblables à la divinité. Que l'on juge sur cet exposé de la forme ordinaire des gouvernements! (D.J.)

MONARCHIE LIMITÉE (*Gouvernement*), sorte de *monarchie* où les trois pouvoirs sont tellement fondus ensemble qu'ils se servent l'un à l'autre de balance et de contrepoids. La *monarchie limitée* héréditaire paraît être la meilleure forme de *monarchie*, parce qu'indépendamment de sa stabilité, le corps législatif y est composé de deux parties, dont l'une enchaîne l'autre par leur faculté mutuelle d'empêcher, et toutes les deux sont liées par la puissance exécutrice, qui l'est elle-même par la législative. Tel est le gouvernement d'Angleterre, dont les racines, toujours coupées, toujours sanglantes, ont enfin produit après des siècles, à l'étonnement des nations, le mélange égal de la liberté et de la royauté. Dans les autres *monarchies* européennes que nous connaissons les trois pouvoirs n'y sont point fondus de cette manière; ils ont chacun une distribution particulière suivant laquelle ils approchent plus ou moins de la liberté politique. Il paraît qu'on jouit en Suède de ce précieux avantage, autant qu'on en est éloigné en Danemark; mais la *monarchie* de Russie est un despotisme. (D.J.)

MONARQUE, s.m. (*Gouvernement*), souverain d'un état monarchique. Le trône est le plus beau poste qu'un mortel puisse occuper parce que c'est celui où on peut faire le plus de bien. J'aime à voir l'intérêt que l'auteur de l'*Esprit des lois* prend au bonheur des princes, et la vénération qu'il porte à leur rang suprême.

Que le *monarque*, dit-il, n'ait point de crainte; il ne saurait croire combien on est porté à l'aimer. Eh! pourquoi ne l'aimerait-on pas? Il est la source de presque tout le bien qui se fait, et presque toutes les punitions sont sur le compte des lois. Il ne se montre jamais au peuple qu'avec un visage serein; sa gloire même se communique à nous, et sa puissance nous soutient. Une preuve qu'on le chérit, c'est qu'on a de la confiance en lui, et que lorsqu'un ministre refuse, on s'imagine toujours que le prince aurait accordé, même dans les calamités publiques; on n'accuse point sa personne, on se plaint de ce qu'il ignore, ou de ce qu'il est obsédé par des gens corrompus. *Si le prince savait*, dit le peuple; ces paroles sont une espèce d'invocation.

Que le *monarque* se rende donc populaire. Il doit être flatté de l'amour du moindre de ses sujets: ce sont toujours des hommes. Le peuple demande si peu d'égards qu'il est juste de les lui accorder; la distance infinie qui est entre le *monarque* et lui, empêche bien qu'il n'en soit gêné. Il doit aussi savoir jouir de soi à part, dit Montaigne, et se communiquer comme Jacques et Pierre à soi-même. La clémence doit être sa vertu distinctive; c'est le caractère d'une belle âme que d'en faire usage, disait Cicéron à César.

Les mœurs du *monarque* contribuent autant à la liberté que les lois. S'il aime les âmes libres, il aura des sujets; s'il aime les âmes basses, il aura des esclaves. Veut-il régner avec éclat, qu'il approche de lui l'honneur, le mérite et la vertu; qu'exorable à la prière, il soit ferme contre les demandes, et qu'il sache que son peuple jouit de ses refus, et ses courtisans de ses grâces. (D.J.)

NOMMER, v.act. (*Géog.*) [sic]. C'est désigner une chose par un nom, ou l'appeler par le nom qui la désigne; mais outre ces deux significations, ce verbe en a un grand nombre d'autres que nous allons indiquer par des exemples. Qui est-ce qui a *nommé* l'enfant sur les fonts de baptême? Il y a des choses que la nature n'a pas rougi de faire et que la décence craint de *nommer*. On a *nommé* à une des premières places de l'église un petit ignorant, sans jugement, sans naissance, sans dignité, sans caractère et sans mœurs. *Nommez* la couleur dans laquelle vous jouez, *nommez* l'auteur de ce discours. Qui le public *nomme*-t-il à la place qui vaque dans le ministère? Un homme de bien. Et la cour? On ne le *nomme* pas encore. Quand on veut exclure un rival d'une place et lui ôter le suffrage de la cour, on le fait *nommer* par la ville; cette ruse a réussi plusieurs fois. Les princes ne veulent pas qu'on prévienne leur choix; ils s'offensent qu'on ose leur indiquer un bon sujet; ils ratifient rarement la nomination publique.

OBÉISSANCE, s.f. (*Droit naturel & politique*). Dans tout état bien constitué l'*obéissance* à un pouvoir légitime est le devoir le plus indispensable des sujets. Refuser de se soumettre aux souverains, c'est renoncer aux avantages de la société, c'est renverser l'ordre, c'est chercher à introduire l'anarchie. Les peuples, en obéissant à leurs princes, n'obéissent qu'à la raison et aux lois et ne travaillent qu'au bien de la société. Il n'y a que des tyrans qui commanderaient des choses contraires; ils passeraient les bornes du pouvoir légitime, et les peuples seraient toujours en droit de réclamer contre la violence qui leur serait faite. Il n'y a qu'une honteuse flatterie et un avilissement odieux qui ait pu faire dire à Tibère par un sénateur romain: *Tibi summum rerum judicium dii dedere, nobis obsequii gloria relicta est.*[1] Ainsi l'*obéissance* ne doit point être aveugle. Elle ne peut porter les sujets à violer les lois de la nature. Charles IX, dont la politique inhumaine le détermina à immoler à sa religion ceux de ses sujets qui avaient embrassé les opinions de la Réforme, non content de l'affreux massacre[2] qu'il en fit sous ses yeux et dans sa capitale, envoya des ordres aux gouverneurs des autres villes du royaume pour qu'on exerçât les mêmes cruautés sur ces sectaires infortunés. Le brave d'Orte, commandant à Bayonne, ne crut point que son devoir pût l'engager à obéir à ces ordres

---

[1] 'To you the gods have given authority in the highest matters; for us there only remains the honour of obeying you.'

[2] The Massacre of St Bartholomew (1572).

sanguinaires. 'J'ai communiqué, dit-il au Roi, le commandement de V.M. à ses fidèles habitants et gens de guerre de la
garnison. Je n'y ai trouvé que bons citoyens et braves soldats,
mais pas un bourreau. C'est pourquoi eux et moi supplions
V.M. de vouloir employer nos bras et nos vies en choses possibles;
quelque hasardeuses qu'elles soient, nous y mettrons jusqu'à la
dernière goutte de notre sang.' Le comte de Tende et Charny
répondirent à ceux qui leur apportaient les mêmes ordres, qu'ils
respectaient trop le roi pour croire que ces ordres inhumains
pussent venir de lui. Quel est l'homme vertueux, quel est le
chrétien qui puisse blâmer ces sujets généreux d'avoir désobéi?

OFFENSE, s.f., **OFFENSER**, **OFFENSEUR**, **OFFENSÉ**
(*Gramm. & Morale*). L'*offense* est toute action injuste considérée
relativement au tort qu'un autre en reçoit, ou dans sa personne,
ou dans la considération publique, ou dans sa fortune. On
offense de propos et de fait. Il est des *offenses* qu'on ne peut
mépriser; il n'y a que celui qui l'a reçue qui en puisse connaître
toute la grièveté. On les repousse diversement selon l'esprit de
la nation. Les Romains, qui ne portèrent point d'armes durant
la paix, traduisaient l'*offenseur* devant les lois; nous avons des
lois comme les Romains, et nous nous vengeons de l'*offense*
comme des barbares.[1] Il n'y a presque pas un chrétien qui puisse
faire sa prière du matin sans appeler sur lui-même la colère et
la vengeance de Dieu. S'il se souvient encore de l'*offense* qu'il
a reçue quand il prononce ces mots: *Pardonnez-nous nos* offenses
comme nous pardonnons à ceux qui nous ont offensés, c'est comme
s'il disait: J'ai la haine au fond du cœur, je brûle d'exercer mon
ressentiment; Dieu que j'ai *offensé*, je consens que tu en uses
envers moi comme j'en userais envers mon ennemi, s'il était en
ma puissance. La philosophie s'accorde avec la religion pour
inviter au pardon de l'*offense*. Les Stoïciens, les Platoniciens ne
voulaient pas qu'on se vengeât. Il n'y a presque aucune proportion entre l'*offense* et la réparation ordonnée par les lois. Une

---

[1] By engaging in duels.

injure et une somme d'argent ou une douleur corporelle sont deux choses hétérogènes et incommensurables. La lumière de la vérité *offense* singulièrement certains hommes accoutumés aux ténèbres. La leur présenter, c'est introduire un rayon du soleil dans un nid de hiboux; il ne sert qu'à blesser leurs yeux et à exciter leurs cris.[1] Pour vivre heureux, il faudrait n'*offenser* personne et ne s'*offenser* de rien; mais cela est bien difficile: l'un suppose trop d'attention et l'autre trop d'insensibilité.

ORIGINE, s.f. (*Gramm.*), commencement, naissance, germe, principe de quelque chose. L'*origine* des plus grandes maisons a d'abord été fort obscure. Les pratiques religieuses de nos jours ont presque toutes leur *origine* dans le paganisme. Une mauvaise plaisanterie a été l'*origine* d'un traité fatal à la nation et d'une guerre sanglante où plusieurs milliers d'hommes ont perdu la vie.[2] Ménage a écrit des *origines* de notre langue.[3]

PACIFIQUE, adj. (*Gram.*), qui aime la paix. On dit, Ce fut un prince *pacifique*. Le Christ dit, Bienheureux les *pacifiques* parce qu'ils seront appelés *enfants de Dieu*. Voilà un titre auquel l'auteur de l'*Apologie de la révocation de l'Édit de Nantes* doit renoncer.[4] Un règne *pacifique* est celui qui n'a été troublé ni par des séditions, ni par des guerres. Un possesseur *pacifique* est celui dont le temps de la jouissance tranquillise et assure la possession. Un bénéfice *pacifique*, celui dont le titre n'est et ne peut être contesté.

PARDONNER, v.act. C'est remettre le châtiment, sacrifier son ressentiment et promettre l'oubli d'une faute. On *pardonne* la chose, on *pardonne* à la personne.

[1] The same image is used in AIGLE (p. 6).

[2] The reversal of alliances which preceded the Seven Years' War and the ending of the long enmity between France and Austria were believed at the time to be the result of the sarcastic remarks made by Frederick the Great about Madame de Pompadour, who was strongly in favour of the alliance with Austria (see, for instance, the Moland edition of the works of Voltaire, vol. I, p. 47).

[3] Gilles Ménage (1613–92). His *Origines de la langue française* appeared in 1650.

[4] See INTOLÉRANCE (p. 129, n. 5).

Il y a des qualités qu'on *pardonne* plus difficilement que des offenses.

Il faut bien de la modestie, bien de l'attention, bien de l'art pour arracher aux autres le pardon de la supériorité qu'on a sur eux.

On se pardonne si souvent à soi-même qu'on devrait bien *pardonner* quelquefois aux autres.

Des hommes qui ont fait un sot ouvrage que des imbéciles éditeurs ont achevé de gâter, n'ont jamais pu nous *pardonner* d'en avoir projeté un meilleur.[1] Il n'y a sorte de persécutions que ces ennemis de tout bien ne nous aient suscitées. Nous avons vu notre honneur, notre fortune, notre liberté, notre vie compromises dans l'espace de quelques mois.[2] Nous aurions obtenu d'eux le *pardon* d'un crime; nous n'en avons pu obtenir celui d'une bonne action.

Ils ont trouvé la plupart de ceux que nous n'avons pas jugés dignes de coopérer à notre entreprise, tout disposés à épouser leur haine et leur jalousie.

Nous n'avons point imaginé de vengeance plus cruelle de tout le mal qu'ils nous ont fait, que d'achever le bien que nous avions commencé.

Voilà l'unique espèce de ressentiment qui fût digne de nous.

Tous les jours ils s'avilissent par quelques nouveaux forfaits; je vois l'opprobre s'avancer sur eux.

Le temps ne *pardonne* point à la méchanceté. Tôt ou tard il en fait justice.

PARTISAN[3] (*Finances*). On peut définir les *partisans* des hommes qui bâtissent si vite leur fortune aux dépens du public qu'on en voit le faîte aussitôt que les fondements. Ce sont ces

---

[1] The Jesuits, who feared the competition of the *Encyclopédie* for their own *Dictionnaire de Trévoux.*

[2] During the storm which burst over the *Encyclopédie* in 1759, when the work was suppressed after the publication of the first seven volumes.

[3] In the sense of 'tax-farmer', a man who made an agreement (*parti*) with the king to collect certain taxes.

pâtres qui habitent les sables voisins du Palmyre[1] et qui, devenus riches par des traités avec l'état, achètent du plus pur sang des peuples des maisons royales pour les embellir encore et les rendre plus superbes. Ces gens-là, dit un écrivain célèbre, exigeraient des droits de tous ceux qui boivent de l'eau de la rivière ou qui marchent sur la terre ferme. Ils trafiqueraient des arts et des sciences et mettraient en parti jusqu'à l'harmonie.[2]

La ressource utile pour un temps très court, mais dangereuse pour toujours (j'entends celle de vendre les revenus de l'état à des *partisans* qui avancent de l'argent) est une invention que Catherine de Médicis apporta d'Italie, et qui peut contribuer plus qu'aucune autre aux malheurs de ce beau royaume. Les gros gains que font les *partisans* en achetant du prince les subsides qu'il impose, sont nuisibles au monarque et au peuple. Ces gens-là sont également prêteurs et cautions, en sorte qu'ils fournissent toujours la majeure partie des fonds, et le profit de leurs avances sert encore à grossir la masse de leurs biens. L'argent cherche l'argent, et chacun conçoit que les *partisans* possédant des capitaux immenses gagnés dans le cours d'un petit nombre d'années, ils sont en état d'acquérir les papiers les plus avantageux, d'en faire un monopole, enfin d'ajouter chaque jour quelque nouveau degré à leur fortune et à leurs dépenses. (D.J.)

PERTURBATEUR, s.m. (*Gram.*), homme turbulent, inquiet, séditieux, qui émeut les esprits des citoyens et cause du désordre dans la société. Après cette définition, ou une autre peu différente, on ajoute dans le *Dictionnaire de Trévoux* que les théologiens sont ordinairement *perturbateurs* de l'état.[3]

PEUPLE, LE, s.m. (*Gouvern. politiq.*), nom collectif difficile à définir, parce qu'on s'en forme des idées différentes dans les

---

[1] The comparison is taken from the *Caractères* of La Bruyère (*Des biens de fortune*, 78).

[2] The last two sentences are taken from the portrait of Ergaste in the same work (*Des biens de fortune*, 28).

[3] This quotation is accurate.

divers lieux, dans les divers temps et selon la nature des gouvernements.

Les Grecs et les Romains qui se connaissaient en hommes,
faisaient un grand cas du *peuple*. Chez eux le *peuple* donnait sa
voix dans les élections des premiers magistrats, des généraux,
et les décrets des proscriptions ou des triomphes, dans les règlements des impôts, dans les décisions de la paix ou de la guerre,
en un mot, dans toutes les affaires qui concernaient les grands
intérêts de la patrie. Ce même *peuple* entrait à milliers dans les
vastes théâtres de Rome et d'Athènes dont les nôtres ne sont que
des images maigres, et on le croyait capable d'applaudir ou de
siffler Sophocle, Euripide, Plaute et Térence. Si nous jetons les
yeux sur quelques gouvernements modernes, nous verrons qu'en
Angleterre le *peuple* élit ses représentants dans la chambre des
communes, et que la Suède compte l'ordre des paysans dans les
assemblées nationales.

Autrefois en France le *peuple* était regardé comme la partie
la plus utile, la plus précieuse et, par conséquent, la plus respectable
de la nation. Alors on croyait que le *peuple* pouvait occuper une
place dans les États généraux, et les parlements du royaume ne
faisaient qu'une raison de celle du *peuple* et de la leur. Les idées
ont changé, et même la classe des hommes faits pour composer
le *peuple* se rétrécit tous les jours davantage. Autrefois le *peuple*
était l'état général de la nation, simplement opposé à celui des
grands et des nobles. Il renfermait les laboureurs, les ouvriers,
les artisans, les négociants, les financiers, les gens de lettres et
les gens de loi. Mais un homme de beaucoup d'esprit qui a publié
il y a près de vingt ans une dissertation sur *La nature du peuple*,
pense que ce corps de la nation se borne actuellement aux ouvriers
et aux laboureurs. Rapportons ses propres réflexions sur cette
matière, d'autant mieux qu'elles sont pleines d'images et de
tableaux qui servent à prouver son système.[1]

[1] Almost the whole of this article, including the opening paragraphs, is taken
from Abbé Coyer's *Dissertations pour être lues* (The Hague, 1755). The *Dissertation sur la nature du peuple* forms the second of the two essays contained in this

Les gens de loi, dit-il, se sont tirés de la classe du *peuple* en s'ennoblissant sans le secours de l'épée; les gens de lettres à l'exemple d'Horace, ont regardé le *peuple* comme profane. Il ne serait pas honnête d'appeler *peuple* ceux qui cultivent les beaux-arts, ni même de laisser dans la classe du *peuple* cette espèce d'artisans, disons mieux, d'artistes maniérés qui travaillent le luxe; des mains qui peignent *divinement* une voiture, qui montent un diamant au *parfait*, qui ajustent une mode *supérieurement*, de telles mains ne ressemblent point aux mains du *peuple*. Gardons-nous aussi de mêler les négociants avec le *peuple* depuis qu'on peut acquérir la noblesse par le commerce. Les financiers ont pris un vol si élevé qu'ils se trouvent côte à côte des grands du royaume. Ils sont faufilés, confondus avec eux, alliés avec les nobles qu'ils pensionnent, qu'ils soutiennent et qu'ils tirent de la misère; mais pour qu'on puisse encore mieux juger combien il serait absurde de les confondre avec le *peuple*, il suffira de considérer un moment la vie des hommes de cette volée et celle du *peuple*.

Les financiers sont logés sous de riches plafonds; ils appellent l'or et la soie pour filer leurs vêtements; ils respirent les parfums, cherchent l'appétit dans l'art de leurs cuisiniers, et quand le repos succède à leur oisiveté, ils s'endorment nonchalamment sur le duvet. Rien n'échappe à ces hommes riches et curieux: ni les fleurs d'Italie, ni les perroquets du Brésil, ni les toiles peintes de Masulipatam,[1] ni les magots de la Chine, ni les porcelaines de Saxe, de Sèvres et du Japon. Voyez leurs palais à la ville et à la campagne, leurs habits de goût, leurs meubles élégants, leurs équipages lestes: tout cela sent-il le *peuple?* Cet homme qui a su brusquer la fortune par la porte de la finance, mange noblement en un repas la nourriture de cent familles du *peuple*, varie

slim volume. It should be added that the impression left by De Jaucourt's shortened and rearranged version is very different from that made by the original, for whereas Coyer is highly ironical in his treatment of the theme, De Jaucourt is serious and direct.

[1] Indian town in the province of Madras.

sans cesse ses plaisirs, réforme un vernis, perfectionne un lustre par le secours des gens du métier, arrange une fête, et donne de nouveaux noms à ses voitures. Son fils se livre aujourd'hui à un cocher fougueux pour effrayer les passants; demain il est cocher lui-même pour les faire rire.

Il ne reste donc dans la masse du *peuple* que les ouvriers et les laboureurs. Je contemple avec intérêt leur façon d'exister; je trouve que cet ouvrier habite ou sous le chaume, ou dans quelque réduit que nos villes lui abandonnent, parce qu'on a besoin de sa force. Il se lève avec le soleil et, sans regarder la fortune qui rit au-dessus de lui, il prend son habit de toutes les saisons, il fouille nos mines et nos carrières, il dessèche nos marais, il nettoie nos rues, il bâtit nos maisons, il fabrique nos meubles; la faim arrive, tout lui est bon; le jour finit, il se couche durement dans les bras de la fatigue.

Le laboureur, autre homme du *peuple*, est avant l'aurore tout occupé à ensemencer nos terres, à cultiver nos champs, à arroser nos jardins. Il souffre le chaud, le froid, la hauteur des grands, l'insolence des riches, le brigandage des traitants, le pillage des commis, le ravage même des bêtes fauves qu'il n'ose écarter de ses moissons par respect pour les plaisirs des puissants. Il est sobre, juste, fidèle, religieux, sans considérer ce qui lui en reviendra. Lucas épouse Colette parce qu'il l'aime; Colette donne son lait à ses enfants sans connaître le prix de la fraîcheur et du repos. Ils grandissent, ces enfants, et Lucas, ouvrant la terre devant eux, leur apprend à la cultiver. Il meurt et leur laisse son champ à partager également; si Lucas n'était pas un homme du *peuple*, il le laisserait tout entier à l'aîné. Tel est le portrait des hommes qui composent ce que nous appelons *peuple* et qui forment toujours la partie la plus nombreuse et la plus nécessaire de la nation.

Qui croirait qu'on a osé avancer de nos jours cette maxime d'une politique infâme que de tels hommes ne doivent point être à leur aise si l'on veut qu'ils soient industrieux et obéissants? Si ces prétendus politiques, ces beaux génies pleins d'humanité voyageaient un peu, ils verraient que l'industrie n'est nulle part si active que dans les pays où le petit *peuple* est à son aise, et que nulle part chaque genre d'ouvrage ne reçoit plus de perfection. Ce n'est pas que des hommes engourdis sous le poids d'une misère habituelle ne puissent s'éloigner quelque temps du travail si toutes les impositions cessaient sur-le-champ, mais outre la différence sensible entre le changement du *peuple* et l'excès de cette supposition, ce ne serait point à l'aisance qu'il faudrait attribuer ce moment de paresse, ce serait à la surcharge qui l'aurait précédée. Encore ces mêmes hommes, revenus de l'emportement d'une joie inespérée, sentiraient-ils bientôt la nécessité de travailler pour subsister, et le désir naturel d'une meilleure subsistance les rendrait fort actifs. Au contraire, on n'a jamais vu et on ne verra jamais des hommes employer toute leur force et toute leur industrie, s'ils sont accoutumés à voir les taxes engloutir le produit des nouveaux efforts qu'ils pourraient faire, et ils se borneront au soutien d'une vie toujours abandonnée sans aucune espèce de regret.

A l'égard de l'obéissance, c'est une injustice de calomnier ainsi une multitude infinie d'innocents, car les rois n'ont point de sujets plus fidèles et, si j'ose le dire, de meilleurs amis. Il y a plus d'amour public dans cet ordre peut-être que dans tous les autres, non point parce qu'il est pauvre, mais parce qu'il sait très bien, malgré son ignorance, que l'autorité et la protection du prince sont l'unique gage de sa sûreté et de son bien-être; enfin, parce qu'avec le respect naturel des petits pour les grands, avec cet attachement particulier à notre nation pour la personne de ses rois, ils n'ont point d'autres biens à espérer. Dans aucune histoire on ne rencontre un seul trait qui prouve que l'aisance du *peuple* par le travail a nui à son obéissance.

Concluons qu'Henri IV avait raison de désirer que son *peuple* fût dans l'aisance et d'assurer qu'il travaillerait à procurer à tout laboureur les moyens d'avoir l'oie grasse dans son pot. Faites passer beaucoup d'argent dans les mains du *peuple*, il en reflue nécessairement dans le trésor public une quantité proportionnée que personne ne regrettera; mais lui arracher de force l'argent que son labeur et son industrie lui ont procuré, c'est priver l'état de son embonpoint et de ses ressources. (D.J.)

POUVOIR, s.m. (*Droit nat. & politiq.*). Le consentement des hommes réunis en société est le fondement du *pouvoir*. Celui qui ne s'est établi que par la force, ne peut subsister que par la force; jamais elle ne peut conférer de titre, et les peuples conservent toujours le droit de réclamer contre elle. En établissant les sociétés, les hommes n'ont renoncé à une portion de l'indépendance dans laquelle la nature les a fait naître, que pour s'assurer les avantages qui résultent de leur soumission à une autorité légitime et raisonnable. Ils n'ont jamais prétendu se livrer sans réserve à des maîtres arbitraires, ni donner les mains à la tyrannie et à l'oppression, ni conférer à d'autres le droit de les rendre malheureux.

Le but de tout gouvernement est le bien de la société gouvernée. Pour prévenir l'anarchie, pour faire exécuter les lois, pour protéger les peuples, pour soutenir les faibles contre les entreprises des plus forts, il a fallu que chaque société établît des souverains qui fussent revêtus d'un *pouvoir* suffisant pour remplir tous ces objets. L'impossibilité de prévoir toutes les circonstances où la société se trouverait, a déterminé les peuples à donner plus ou moins d'étendue au *pouvoir* qu'ils accordaient à ceux qu'ils chargeaient du soin de les gouverner. Plusieurs nations, jalouses de leur liberté et de leurs droits, ont mis des bornes à ce *pouvoir*; cependant elles ont senti qu'il était souvent nécessaire de ne point lui donner des limites trop étroites. C'est ainsi que les Romains, au temps de la république, nommaient un dictateur dont le *pouvoir* était aussi étendu que celui du monarque le plus absolu. Dans quelques états monarchiques le *pouvoir* du souverain est limité par les lois de l'état, qui lui fixent des bornes qu'il ne lui est pas permis d'enfreindre; c'est ainsi qu'en Angleterre le *pouvoir* législatif réside dans le roi et dans les deux chambres du parlement. Dans d'autres pays les monarques exercent, du consentement des peuples, un *pouvoir* absolu, mais il est toujours subordonné aux lois fondamentales de l'état, qui font la sûreté réciproque du souverain et des sujets.

Quelque illimité que soit le *pouvoir* dont jouissent les souverains, il ne leur permet jamais de violer les lois, d'opprimer les peuples, de fouler aux pieds la raison et l'équité. Il y a un siècle que le Danemark a fourni l'exemple inouï d'un peuple qui, par un acte authentique, a conféré un *pouvoir* sans bornes à son souverain. Les Danois, fatigués de la tyrannie des nobles, prirent le parti de se livrer sans réserve et, pour ainsi dire, pieds et poings liés, à la merci de Frédéric III.[1] Un pareil acte ne peut être regardé que comme l'effet du désespoir. Les rois qui ont gouverné ce peuple n'ont point paru jusqu'ici s'en prévaloir; ils ont mieux aimé régner avec les lois que d'exercer le despotisme destructeur auquel la démarche de leurs sujets semblait les autoriser. *Numquam satis fida potentia ubi nimia.*[2]

Le cardinal de Retz, en parlant d'Henri IV, dit *qu'il ne se défiait pas des lois, parce qu'il se fiait en lui-même.* Les bons princes savent qu'ils ne sont dépositaires du *pouvoir* que pour le bonheur de l'état. Loin de vouloir l'étendre, souvent ils ont eux-mêmes cherché à y mettre des bornes, par la crainte de l'abus que pourraient en faire des successeurs moins vertueux: *ea demum tuta est potentia quae viribus suis modum imponit.*[3] Val. Max. Les Titus, les Trajan, les Antonin ont usé du *pouvoir* pour le bonheur des humains; les Tibère, les Néron en ont abusé pour le malheur de l'univers. *Voyez* SOUVERAINS.

PRESSE (*Droit polit.*). On demande si la liberté de la *presse* est avantageuse ou préjudiciable à un état. La réponse n'est pas difficile. Il est de la plus grande importance de conserver cet usage dans tous les états fondés sur la liberté. Je dis plus: les inconvénients de cette liberté sont si peu considérables vis-à-vis

[1] King of Denmark from 1648 to 1670.
[2] 'Power is never secure when there is too much of it.'
[3] 'That authority then is safe which sets bounds to its power.'

de ses avantages que ce devrait être le droit commun de l'univers et qu'il est à propos de l'autoriser dans tous les gouvernements.

Nous ne devons point appréhender de la liberté de la *presse* les fâcheuses conséquences qui suivaient les discours des harangues d'Athènes et des tribuns de Rome. Un homme dans son cabinet lit un livre ou une satire tout seul et très froidement. Il n'est pas à craindre qu'il contracte les passions et l'enthousiasme d'autrui, ni qu'il soit entraîné hors de lui par la véhémence d'une déclamation. Quand même il y prendrait une disposition à la révolte, il n'a jamais sous la main d'occasions de faire éclater ses sentiments. La liberté de la *presse* ne peut donc, quelque abus qu'on en fasse, exciter des tumultes populaires. Quant aux murmures et aux secrets mécontentements qu'elle peut faire naître, n'est-il pas avantageux que, n'excitant qu'en paroles, elle avertisse à temps les magistrats d'y remédier? Il faut convenir que, partout, le public a une très grande disposition à croire ce qui lui est rapporté au désavantage de ceux qui le gouvernent, mais cette disposition est la même dans les pays de liberté et dans ceux de servitude. Un avis à l'oreille peut courir aussi vite et produire d'aussi grands effets qu'une brochure. Cet avis même peut être également pernicieux dans les pays où les gens ne sont pas accoutumés à penser tout haut et à discerner le vrai du faux, et cependant on ne doit pas s'embarrasser de pareils discours.

Enfin, rien ne peut tant multiplier les séditions et les libelles dans un pays où le gouvernement subsiste dans un état d'indépendance, que de défendre cette impression non autorisée ou de donner à quelqu'un des pouvoirs illimités de punir tout ce qui lui déplaît. De telles concessions de pouvoirs dans un pays libre deviendraient un attentat contre la liberté, de sorte qu'on peut assurer que cette liberté serait perdue dans la Grande-Bretagne, par exemple, au moment que les tentatives de la gêne de la *presse* réussiraient. Aussi n'a-t-on garde d'établir cette espèce d'inquisition. (D.J.) [1]

[1] See LIBELLE (pp. 133 ff.).

PRÊTRES, s.m.pl. (*Religion & Politique*).[1] On désigne sous ce nom tous ceux qui remplissent les fonctions des cultes religieux établis chez les différents peuples de la terre.

Le culte extérieur suppose des cérémonies dont le but est de frapper les sens des hommes et de leur imprimer de la vénération pour la divinité à qui ils rendent leurs hommages. *Voyez* CULTE. La superstition ayant multiplié les cérémonies des différents cultes, les personnes destinées à les remplir ne tardèrent point à former un ordre séparé qui fut uniquement destiné au service des autels. On crut que ceux qui étaient chargés de soins si importants, se devaient tout entiers à la divinité. Dès lors ils partagèrent avec elle le respect des humains; les occupations du vulgaire parurent au-dessous d'eux, et les peuples se crurent obligés de pourvoir à la subsistance de ceux qui étaient revêtus du plus saint et du plus important des ministères. Ces derniers, renfermés dans l'enceinte de leurs temples, se communiquèrent peu; cela dut augmenter encore le respect qu'on avait pour ces hommes isolés. On s'accoutuma à les regarder comme des favoris des dieux, comme les dépositaires et les interprètes de leurs volontés, comme des médiateurs entre eux et les mortels.

Il est doux de dominer sur ses semblables. Les *prêtres* surent mettre à profit la haute opinion qu'ils avaient fait naître dans l'esprit de leurs concitoyens; ils prétendirent que les dieux se manifestaient à eux; ils annoncèrent leurs décrets; ils enseignèrent des dogmes; ils prescrivirent ce qu'il fallait croire et ce qu'il fallait rejeter; ils fixèrent ce qui plaisait ou déplaisait à la divinité; ils rendirent des oracles; ils prédirent l'avenir à l'homme inquiet et curieux, ils le firent trembler par la crainte des châtiments dont les dieux irrités menaçaient les téméraires qui oseraient douter de leur mission ou discuter leur doctrine.

Pour établir plus sûrement leur empire, ils peignirent les dieux comme cruels, vindicatifs, implacables. Ils introduisirent

---

[1] Unsigned, and generally attributed to Diderot, but there is some evidence that, like REPRÉSENTANTS and THÉOCRATIE, this article is the work of Baron d'Holbach (see Introduction, p. xiv).

des cérémonies, des initiations, des mystères dont l'atrocité pût nourrir dans les hommes cette sombre mélancolie, si favorable à l'empire du fanatisme. Alors le sang humain coula à grands flots sur les autels ; les peuples, subjugués par la crainte et enivrés de superstition, ne crurent jamais payer trop chèrement la bienveillance céleste. Les mères livrèrent d'un œil sec leurs tendres enfants aux flammes dévorantes ; des milliers de victimes humaines tombèrent sous le couteau des sacrificateurs. On se soumit à une multitude de pratiques frivoles et révoltantes, mais utiles pour les *prêtres*, et les superstitions les plus absurdes achevèrent d'étendre et d'affermir leur puissance.

Exempts de soins et assurés de leur empire, ces *prêtres*, dans la vue de charmer les ennuis de leur solitude, étudièrent les secrets de la nature, mystères inconnus au commun des hommes ; de là les connaissances si vantées des *prêtres* égyptiens. On remarque en général que chez presque tous les peuples sauvages et ignorants la médecine et le sacerdoce ont été exercés par les mêmes hommes. L'utilité dont les *prêtres* étaient au peuple, ne put manquer d'affermir leur pouvoir. Quelques-uns d'entre eux allèrent plus loin encore ; l'étude de la physique leur fournit des moyens de frapper les yeux par des œuvres éclatantes. On les regarda comme surnaturelles, parce qu'on en ignorait les causes ; de là cette foule de prodiges, de prestiges, de miracles. Les humains étonnés crurent que leurs sacrificateurs commandaient aux éléments, disposaient à leur gré des vengeances et des faveurs du ciel, et devaient partager avec les dieux la vénération et la crainte des mortels.

Il était difficile à des hommes si révérés de se tenir longtemps dans les bornes de la subordination nécessaire au bon ordre de la société. Le sacerdoce, enorgueilli de son pouvoir, disputa souvent les droits de la royauté. Les souverains, soumis eux-mêmes, ainsi que leurs sujets, aux lois de la religion, ne furent point assez forts pour réclamer contre les usurpations et la tyrannie de ses ministres. Le fanatisme et la superstition tinrent le couteau suspendu sur la tête des monarques ; leur trône s'ébranla aussitôt qu'ils voulurent réprimer ou punir des hommes sacrés, dont les intérêts étaient confondus avec ceux de la divinité. Leur résister fut une révolte contre le ciel; toucher à leurs droits fut un sacrilège; vouloir borner leur pouvoir, ce fut saper les fondements de la religion.

Tels ont été les degrés par lesquels les *prêtres* du paganisme ont élevé leur puissance. Chez les Égyptiens les rois étaient soumis aux censures du sacerdoce; ceux des monarques qui avaient déplu aux dieux, recevaient de leurs ministres l'ordre de se tuer, et telle était la force de la superstition que le souverain n'osait désobéir à cet ordre. Les druides chez les Gaulois exerçaient sur les peuples l'empire le plus absolu; non contents d'être les ministres de leur culte, ils étaient les arbitres des différends qui survenaient entre eux. Les Mexicains gémissaient en silence des cruautés que leurs *prêtres* barbares leur faisaient exercer à l'ombre du nom des dieux; les rois ne pouvaient refuser d'entreprendre les guerres les plus injustes lorsque le pontife leur annonçait les volontés du ciel. *Le dieu a faim*, disait-il; aussitôt les empereurs s'armaient contre leurs voisins, et chacun s'empressait de faire des captifs pour les immoler à l'idole, ou plutôt à la superstition atroce et tyrannique de ses ministres.

Les peuples eussent été trop heureux si les *prêtres* de l'imposture eussent seuls abusé du pouvoir que leur ministère leur donnait sur les hommes. Malgré la soumission et la douceur si recommandées par l'Évangile, dans des siècles de ténèbres on a vu des *prêtres* du Dieu de paix arborer l'étendard de la révolte, armer les mains des sujets contre leurs souverains, ordonner insolemment aux rois de descendre du trône, s'arroger le droit de rompre les liens sacrés qui unissent les peuples à leurs maîtres, traiter de tyrans les princes qui s'opposaient à leurs entreprises audacieuses, prétendre pour eux-mêmes une indépendance chimérique des lois, faites pour obliger également tous les citoyens. Ces vaines prétentions ont été cimentées quelquefois par des flots de sang; elles se sont établies en raison de l'ignorance des peuples, de la faiblesse des souverains et de l'adresse des *prêtres*. Ces derniers sont souvent parvenus à se maintenir dans leurs droits usurpés. Dans les pays où l'affreuse Inquisition est établie, elle fournit des exemples fréquents de sacrifices humains qui ne le cèdent en rien à la barbarie de ceux des *prêtres* mexicains. Il n'en est point ainsi dans des contrées éclairées par les lumières de la raison et de la philosophie; le *prêtre* n'y oublie jamais qu'il est homme, sujet et citoyen. *Voyez* THÉOCRATIE.

PRIVILÈGE, s.m. (*Gramm.*), avantage accordé à un homme sur un autre. Les seuls *privilèges* légitimes, ce sont ceux que la nature accorde. Tous les autres peuvent être regardés comme injustices faites à tous les hommes en faveur d'un seul. La naissance a ses *privilèges*. Il n'y a aucune dignité qui n'ait les siennes; tout a le *privilège* de son espèce et de sa nature.

PRIVILÈGE (*Gouv. Comm. polit.*). *Privilège* signifie une distinction utile ou honorable dont jouissent certains membres de la société et dont les autres ne jouissent point. Il y en a de plusieurs sortes: 1° de ceux qu'on peut appeler *inhérents* à la personne par les droits de sa naissance ou de son état; tel est le *privilège* dont jouit un pair de France ou un membre du parlement, de ne pouvoir en matière criminelle être jugé que par le parlement; l'origine de ces sortes de *privilèges* est d'autant plus respectable qu'elle n'est point connue par aucun titre qui l'ait établie, et qu'elle remonte à la plus haute antiquité; 2° de ceux qui ont été accordés par les lettres du prince registrées dans les cours où la jouissance de ces *privilèges* pouvait être contestée. Cette deuxième espèce se subdivise encore en deux autres, suivant la différence des motifs qui ont déterminé le prince à les accorder. Les premiers peuvent s'appeler *privilèges de dignité*; ce sont ceux qui, ou pour services rendus, ou pour faire respecter davantage ceux qui sont à rendre, sont accordés à des particuliers qui ont rendu quelque service important, tel que le *privilège* de noblesse accordé gratuitement à un roturier, et tel aussi que sont toutes les exemptions de taille et autres charges publiques accordées à de certains offices. Entre ceux de cette dernière espèce il faut encore distinguer ceux qui n'ont réellement pour objet que de rendre les fonctions et les personnes de ceux qui en jouissent, plus honorables, et ceux qui ont été accordés moyennant des finances payées dans les besoins de l'état, mais toujours, et dans ce dernier cas même, sous l'apparence de l'utilité des services. Enfin la dernière espèce de *privilèges* est de ceux qu'on peut appeler *de nécessité*. J'entends par ceux-ci les exemptions particulières qui, n'étant point accordées à la dignité des personnes et des fonctions, le sont à la simple nécessité de mettre ces personnes à couvert des vexations auxquelles leurs fonctions mêmes les exposent de la part du public. Tels sont les *privilèges* accordés aux commis des fermes et autres préposés à la perception des impositions. Comme leur devoir les oblige de faire les recouvrements dont ils sont chargés, ils sont exposés à la haine et aux ressentiments de ceux contre qui ils sont obligés de faire des poursuites; de sorte que, s'il était à la disposition des habitants des lieux de leur faire porter une partie des charges publiques, ou ils en seraient bientôt surchargés, ou la crainte de cette surcharge les obligerait à des ménagements qui seraient préjudiciables au bien des affaires dont ils ont l'administration. De la différence des motifs qui ont produit ces différentes espèces de *privilèges*, naît aussi dans celui qui en a la manutention, la différence des égards qu'il doit à ceux qui en sont pourvus. Ainsi lorsqu'un cas de nécessité politique et urgent, et celui-ci fait cesser tous les *privilèges*; lorsque ce cas, dis-je, exige qu'il soit dérogé à ces *privilèges*, ceux qui par leur nature sont les moins respectables, doivent être aussi les premiers auxquels il soit dérogé! En général et hors le cas des privilèges de la première espèce, j'entends ceux qui sont inhérents à la personne ou à la fonction, et qui sont en petit nombre, on ne doit reconnaître aucuns *privilèges*, que ceux qui sont accordés par lettres du prince, dûment enregistrées dans les cours qui ont à en connaître. Il faut en ce cas même qu'ils soient réduits dans l'usage à leurs justes bornes, c'est-à-dire à ceux qui sont disertement énoncés dans le titre consécutif, et ne soient point étendus au delà. Ils ne sont point du tout dans l'esprit de la maxime *favores ampliandi* [1] parce qu'autrement, étant déjà et par leur nature une surcharge pour le reste du public, cette surcharge portée à un trop haut point deviendrait insoutenable, ce qui n'a jamais été ni pu être l'intention du législateur. Il serait fort à souhaiter que les besoins de l'état, la nécessité des affaires ou des vues particulières n'eussent pas, autant qu'il est arrivé, multiplié les *privilèges*, et que de temps en temps on revînt sur ces motifs auxquels ils doivent leur origine, qu'on les examinât soigneusement, et qu'ayant bien distingué la différence de ces motifs, on se résolût à ne conserver que les *privilèges* qui auraient des vues utiles au prince et au public. Il est très juste que la noblesse dont le devoir est de servir l'état dans les armées, ou du moins d'élever des sujets pour remplir cette obligation, que des magistrats considérables par l'étendue et l'importance de leurs fonctions, et qui rendent la justice dans les tribunaux supérieurs, jouissent de distinctions honorables qui en même temps sont la récompense des services qu'ils rendent et leur procurent le repos d'esprit et la considération dont ils ont besoin pour vaquer utilement à leurs fonctions. La portion des charges publiques dont ils sont exempts, retombe à la vérité sur le surplus des citoyens, mais il est juste aussi que ces citoyens dont les occupations ne sont ni aussi importantes ni aussi difficiles à remplir, concourent à récompenser ceux d'un ordre supérieur. Il est juste et décent pareillement que ceux qui ont l'honneur de servir le roi dans son service domestique, et qui approchent de sa personne, et dont les fonctions exigent de l'assiduité, de l'éducation et des talents, participent en quelque façon à la dignité de leur maître, en ne restant pas confondus avec le bas ordre du peuple. Mais il semble qu'il faudrait encore distinguer dans tous les cas les personnes dont les services sont réels et utiles, soit au prince, soit au public, et ne pas avilir les faveurs dont ceux-ci jouissent légitimement en les confondant avec un grand nombre de gens inutiles à tous égards et qui n'ont pour titres qu'un morceau de

---

[1] 'Favours must be extended.'

parchemin acquis presque toujours à très bas prix. Un bourgeois aisé et qui, à lui seul, pourrait payer la moitié de la taille de toute une paroisse s'il était imposé à sa due proportion, pour le montant d'une année ou de deux de ses impositions, sans naissance, sans éducation et sans talents, achète une charge dans un bureau d'élection ou grenier à sel, ou une charge inutile et de nul service chez le roi ou chez un prince qui a une maison, charge dont le titre même est souvent ignoré du maître et dont il ne fait jamais aucun usage; ou se fait donner dans les fermes du roi un petit emploi souvent inutile et dont les produits ne sont autres que les exemptions mêmes attachées à la commission, vient jouir à la vue du public de toutes les exemptions dont jouissent la noblesse et la grande magistrature; tandis qu'un officier du principal siège de justice de la province, qui n'est point cour supérieure, est pour les impositions et autres charges publiques confondu avec les moins considérés du peuple. De ces abus de *privilèges* naissent deux inconvénients fort considérables: l'un que la partie des citoyens la plus pauvre est toujours surchargée au delà de ses forces. Or cette partie est cependant la plus véritablement utile à l'état, puisqu'elle est composée de ceux qui cultivent la terre et procurent la subsistance aux ordres supérieurs. L'autre inconvénient est que les *privilèges* dégoûtent les gens qui ont du talent et de l'éducation d'entrer dans les magistratures ou des professions qui exigent du travail et de l'application, et leur font préférer de petites charges et de petits emplois où il ne faut que de l'avidité, de l'intrigue et de la morgue pour se soutenir et en imposer au public. De ces réflexions il faut conclure ce qui a déjà été observé ci-devant, que soit les tribunaux ordinaires chargés de l'administration de la partie de la justice qui a rapport aux impositions et aux *privilèges*, soit ceux qui par état sont obligés de veiller à la répartition particulière des impositions et des autres charges publiques, ne peuvent rien faire de plus convenable et de plus utile que d'être fort circonspects à étendre les *privilèges*, et qu'ils doivent, autant qu'il dépend d'eux, les réduire aux termes précis auxquels ils ont été accordés, en attendant que des circonstances plus heureuses permettent à ceux qui sont chargés de cette partie du ministère de les réduire au point unique où ils seraient tous utiles. Cette vérité leur est parfaitement connue, mais la nécessité de pourvoir à des remboursements ou des équivalents arrête sur cela leurs désirs, et les besoins publics, renaissant à tous moments, souvent les forcent, non seulement à en éloigner l'exécution, mais même à rendre cette exécution plus difficile pour l'avenir. De là aussi est arrivé que la noblesse qui, par elle-même, est ou devrait être la récompense la plus honorable dont le souverain puisse reconnaître des services importants ou des talents supérieurs, a été prodiguée à des milliers de familles dont les auteurs n'ont eu pour se la procurer que la peine d'employer des sommes, même souvent assez modiques, à acquérir des charges qui la leur donnaient, et dont l'utilité pour le public était nulle, soit par défaut d'objet, soit par défaut de talents. Cet article deviendrait un volume si l'on y recherchait le nombre et la qualité de ces titres, et les abus de tous ces *privilèges*; mais on a été forcé à se restreindre à ce qu'il y a sur cette matière de plus général, de plus connu et de moins contesté.

Privilège exclusif. On appelle ainsi le droit que le prince accorde à une compagnie ou à un particulier de faire un certain commerce ou de fabriquer et de débiter une certaine sorte de marchandise à l'exclusion de tous autres. Lorsqu'avec les sciences spéculatives les arts qui en sont la suite naturelle, sortirent de l'oubli et du mépris où les troubles publics les avaient ensevelis, il était tout simple que les premiers inventeurs ou restaurateurs fussent récompensés du zèle et des talents qui les portaient à faire des établissements utiles au public et à eux-mêmes. Le défaut ou la rareté des lumières et de l'industrie obligèrent aussi les magistrats à ne confier la fabrication et le débit des choses utiles et surtout des nécessaires qu'à des mains capables de répondre aux désirs des acheteurs. De là naquirent les *privilèges exclusifs*. Quoiqu'il y ait une fort grande différence entre l'objet d'une fabrique importante et celui d'un métier ordinaire, entre celui d'une compagnie de commerce et celui d'un débit en boutique; que tout le monde sente la disproportion qu'il y a entre des établissements aussi différents par leur étendue, il faut convenir cependant que la différence, toute grande qu'elle est, n'est que du plus au moins, et que s'il y a des points où de différentes sortes de commerce et d'industrie s'éloignent les unes des autres, il y en a aussi où elles se touchent. Elles ont du moins cela de commun que toutes deux tiennent au bien général de l'état. Or de cette observation il résulte qu'on peut à certains égards les rassembler sous le même point de vue pour leur prescrire des règles, ou plutôt pour que le gouvernement s'en prescrive, sur la façon de les protéger et de les rendre plus utiles. Dans l'origine on regarda comme un moyen d'y parvenir, d'accorder à des compagnies en état d'en faire les avances et d'en supporter les risques des *privilèges exclusifs* pour faire certains commerces avec l'étranger qui exigeaient un appareil auquel de simples particuliers ne pouvaient subvenir par leurs propres forces. On peut aussi considérer comme des *privilèges exclusifs* les maîtrises qui furent établies pour les métiers les plus ordinaires, et qui ne s'acquéraient et ne s'acquièrent encore dans les villes qu'après avoir fait par des apprentissages des preuves de connaissance et de capacité.[1] On donna à ces différents corps des règlements qui tendaient tous à n'y laisser admettre qu'à de certaines conditions et qui en excluaient tous ceux qui ne pouvaient pas ou ne voulaient pas s'y soumettre. Les métiers les plus bas et les plus faciles furent englobés dans le système général, et personne ne put vendre du pain et des souliers qui ne fût maître boulanger et maître cordonnier. Le gouvernement regarda bientôt comme des *privilèges* les règlements qui accordaient ces droits exclusifs, et en tira parti pour subvenir dans les occasions aux besoins de l'état. On fit aux changements de règne payer à ces corps des droits de confirmation de *privilège*, on y créa des charges, on obligea les corps à les payer; et pour qu'ils pussent y subvenir, on leur permit de faire des emprunts qui lièrent encore plus étroitement ces corps au gouvernement, qui les autorisa d'autant plus à faire valoir

[1] See CHEF-D'ŒUVRE (p. 20).

leurs droits exclusifs, à n'admettre de nouveaux maîtres qu'en payant des droits d'entrée et frais de réception, et à renchérir d'autant le prix de l'industrie et des marchandises qu'ils débitaient. Ainsi ce qui dans son origine avait été établi pour de simples vues d'utilité, devint un abus. Tout homme qui, sans tant de façon et de frais, eût pu gagner sa vie en exerçant partout indifféremment un métier qu'il pouvait apprendre facilement, n'eut plus la liberté de le faire; et comme ces établissements de corps de métier sont faits dans les villes où l'on n'est pas communément élevé à la culture de la terre, ceux qui ne pouvaient y exercer des métiers, furent obligés de s'engager dans les troupes ou, ce qui est encore pis, d'augmenter ce nombre prodigieux de valets qui sont la partie des citoyens la plus inutile et la plus à charge à l'état. Le public de sa part y perdit le renchérissement des marchandises et de la main-d'œuvre. On fut obligé d'acheter 3 livres 10 sols une paire de souliers faits par un maître, qu'on aurait payée bien moins en la prenant d'un ouvrier qui n'y aurait mis que du cuir et sa façon. Lorsque les connaissances, l'industrie et les besoins se sont étendus, on a senti tous ces inconvénients, et on y a remédié autant que la situation des affaires publiques a pu le permettre. On a restreint les *privilèges exclusifs* pour les compagnies de commerce aux objets qui étaient d'une trop grande conséquence, qui exigeaient des établissements trop dispendieux même pour des particuliers réunis en associations, et qui tenaient de trop près aux vues politiques du gouvernement pour être confiés indifféremment aux premiers venus. On a suivi à peu près les mêmes vues pour l'établissement des nouvelles manufactures. On s'est refusé aux demandes qui ont été faites fort souvent sous prétexte de nouvelles idées, ou qui n'avaient rien de trop recherché, ou qui avaient des objets qui pouvaient être suppléés d'autre manière; et on s'est contenté d'accorder protection aux établissements qui pouvaient la mériter par leur singularité et leur utilité. Il serait fort à souhaiter que des vues aussi sages pussent s'étendre aux objets subalternes; que tout homme qui a de l'industrie, du génie ou du talent, pût en faire librement usage et ne fût pas assujetti à des formalités et des frais qui ne concourent pour rien au bien public. Si un ouvrier essaie, sans être assez instruit, à faire une pièce de toile ou de drap et qu'il la fasse mal, outre que le maître en ferait tout autant, il la vendra moins, mais enfin il la vendra, et il n'aura pas perdu entièrement sa matière et son temps ; il apprendra par de premières épreuves qui ne lui auront pas réussi, à faire mieux. Plus de gens travailleront, l'émulation ou plutôt l'envie du succès fera sortir le génie et le talent. La concurrence fera mieux faire et diminuera le prix de la main-d'œuvre, et les villes et les provinces se rempliront successivement d'ouvriers et de débitants qui rassembleront des marchandises, en feront le triage, mettront le prix aux différents degrés de bonté de fabrication, les débiteront dans les lieux qui leur sont propres, feront des avances aux ouvriers, et les aideront dans leurs besoins. De ce goût de travail et de petites manufactures dispersées naîtrait une circulation d'argent et d'industrie et un emploi constant des talents, des forces et du temps. Les *privilèges exclusifs* de toute espèce seraient réduits aux seuls établissements qui, par la nature de leur objet et par la grandeur nécessaire à ces établissements, seraient au-dessus de la force des simples particuliers et auraient surtout pour objet des choses de luxe et non d'absolue nécessité. Or de cette dernière espèce on ne connaît que les forges et les verreries qui, à d'autres égards, méritent une attention particulière en ce qu'il ne faut en permettre l'établissement que dans les lieux où les bois sont abondants et ne peuvent être employés à d'autres usages, sur quoi il faut aussi observer de n'en pas surcharger un pays par les raisons qui ont été exposées article Forge.

PROMISSION, s.f. (*Gram.*). Il ne se dit guère que du pays que Dieu promit à Abraham et à sa postérité. De tous les Hébreux qui sortirent d'Égypte, il n'y eut que Josué et Caleb qui entrèrent dans la terre de *promission*.

Il y a des chrétiens d'une doctrine affreuse, qui ont comparé ce monde à l'Égypte, les Hébreux partant pour la terre *promise* à la multitude de ceux qui vont à la vie éternelle, et Josué et Caleb au petit nombre de ceux à qui elle est accordée. Ou il n'y a point de doctrine impie, ou celle-là l'est; ce n'est pas sous l'aspect d'un bon père, mais sous celui d'un tyran inhumain, qu'elle nous montre Dieu. Elle anéantit le mérite de l'incarnation et de la passion de Jésus-Christ. Ce sera donc pour deux hommes que son sang aura été versé sur la terre, tandis que cent mille se seront perdus, en unissant leurs voix et en criant, *Tolle, tolle, crucifige.*

PROPAGATION DE L'ÉVANGILE, *société pour la* (*Hist. d'Anglet.*), société établie dans la Grande-Bretagne pour *la propagation* de la religion chrétienne dans la Nouvelle-Angleterre et les pays voisins. *Voyez l'article* PROPAGANDE.

Nous avons dans notre royaume plusieurs établissements de cette nature, des missionnaires en titre et d'autres qui font la même fonction par un beau et louable zèle d'étendre une religion hors du sein de laquelle ils sont persuadés qu'il n'y a point de salut. Mais un point important que ces dignes imitateurs des Apôtres devraient bien concevoir, c'est que leur profession suppose dans les peuples qu'ils vont prêcher, un esprit de tolérance qui leur permette d'annoncer des dogmes contraires au culte national, sans qu'on se croie en droit de les regarder comme perturbateurs de la tranquillité publique et autorisé à les punir de mort ou de prison. Sans quoi ils seraient forcés de convenir de la folie de leur état et de la sagesse de leurs persécuteurs. Pourquoi donc ont-ils si rarement eux-mêmes une vertu dont ils ont si grand besoin dans les autres?

PROPRIÉTÉ (*Droit naturel & politique*). C'est le droit que chacun des individus dont une société civile est composée, a sur les biens qu'il a acquis légitimement.

Une des principales vues des hommes en formant des sociétés civiles a été de s'assurer la possession tranquille des avantages qu'ils avaient acquis ou qu'ils pouvaient acquérir. Ils ont voulu que personne ne pût les troubler dans la jouissance de leurs biens. C'est pour cela que chacun a consenti à en sacrifier une portion qu'on appelle *impôts*, à la conservation et au maintien de la société entière; on a voulu par là fournir aux chefs qu'on avait choisis, les moyens de maintenir chaque particulier dans la jouissance de la portion qu'il s'était réservée. Quelque fort qu'ait pu être l'enthousiasme des hommes pour les souverains auxquels ils se soumettaient, ils n'ont jamais prétendu leur donner un pouvoir absolu et illimité sur tous leurs biens; ils n'ont jamais compté se mettre dans la nécessité de ne travailler que pour eux. La flatterie des courtisans, à qui les principes les plus absurdes ne coûtent rien, a quelquefois voulu persuader à des princes qu'ils avaient un droit absolu sur les biens de leurs sujets; il n'y a que les despotes et les tyrans qui aient adopté des maximes si déraisonnables. Le roi de Siam prétend être propriétaire de tous les biens de ses sujets; le fruit d'un droit si barbare est que le premier rebelle heureux se rend propriétaire des biens du roi de Siam. Tout pouvoir qui n'est fondé que sur la force se détruit par la même voie. Dans les états où l'on suit les règles de la raison, les *propriétés* des particuliers sont sous la protection des lois; le père de famille est assuré de jouir lui-même et de transmettre à sa postérité les biens qu'il a amassés par son travail. Les bons rois ont toujours respecté les possessions de leurs sujets; ils n'ont regardé les deniers publics qui leur ont été confiés que comme un dépôt, qu'il ne leur était point permis de détourner pour satisfaire ni leurs passions frivoles, ni l'avidité de leurs favoris, ni la rapacité de leurs courtisans. *Voyez* SUJETS.

PROSTITUER, PROSTITUTION (*Gramm.*), terme relatif à la débauche vénérienne. Une prostituée est celle qui s'abandonne à la lubricité de l'homme par quelque motif vil et mercenaire. On a étendu l'acception de ces mots *prostituer* et *prostitution* à ces critiques, tels que nous en avons tant aujourd'hui, et à la tête desquels on peut placer l'odieux personnage que M. de Voltaire a joué sous le nom de *Wasp* dans la comédie de l'*Écossaise*;[1] et l'on a dit de ces écrivains qu'ils *prostituaient* leurs plumes à l'argent, à la faveur, au mensonge, à l'envie et aux vices les plus indignes d'un homme bien né. Tandis que la littérature était abandonnée à ces fléaux, la philosophie d'un autre côté était diffamée par une troupe de petits brigands sans connaissance, sans esprit et sans mœurs, qui se *prostituaient* de leur côté à des hommes qui n'étaient pas fâchés qu'on décriât dans l'esprit de la nation ceux qui pouvaient l'éclairer sur leur méchanceté et leur petitesse.

QUESTION (*Procédure criminelle*). On vient de lire des détails instructifs pour des juges criminels;[2] mais puisqu'il n'est point défendu d'examiner les matières les plus délicates du droit, nous profiterons de ce privilège en suivant l'exemple de plusieurs savants et citoyens, qui de tout temps ont osé exposer les inconvénients qu'ils croyaient apercevoir dans la pratique de la *question* ou, pour mieux parler, de la torture. La soumission des sujets demande bien qu'on obéisse aux magistrats, mais non pas qu'on les croie infaillibles, et qu'entre deux usages ils n'aient pu embrasser le pire. C'est pour cela qu'il est permis de représenter avec respect les abus afin d'éclairer le souverain et de le porter par sa religion et par sa justice à les réformer.

Je pourrais remarquer que les Athéniens n'usaient de la *question* qu'en cas de crime de lèse-majesté, et qu'ils ne connaissaient point la *question* préparatoire; que chez les Romains la naissance, la dignité, la profession militaire garantissaient de ce tourment et que les seuls esclaves, sur lesquels on avait droit de vie et de mort, y étaient exposés; que semblablement du temps de Charlemagne la *question* ne se donnait qu'aux esclaves; mais ces

---

[1] Élie Fréron (1718–76), the editor of the *Année littéraire* and the arch-enemy of the *Philosophes*, was the victim of Voltaire's *L'Écossaise*, performed at the Comédie Française in 1760 as a kind of counterblast to Palissot's *Les Philosophes* (see p. 158, n. 2).

[2] This article follows on the purely factual QUESTION ou TORTURE (*Jurisprudence*) by Boucher d'Argis.

remarques sont faibles dès que la loi de la nature crie contre cette pratique, sans y mettre aucune exception vis-à-vis de qui que ce soit.

Indépendamment de la voix de l'humanité, la *question* ne remplit point le but auquel elle est destinée. Que dis-je? c'est une invention sûre pour perdre un innocent qui a la complexion faible et délicate, et sauver un coupable qui est né robuste. Ceux qui peuvent supporter ce supplice et ceux qui n'ont pas assez de force pour le soutenir, mentent également. Le tourment qu'on fait souffrir dans la *question* est certain, et le crime de l'homme qui souffre ne l'est pas; ce malheureux que vous appliquez à la torture, songe bien moins à déclarer ce qu'il sait qu'à se délivrer de ce qu'il sent. Ainsi, comme le dit Montaigne,[1] les gehennes sont d'une dangereuse invention; c'est, continue-t-il, 'un essai de patience plus que de vérité; car pourquoi la douleur fera-t-elle plutôt confesser à un malheureux ce qui est, qu'elle ne le forcera pas de dire ce qui n'est pas? Et au rebours, si celui qui n'a pas fait ce dont on l'accuse, est assez patient que de supporter ces tourments, pourquoi ne le sera celui qui a fait un crime, un si beau guerdon[2] que celui de la vie lui étant assuré? En un mot, c'est un moyen plein d'incertitude et de danger: que ne dirait-on, que ne ferait-on pas pour fuir à si grièves douleurs? D'où il advient que celui que le juge a gehenné pour ne le faire mourir innocent, il le fasse mourir innocent et gehenné'.

Un état bien lamentable est donc celui d'un homme innocent à qui la *question* arrache l'aveu d'un crime; mais l'état d'un juge qui, se croyant autorisé par la loi, vient de faire souffrir la torture à cet homme innocent, doit être, selon moi, un état affreux. A-t-il quelques moyens de le dédommager de ses souffrances? Il s'est trouvé dans tous les temps des hommes innocents à qui la torture a fait avouer des crimes dont ils n'étaient point coupables. La véhémence de la douleur ou l'infirmité de la personne fait confesser à l'innocent ce qu'il n'a pas commis, et

[1] *Essais*, Book II, Chap. 5, 'De la conscience'.
[2] Reward.

l'obstination des coupables qui se trouvent robustes et plus assurés dans leurs crimes, leur fait tout dénier.

Charondas,[1] *liv.* IX. *rép.* I. en rapporte un exemple très déplorable. Un mari, accusé d'avoir assassiné sa femme, nie le fait; les présomptions étaient toutes contre lui, et même le soir de sa retraite il avait violemment maltraité cette femme et s'était ensuite sauvé du logis. Sur ces demi-preuves on l'applique à la *question*; il confesse le meurtre; on le condamne à la mort. Appel du jugement. Dans le temps qu'on fait le rapport du procès, tout entier à sa charge, la femme qui s'était cachée dans la maison d'un prêtre, son corrupteur, se représente. On comprend bien que l'arrêt qui intervint, déchargea de l'accusation le prétendu coupable, mais la torture qu'il avait soufferte, le juge ou, si l'on veut, la loi, pouvait-elle réparer les maux qu'il avait endurés?

Si je le voulais bien, il me serait facile de citer plusieurs autres exemples de gens appliqués à la *question* qui, préférant une prompte mort à de longs supplices, ont, pour s'en délivrer, confessé des crimes dont ils n'étaient pas coupables. *Voyez* Saint Jérôme, *épit.* 34, et Papon,[2] *l.* XXIV. *tit.* 8. *nomb.* I et Louis Vivès[3] dans son comment. sur S. Augustin, *De civit. Dei, liv.* XIX. *ch.* VI où il se déclare hautement contre la torture.

Je ne serais pas même embarrassé d'alléguer de nouvelles raisons contre la torture qu'on n'a point encore proposées. Il est du moins certain que si l'on ne peut ôter la vie à un homme sur une preuve douteuse, celle que l'on arrache par la force des tourments, sera toujours douteuse; et par conséquent la confession extorquée ne peut servir de fondement à une condamnation à la mort. Si l'on croit ne devoir pas prononcer de jugement sur la confession volontaire d'une personne, on ne peut pas mieux ordonner le dernier supplice sur la confession que l'on arrache à force de supplices.

---

[1] Loys Le Caron (1536–1617).
[2] Jean Papon (1505–1590).
[3] Jean Louis Vivès (1492–1540).

Une autre réflexion s'offre à mon esprit; comme nous prétendons que la religion, la justice et les mœurs s'opposaient au combat judiciaire, nous devons trouver également que les tortures y sont contraires. Autrement nous sommes inconséquents dans nos principes, car il n'est pas moins possible qu'un accusé criminel résiste à la violence de la *question*, qu'il l'était que ce même homme vainquît et subjuguât son accusateur. Cependant, malgré cet inconvénient commun aux duels et aux tortures, on a gardé l'usage des tortures dans ces mêmes pays où l'on a réprimé sévèrement les duels, du moins par les lois.

J'ajoute que la *question*, loin d'être utile pour découvrir les vrais complices d'un crime, pourrait quelquefois nuire à ce projet. Lorsque Guillaume Laud, évêque de Londres, menaça Felton qui avait assassiné le duc de Buckingham,[1] de le faire appliquer à la torture s'il ne déclarait ses complices, il lui répliqua: 'Mylord, je ne sais ce que les tourments de la question me feront dire, mais il se pourra que je vous nommerai comme le premier de mes complices, ou quelque autre membre du conseil du roi; ainsi vous ferez bien de m'épargner des tourments inutiles.'

Enfin la *question* contre les criminels n'est point dans un cas forcé. Nous voyons aujourd'hui une nation très polie,[2] et aussi éclairée que respectueuse envers l'humanité, qui a rejeté ce supplice sans inconvénient, même dans le cas de haute trahison. Il n'est donc pas nécessaire par sa nature. Mais tant d'habiles gens et de beaux génies ont écrit sur cette matière qu'il est inutile que je m'étende davantage à la discuter. Ainsi, pour exemple, je renvoie le lecteur en particulier à l'ouvrage de Jean Grevius.[3] Il est intitulé: *Tribunal reformatum, in quo sanioris et tutioris justitiae via judici christiano in processu criminali demonstratur, rejecta et fugata tortura, cujus iniquitatem, multiplicem fallaciam, atque illicitum inter christianos usum, aperuit*, Joh. Grevius Clivenis, Hamb. 1624, *in*-4°. Cet ouvrage a produit des effets salutaires en Hollande. On a laissé dormir la loi qui prescrivait

---

[1] In 1628.   [2] England.
[3] Joannes Grevius of Cleves, Dutch theologian (1580–?).

la *question*; on n'en a fait aucun usage dans les Provinces-Unies depuis plus de cent ans.

Je couronne mon article par ces paroles de Quintilien, *Inst. Orat.* lib. v, c. iv. *Sicut in tormentis quoque, qui est locus frequentissimus, cum pars altera* quaestionem, *vera fatendi necessitatem vocet, altera saepe etiam causam falsa dicendi, quod illis patientia, facile mendacium faciat, aliis, infirmitas necessarium.*[1] Ajoutez le passage du jurisconsulte Ulpien, *in* lib. I. S. quaest. de quaest. *Statutum est non semper fidem tormentis, nec tamen numquam adhibendam fore. Etenim res est fragilis,* quaestio *et periculosa, veritatem fallat; nam plerique patientia, sive duritia tormentorum, ita tormenta contemnunt, ut exprimi eis veritas, nullo modo possit: alii tanta sunt impatientia, ut quaevis mentiri, quam pati tormenta velint. Ita fit, ut etiam vario modo fateantur, ut non tantum se, verum etiam alios criminentur.*[2] (*Le chevalier* DE JAUCOURT.)

REPRÉSENTANTS (*Droit politiq. Hist. mod.*).[3] Les *représentants* d'une nation sont des citoyens choisis, qui dans un gouvernement tempéré sont chargés par la société de parler en son nom, de stipuler ses intérêts, d'empêcher qu'on ne l'opprime, de concourir à l'administration.

Dans un état despotique le chef de la nation est tout, la nation n'est rien; la volonté d'un seul fait la loi, la société n'est point

[1] 'And so too in cases of torture it frequently happens that the other party calls for an examination of this sort when it is necessary to make a man confess the truth; but this often gives rise to further false statements being made, for in some cases a man's powers of endurance might easily lead him to utter falsehoods, while in other cases his weakness might make them unavoidable.'

[2] 'It has been laid down that reliance cannot always be placed on torture, but that on occasions it may be trusted. Indeed, the matter is a delicate one; trial by torture is a hazardous business and often perverts the truth, for many men through their powers of endurance or the severity of their torture make so light of their torments that the truth can in no wise be extracted from them; on the other hand, some are so incapable of enduring pain that they are prepared to make false confessions rather than be racked. Thus it happens that men confess in different ways and sometimes they do this in such a manner as to incriminate not only themselves, but also others.'

[3] This unsigned article is generally attributed to Diderot, but it is probably by Baron d'Holbach (see Introduction, p. xiv).

représentée. Telle est la forme du gouvernement en Asie, dont les habitants, soumis depuis un grand nombre de siècles à un esclavage héréditaire, n'ont point imaginé de moyens pour balancer un pouvoir énorme qui sans cesse les écrase. Il n'en fut pas de même en Europe, dont les habitants, plus robustes, plus laborieux, plus belliqueux que les Asiatiques, sentirent de tout temps l'utilité et la nécessité qu'une nation fût représentée par quelques citoyens qui parlassent au nom de tous les autres, et qui s'opposassent aux entreprises d'un pouvoir qui devient souvent abusif lorsqu'il ne connaît aucun frein. Les citoyens choisis pour être les organes ou les *représentants* de la nation, suivant les différents temps, les différentes conventions et les circonstances diverses, jouirent de prérogatives et de droits plus ou moins étendus. Telle est l'origine de ces assemblées connues sous le nom de *diètes*, d'*états généraux*, de *parlements*, de *sénats*, qui presque dans tous les pays de l'Europe participèrent à l'administration publique, approuvèrent ou rejetèrent les propositions des souverains, et furent admis à concerter avec eux les mesures nécessaires au maintien de l'état.

Dans un état purement démocratique la nation, à proprement parler, n'est point représentée; le peuple entier se réserve le droit de faire connaître ses volontés dans les assemblées générales, composées de tous les citoyens; mais dès que le peuple a choisi des magistrats qu'il a rendus dépositaires de son autorité, ces magistrats deviennent ses *représentants*; et suivant le plus ou le moins de pouvoir que le peuple s'est réservé, le gouvernement devient ou une aristocratie, ou demeure une démocratie.

Dans une monarchie absolue le souverain ou jouit, du consentement de son peuple, du droit d'être l'unique *représentant* de sa nation, ou bien, contre son gré, il s'arroge ce droit. Le souverain parle alors au nom de tous; les lois qu'il fait sont, ou du moins sont censées, l'expression des volontés de toute la nation qu'il représente.

Dans les monarchies tempérées le souverain n'est dépositaire que de la puissance exécutrice; il ne représente sa nation qu'en cette partie, elle choisit d'autres *représentants* pour les autres branches de l'administration. C'est ainsi qu'en Angleterre la puissance exécutrice réside dans la personne du monarque, tandis que la puissance législative est partagée entre lui et le parlement, c'est-à-dire l'assemblée générale des différents ordres de la nation britannique, composée du clergé, de la noblesse et des communes. Ces dernières sont représentées par un certain nombre de députés choisis par les villes, les bourgs et les provinces de la Grande-Bretagne. Par la constitution de ce pays le parlement concourt avec le monarque à l'administration publique; dès que ces deux puissances sont d'accord, la nation entière est réputée avoir parlé, et leurs décisions deviennent des lois.

En Suède le monarque gouverne conjointement avec un sénat, qui n'est lui-même que le *représentant* de la diète générale du royaume; celle-ci est l'assemblée de tous les *représentants* de la nation suédoise.

La nation germanique, dont l'Empereur est le chef, est représentée par la diète de l'Empire, c'est-à-dire par un corps composé de vassaux souverains, ou de princes tant ecclésiastiques que laïques, et de députés des villes libres, qui représentent toute la nation allemande. *Voyez* DIÈTE DE L'EMPIRE.[1]

La nation française fut autrefois représentée par l'assemblée des états généraux du royaume, composée du clergé et de la noblesse, auxquels par la suite des temps on associa le tiers état, destiné à représenter le peuple. Ces assemblées nationales ont été discontinuées depuis l'année 1628.[2]

Tacite nous montre les anciennes nations de la Germanie, quoique féroces, belliqueuses et barbares, comme jouissant toutes d'un gouvernement libre ou tempéré. Le roi, ou le chef, proposait et persuadait, sans avoir le pouvoir de contraindre la nation à plier sous ses volontés: *Ubi rex*, *vel princeps*, *audiuntur autoritate suadendi magis quam jubendi potestate*. Les grands délibéraient

---

[1] This article is by Baron d'Holbach.
[2] The *États généraux* had last met in 1614, but a meeting of the *Assemblée des notables* had taken place in 1626.

entre eux des affaires peu importantes, mais toute la nation était consultée sur les grandes affaires: *de minoribus rebus principes consultant, de majoribus omnes.* Ce sont ces peuples guerriers ainsi gouvernés qui, sortis des forêts de la Germanie, conquirent les Gaules, l'Espagne, l'Angleterre, etc., et fondèrent de nouveaux royaumes sur les débris de l'empire romain. Ils portèrent avec eux la forme de leur gouvernement; il fut partout militaire, la nation subjuguée disparut; réduite en esclavage, elle n'eut point le droit de parler pour elle-même; elle n'eut pour *représentants* que les soldats conquérants qui, après l'avoir soumise par les armes, se subrogèrent en sa place.

Si l'on remonte à l'origine de tous nos gouvernements modernes, on les trouvera fondés par des nations belliqueuses et sauvages, qui, sorties d'un climat rigoureux, cherchèrent à s'emparer de contrées plus fertiles, formèrent des établissements sous un ciel plus favorable, et pillèrent des nations riches et policées. Les anciens habitants de ces pays subjugués ne furent regardés par ces vainqueurs farouches que comme un vil bétail que la victoire faisait tomber dans leurs mains. Ainsi les premières institutions de ces brigands heureux ne furent pour l'ordinaire que des effets de la force accablant la faiblesse; nous trouvons toujours leurs lois partiales pour les vainqueurs, et funestes aux vaincus. Voilà pourquoi dans toutes les monarchies modernes nous voyons partout les nobles, les grands, c'est-à-dire des guerriers, posséder les terres des anciens habitants et se mettre en possession du droit exclusif de représenter les nations; celles-ci, avilies, écrasées, opprimées, n'eurent point la liberté de joindre leurs voix à celles de leurs superbes vainqueurs. Telle est sans doute la source de cette prétention de la noblesse, qui s'arrogea longtemps le droit de parler exclusivement à tous les autres au nom des nations. Elle continua toujours à regarder ses concitoyens comme des esclaves vaincus, même un grand nombre de siècles après une conquête à laquelle les successeurs de cette noblesse conquérante n'avaient point eu de part. Mais l'intérêt, secondé par la force, se fait bientôt des droits; l'habitude rend les nations complices de leur propre avilissement, et les peuples, malgré les changements survenus dans leurs circonstances, continuèrent en beaucoup de pays à être uniquement représentés par une noblesse qui se prévalut toujours contre eux de la violence primitive exercée par des conquérants aux droits desquels elle prétendit succéder.

Les barbares qui démembrèrent l'empire romain en Europe étaient païens; peu à peu ils furent éclairés des lumières de l'Évangile, ils adoptèrent la religion des vaincus. Plongés eux-mêmes dans une ignorance qu'une vie guerrière et agitée contribuait à entretenir, ils eurent besoin d'être guidés et retenus par des citoyens plus raisonnables qu'eux; ils ne purent refuser leur vénération aux ministres de la religion, qui à des mœurs plus douces joignaient plus de lumières et de science. Les monarques et les nobles, jusqu'alors *représentants* uniques des nations, consentirent donc qu'on appelât aux assemblées nationales les ministres de l'Église. Les rois, fatigués sans doute eux-mêmes des entreprises continuelles d'une noblesse trop puissante pour être soumise, sentirent qu'il était de leur intérêt propre de contre-balancer le pouvoir de leurs vassaux indomptés par celui des interprètes d'une religion respectée par les peuples. D'ailleurs le clergé, devenu possesseur de grands biens, fut intéressé à l'administration publique, et dut à ce titre avoir part aux délibérations.

Sous le gouvernement féodal la noblesse et le clergé eurent longtemps le droit exclusif de parler au nom de toute la nation ou d'en être les uniques *représentants*. Le peuple, composé des cultivateurs, des habitants des villes et des campagnes, des manufacturiers, en un mot, de la partie la plus nombreuse, la plus laborieuse, la plus utile de la société, ne fut point en droit de parler pour lui-même; il fut forcé de recevoir sans murmurer les lois que quelques grands concertèrent avec le souverain. Ainsi le peuple ne fut point écouté, il ne fut regardé que comme un vil amas de citoyens méprisables, indignes de joindre leurs voix à celles d'un petit nombre de seigneurs orgueilleux et ingrats, qui jouirent de leurs travaux sans s'imaginer leur rien devoir. Opprimer, piller, vexer impunément le peuple, sans que le chef de la nation pût y porter remède, telles furent les prérogatives de la noblesse, dans lesquelles elle fit consister la liberté. En effet, le gouvernement féodal ne nous montre que des souverains sans forces, et des peuples écrasés et avilis par une aristocratie, armée également contre le monarque et la nation. Ce ne fut que lorsque les rois eurent longtemps souffert des excès d'une noblesse altière et des entreprises d'un clergé trop riche et trop indépendant, qu'ils donnèrent quelque influence à la nation dans les assemblées qui décidaient de son sort. Ainsi la voix du peuple fut enfin entendue, les lois prirent de la vigueur, les excès des grands furent réprimés, ils furent forcés d'être justes envers des citoyens jusque là méprisés; le corps de la nation fut ainsi opposé à une noblesse mutine et intraitable.

La nécessité des circonstances oblige les idées et les institutions politiques de changer; les mœurs s'adoucissent, l'iniquité se nuit à elle-même; les tyrans des peuples s'aperçoivent à la longue que leurs folies contrarient leurs propres intérêts; le commerce et les manufactures deviennent des besoins pour les états, et demandent de la tranquillité; les guerriers sont moins nécessaires; les disettes et les famines fréquentes ont fait sentir à la fin le besoin d'une bonne culture que troublaient les démêlés sanglants de quelques brigands armés. L'on eut besoin de lois; l'on respecta ceux qui en furent les interprètes, on les regarda comme les conservateurs de la sûreté publique. Ainsi le magistrat, dans un état bien constitué, devint un homme considéré et plus capable de prononcer sur les droits des peuples que des nobles ignorants et dépourvus d'équité eux-mêmes, qui ne connaissaient d'autres droits que l'épée, ou qui vendaient la justice à leurs vassaux.

Ce n'est que par des degrés lents et imperceptibles que les gouvernements prennent de l'assiette. Fondés d'abord par la force, ils ne peuvent pourtant se maintenir que par des lois équitables qui assurent les propriétés et les droits de chaque citoyen et qui le mettent à couvert de l'oppression. Les hommes sont forcés à la fin de chercher dans l'équité des remèdes contre leurs propres fureurs. Si la formation des gouvernements n'eût pas été pour l'ordinaire l'ouvrage de la violence et de la déraison, on eût senti qu'il ne peut y avoir de société durable si les droits d'un chacun ne sont mis à l'abri de la puissance qui toujours veut abuser. Dans quelques mains que le pouvoir soit placé, il devient funeste s'il n'est contenu dans des bornes; ni le souverain, ni aucun ordre de l'état ne peuvent exercer une autorité nuisible à la nation, s'il est vrai que tout gouvernement n'ait pour objet que le bien du peuple gouverné. La moindre réflexion eût donc suffi pour montrer qu'un monarque ne peut jouir d'une puissance véritable s'il ne commande à des sujets heureux et réunis de volontés. Pour les rendre tels, il faut qu'il assure leurs possessions, qu'il les défende contre l'oppression, qu'il ne sacrifie jamais les intérêts de tous à ceux d'un petit nombre, et qu'il porte ses vues sur les besoins de tous les ordres dont son état est composé. Nul homme, quelles que soient ses lumières, n'est capable sans conseils, sans secours, de gouverner une nation entière; nul ordre dans l'état ne peut avoir la capacité ou la volonté de connaître les besoins des autres. Ainsi le souverain impartial doit écouter les voix de tous ses sujets, il est également intéressé à les entendre et à remédier à leurs maux; mais, pour que les sujets s'expliquent sans tumulte, il convient qu'ils aient des *représentants*, c'est-à-dire des citoyens plus éclairés que les autres, plus intéressés à la chose, que leurs possessions attachent à la patrie, que leur position mette à portée de sentir les besoins de l'état, les abus qui s'introduisent, et les remèdes qu'il convient d'y porter.

Dans les états despotiques tels que la Turquie, la nation ne peut avoir de *représentants*. On n'y voit point de noblesse; le despote n'a que des esclaves également vils à ses yeux. Il n'est point de justice, parce que la volonté du maître est l'unique loi; le magistrat ne fait qu'exécuter ses ordres. Le commerce est opprimé, l'agriculture abandonnée, l'industrie anéantie, et personne ne songe à travailler parce que personne n'est sûr de jouir du fruit de ses travaux. La nation entière, réduite au silence, tombe dans l'inertie ou ne s'explique que par des révoltes. Un sultan n'est soutenu que par une soldatesque effrénée, qui ne lui est elle-même soumise qu'autant qu'il lui permet de piller et d'opprimer le reste des sujets; enfin souvent ses janissaires l'égorgent et disposent de son trône, sans que la nation s'intéresse à sa chute ou désapprouve le changement.

Il est donc de l'intérêt du souverain que sa nation soit représentée. Sa sûreté propre en dépend; l'affection des peuples est le plus ferme rempart contre les attentats des méchants. Mais comment le souverain peut-il se concilier l'affection de son peuple s'il n'entre dans ses besoins, s'il ne lui procure les avantages qu'il désire, s'il ne le protège contre les entreprises des puissants, s'il ne cherche à soulager ses maux? Si la nation n'est point représentée, comment son chef peut-il être instruit de ces misères de détail que du haut de son trône il ne voit jamais que dans l'éloignement, et que la flatterie cherche toujours à lui cacher? Comment, sans connaître les ressources et les forces de son pays, le monarque pourrait-il se garantir d'en abuser? Une nation privée du droit de se faire représenter est à la merci des imprudents qui l'oppriment; elle se détache de ses maîtres, elle espère que tout changement rendra son sort plus doux; elle est souvent exposée à devenir l'instrument des passions de tout factieux qui lui promettra de la secourir. Un peuple qui souffre, s'attache par instinct à quiconque a le courage de parler pour lui; il se choisit tacitement des protecteurs et des *représentants*; il approuve les réclamations que l'on fait en son nom. Est-il poussé à bout? il choisit souvent pour interprètes des ambitieux et des fourbes qui le séduisent, en lui persuadant qu'ils prennent en main sa cause et qui renversent l'état sous prétexte de le défendre. Les Guise en France, les Cromwell en Angleterre et tant d'autres séditieux qui, sous prétexte du bien public, jetèrent leurs nations dans les plus affreuses convulsions, furent des *représentants* et des protecteurs de ce genre, également dangereux pour les souverains et les nations.

Pour maintenir le concert qui doit toujours subsister entre les souverains et leurs peuples, pour mettre les uns et les autres à couvert des attentats des mauvais citoyens, rien ne serait plus avantageux qu'une constitution qui permettrait à chaque ordre de citoyens de se faire représenter, de parler dans des assemblées qui ont le bien général pour objet. Ces assemblées, pour être utiles et justes, devraient être composées de ceux que leurs possessions rendent citoyens, et que leur état et leurs lumières mettent à portée de connaître les intérêts de la nation et les besoins des peuples. En un mot, c'est la propriété qui fait le citoyen; tout homme qui possède dans l'état est intéressé au bien de l'état et, quel que soit le rang que des conventions particulières lui assignent, c'est toujours comme propriétaire, c'est en raison de ses possessions qu'il doit parler ou qu'il acquiert le droit de se faire représenter.

Dans les nations européennes le clergé, que les donations des souverains et des peuples ont rendu propriétaire de grands biens, et qui par là forme un corps de citoyens opulents et puissants, semble dès lors avoir un droit acquis de parler ou de se faire représenter dans les assemblées nationales. D'ailleurs la confiance des peuples le met à portée de voir de près ses besoins et de connaître ses vœux.

Le noble, par les possessions qui lient son sort à celui de la patrie, a sans doute le droit de parler. S'il n'avait que des titres, il ne serait qu'un homme distingué par les conventions; s'il n'était que guerrier, sa voix serait suspecte, son ambition et son intérêt plongeraient fréquemment la nation dans des guerres inutiles et nuisibles.

Le magistrat est citoyen en vertu de ses possessions; mais ses fonctions en font un citoyen plus éclairé, à qui l'expérience fait connaître les avantages et les désavantages de la législation, les abus de la jurisprudence, les moyens d'y remédier. C'est la loi qui décide du bonheur des états.

Le commerce est aujourd'hui pour les états une source de force et de richesse. Le négociant s'enrichit en même temps que l'état qui favorise ses entreprises; il partage sans cesse ses prospérités et ses revers; il ne peut donc sans injustice être réduit au silence; il est un citoyen utile et capable de donner ses avis dans les conseils d'une nation dont il augmente l'aisance et le pouvoir.

Enfin, le cultivateur, c'est-à-dire tout citoyen qui possède des terres, dont les travaux contribuent aux besoins de la société, qui fournit à sa subsistance, sur qui tombent les impôts, doit être représenté. Personne n'est plus que lui intéressé au bien public. La terre est la base physique et politique d'un état; c'est sur le possesseur de la terre que retombent directement ou indirectement tous les avantages et tous les maux des nations. C'est en proportion de ses possessions que la voix du citoyen doit avoir du poids dans les assemblées nationales.

Tels sont les différents ordres dans lesquels les nations modernes se trouvent partagées. Comme tous concourent à leur manière au maintien de la république, tous doivent être écoutés. La religion, la guerre, la justice, le commerce, l'agriculture sont faits dans un état bien constitué pour se donner des secours mutuels. Le pouvoir souverain est destiné à tenir la balance entre eux; il empêchera qu'aucun ordre ne soit opprimé par un autre, ce qui arriverait infailliblement si un ordre unique avait le droit exclusif de stipuler pour tous.

Il n'est point, dit Édouard Ier, roi d'Angleterre, *de règle plus équitable que les choses qui intéressent tous, soient approuvées par tous, et que les dangers communs soient repoussés par des efforts communs*. Si la constitution d'un état permettait à un ordre de citoyens de parler pour tous les autres, il s'introduirait bientôt une aristocratie sous laquelle les intérêts de la nation et du souverain seraient immolés à ceux de quelques hommes puissants qui deviendraient immanquablement les tyrans du monarque et du peuple. Tel fut, comme on a vu, l'état de presque toutes les nations européennes sous le gouvernement féodal, c'est-à-dire durant cette anarchie systématique des nobles qui lièrent les mains des rois pour exercer impunément la licence sous le nom de *liberté*. Tel est encore aujourd'hui le gouvernement de la

Pologne où, sous des rois trop faibles pour protéger les peuples, ceux-ci sont à la merci d'une noblesse fougueuse, qui ne met des entraves à la puissance souveraine que pour pouvoir impunément tyranniser la nation. Enfin tel sera toujours le sort d'un état dans lequel un ordre d'hommes devenu trop puissant voudra représenter tous les autres.

Le noble ou le guerrier, le prêtre ou le magistrat, le commerçant, le manufacturier et le cultivateur sont des hommes également nécessaires. Chacun d'eux sert à sa manière la grande famille dont il est membre ; tous sont enfants de l'état, le souverain doit entrer dans leurs besoins divers ; mais pour les connaître il faut qu'ils puissent se faire entendre, et pour se faire entendre sans tumulte, il faut que chaque classe ait le droit de choisir ses organes ou ses *représentants* ; pour que ceux-ci expriment le vœu de la nation, il faut que leurs intérêts soient indivisiblement unis aux siens par les liens des possessions. Comment un noble nourri dans les combats, connaîtrait-il les intérêts d'une religion dont souvent il n'est que faiblement instruit, d'un commerce qu'il méprise, d'une agriculture qu'il dédaigne, d'une jurisprudence dont il n'a point d'idées ? Comment un magistrat, occupé du soin pénible de rendre la justice au peuple, de sonder les profondeurs de la jurisprudence, de se garantir des embûches de la ruse, et de démêler les pièges de la chicane, pourrait-il décider des affaires relatives à la guerre, utiles au commerce, aux manufactures, à l'agriculture ? Comment un clergé, dont l'attention est absorbée par des études et par des soins qui ont le ciel pour objet, pourrait-il juger de ce qui est le plus convenable à la navigation, à la guerre, à la jurisprudence ?

Un état n'est heureux et son souverain n'est puissant que lorsque tous les ordres de l'état se prêtent réciproquement la main. Pour opérer un effet si salutaire, les chefs de la société politique sont intéressés à maintenir entre les différentes classes des citoyens un juste équilibre qui empêche chacune d'entre elles d'empiéter sur les autres. Toute autorité trop grande, mise entre les mains de quelques membres de la société, s'établit aux dépens de la sûreté et du bien-être de tous. Les passions des hommes les mettent sans cesse aux prises ; ce conflit ne sert qu'à leur donner de l'activité. Il ne nuit à l'état que lorsque la puissance souveraine oublie de tenir la balance pour empêcher qu'une force n'entraîne toutes les autres. La voix d'une noblesse remuante, ambitieuse, qui ne respire que la guerre, doit être contre-balancée par celle d'autres citoyens, aux vues desquels la paix est bien plus nécessaire. Si les guerriers décidaient seuls du sort des empires, ils seraient perpétuellement en feu, et la nation succomberait même sous le poids de ses propres succès. Les lois seraient forcées de se taire, les terres demeureraient incultes, les campagnes seraient dépeuplées. En un mot, on verrait renaître ces misères qui pendant tant de siècles ont accompagné la licence des nobles sous le gouvernement féodal. Un commerce prépondérant ferait peut-être trop négliger la guerre ; l'état, pour s'enrichir, ne s'occuperait point assez du soin de sa sûreté, ou peut-être l'avidité le plongerait-elle souvent dans des guerres qui frustreraient ses propres vues. Il n'est point dans un état d'objet indifférent et qui ne demande des hommes qui s'en occupent exclusivement. Nul ordre de citoyens n'est capable de stipuler pour tous ; s'il en avait le droit, bientôt il ne stipulerait que pour lui-même. Chaque classe doit être représentée par des hommes qui connaissent son état et ses besoins ; ces besoins ne sont bien connus que de ceux qui les sentent.

Les *représentants* supposent des constituants de qui leur pouvoir est émané, auxquels ils sont par conséquent subordonnés, et dont ils ne sont que les organes. Quels que soient les usages ou les abus que le temps a pu introduire dans les gouvernements libres et tempérés, un *représentant* ne peut s'arroger le droit de faire parler à ses constituants un langage opposé à leurs intérêts. Les droits des constituants sont les droits de la nation, ils sont imprescriptibles et inaliénables. Pour peu qu'on consulte la raison, elle prouvera que les constituants peuvent en tout temps démentir, désavouer et révoquer les *représentants* qui les trahissent, qui abusent de leurs pleins pouvoirs contre eux-mêmes, ou qui renoncent pour eux à des droits inhérents à leur essence. En un mot, les *représentants* d'un peuple libre ne peuvent point lui imposer un joug qui détruirait sa félicité; nul homme n'acquiert le droit d'en représenter un autre malgré lui.

L'expérience nous montre que dans les pays qui se flattent de jouir de la plus grande liberté,[1] ceux qui sont chargés de représenter les peuples ne trahissent que trop souvent leurs intérêts, et livrent leurs constituants à l'avidité de ceux qui veulent les dépouiller. Une nation a raison de se défier de semblables *représentants* et de limiter leurs pouvoirs. Un ambitieux, un homme avide de richesses, un prodigue, un débauché, ne sont point faits pour représenter leurs concitoyens. Ils les vendront pour des titres, des honneurs, des emplois et de l'argent; ils se croiront intéressés à leurs maux. Que sera-ce si ce commerce infâme semble s'autoriser par la conduite des constituants qui seront eux-mêmes vénaux? Que sera-ce si ces constituants choisissent leurs *représentants* dans le tumulte et dans l'ivresse, ou si, négligeant la vertu, les lumières, les talents, ils ne donnent qu'au plus offrant le droit de stipuler leurs intérêts? De pareils constituants invitent à les trahir; ils perdent le droit de s'en plaindre, et leurs *représentants* leur fermeront la bouche en leur disant: *Je vous ai achetés bien chèrement, et je vous vendrai le plus chèrement que je pourrai.*

Nul ordre de citoyens ne doit jouir pour toujours du droit de représenter la nation; il faut que de nouvelles élections rappellent aux *représentants* que c'est d'elle qu'ils tiennent leur pouvoir. Un corps dont les membres jouiraient sans interruption du droit de représenter l'état, en deviendrait bientôt le maître ou le tyran.

SCANDALEUX, adj. (*Gramm.*), qui cause du scandale; il se dit des choses et des personnes. Avancer, comme quelques écrivains de la Société de Jésus l'ont fait, qu'il n'est pas permis

[1] Especially England. Admiration for our Parliamentary institutions in eighteenth-century France was somewhat dimmed by the spectacle of political corruption.

à tout le monde de disposer de la vie des tyrans, c'est une proposition *scandaleuse*, parce qu'elle laisse entendre qu'il y a apparemment des personnes à qui le tyrannicide est permis. La doctrine du probabilisme est une doctrine *scandaleuse*. L'invitation que le P. Pichon[1] fait au pécheur d'approcher tous les jours des sacrements sans amour de Dieu, sans changer de conduite, est une invitation *scandaleuse*. L'éloge de l'ouvrage de Busenbaum[2] qu'on lit dans les *Mémoires de Trévoux*[3] est *scandaleux*. Des religieux traînés devant les tribunaux civils pour une affaire de banque et de commerce, et condamnés par des juges-consuls à payer des sommes illicitement dues et plus illicitement encore refusées, sont des hommes *scandaleux*.[4] Des prêtres qui font jouer des farces sur un théâtre et danser dans l'enceinte de leurs maisons les enfants confiés à leurs soins, confondus avec des histrions, donnent un spectacle *scandaleux*.[5] On trouverait toutes sortes d'exemples de scandales, sans s'éloigner de là; mais il y en a dont il serait difficile de parler sans scandaliser étrangement les femmes, les hommes et les petits enfants.

SEL, *impôt sur le* (*Économ. politiq.*), imposition en France, qu'on appelle autrement les *gabelles*, article qu'on peut consulter; mais, dit l'auteur moderne des *Considérations sur les finances*,[6] un bon citoyen ne saurait taire les tristes réflexions que cet impôt

[1] Jean Pichon (1683–1751) in his *L'Esprit de Jésus-Christ et de l'église sur la fréquente communion* (1745).

[2] Hermann Busenbaum (1600–68) who in his *Medula theologiae moralis* (1645) preached views on regicide which were condemned by the French Parlements after Damiens's attempt on Louis XV's life in 1757.

[3] The organ of the Jesuits.

[4] The expulsion of the Jesuits from France in 1764 sprang from the lawsuit which a Marseilles firm brought against Father La Valette for the repayment of a debt of 1,500,000 livres, incurred in unsuccessful commercial speculations in the West Indies.

[5] See COLLÈGE (p. 26) where D'Alembert severely criticizes the theatrical performances given in Jesuit schools.

[6] Véron de Forbonnais. In contrast to the purely factual GABELLES, this article is much more critical of the tax; it comes almost word for word from the *Recherches et considérations sur les finances de France* (1758).

jette dans son âme. M. de Sully, ministre zélé pour le bien de son maître, qui ne le sépara jamais de celui de ses sujets, M. de Sully, dis-je, ne pouvait pas approuver cet impôt; il regardait comme une dureté extrême de vendre cher à des pauvres une denrée si commune. Il est vraisemblable que si la France eût assez bien mérité du ciel pour posséder plus longtemps le ministre et le monarque, il eût apporté des remèdes au fléau de cette imposition.

La douleur s'empare de notre cœur à la lecture de l'ordonnance des gabelles. Une denrée que les faveurs de la providence entretiennent à vil prix pour une partie des citoyens, est vendue chèrement à tous les autres. Des hommes pauvres sont forcés d'acheter au poids de l'or une quantité marquée de cette denrée, et il leur est défendu, sous peine de la ruine totale de leur famille, d'en recevoir d'autre, même en pur don. Celui qui recueille cette denrée, n'a point la permission de la vendre hors de certaines limites, car les mêmes peines le menacent. Des supplices effrayants sont décernés contre des hommes, criminels à la vérité envers le corps politique, mais qui n'ont point violé cependant la loi naturelle. Les bestiaux languissent et meurent, parce que les secours dont ils ont besoin passent les facultés du cultivateur, déjà surchargé de la quantité de *sel* qu'il doit en consommer pour lui. Dans quelques endroits on empêche les animaux d'approcher des bords de la mer, où l'instinct de leur conservation les conduit.

L'humanité frémirait en voyant la liste de tous les supplices ordonnés à l'occasion de cet impôt depuis son établissement; l'autorité du législateur, sans cesse compromise avec l'avidité du gain que conduit souvent la nécessité même, lui serait moins sensible que la dureté de la perception. L'abandon de la culture, le découragement du contribuable, la diminution du commerce, celle du travail, les frais énormes de la régie lui feraient apercevoir que chaque million, en entrant dans ses coffres, en a presque coûté un autre à son peuple, soit en paiements effectifs, soit en non-valeurs. Ce n'est pas tout encore. Cet impôt avait, au moins dans son principe, l'avantage de porter sur le riche et sur le pauvre; une partie considérable de ces riches a su s'y soustraire; des secours légers et passagers lui ont valu des franchises dont il faut rejeter le vide sur les pauvres.

Enfin, si la taille arbitraire n'existait pas, *l'impôt du sel* serait peut-être le plus funeste qu'il fût possible d'imaginer. Aussi tous les auteurs économiques et les ministres les plus intelligents dans les finances ont regardé le remplacement de ces deux impositions comme l'opération la plus utile au soulagement des peuples et à l'accroissement des revenus publics. Divers expédients ont été proposés, et aucun jusqu'à présent n'a paru assez sûr. (D.J.)

SPINOSISTE, s.m. (*Gram.*),[1] sectateur de la philosophie de Spinosa. Il ne faut pas confondre les *Spinosistes* anciens avec les *Spinosistes* modernes. Le principe général de ceux-ci, c'est que la matière est sensible, ce qu'ils démontrent par le développement de l'œuf, corps inerte, qui par le seul instrument de la chaleur graduée passe à l'état d'être sentant et vivant, et par l'accroissement de tout animal qui dans son principe n'est qu'un point et qui par l'assimilation nutritive des plantes, en un mot, de toutes les substances qui servent à la nutrition, devient un grand corps sentant et vivant dans un grand espace. De là ils concluent qu'il n'y a que de la matière et qu'elle suffit pour tout expliquer.[2] Du reste ils suivent l'ancien spinosisme dans toutes ses conséquences.

SUPERSTITION (*Métaphys. & Philos.*), tout excès de la religion en général; suivant l'ancien mot du paganisme: il faut être pieux et se bien garder de tomber dans la *superstition.*

Religentem esse oportet, religiosum nefas.[3]

Aul. Gell. *l.* IV. *c.* ix.

---

[1] This follows the very long article, SPINOSA, PHILOSOPHIE DE.

[2] See the more detailed and outspoken exposition of Diderot's materialism in the passage from the *Entretien entre d'Alembert et Diderot*, beginning: 'Voyez-vous cet œuf? c'est avec cela que l'on renverse toutes les écoles de théologie et tous les temples de la terre.' (*Selected Philosophical Writings*, pp. 92–4.)

[3] 'It behoves one to be religious; superstition is great wickedness.'

En effet, la *superstition* est un culte de religion faux, mal dirigé, plein de vaines terreurs, contraire à la raison et aux saines idées qu'on doit avoir de l'Être suprême. Ou si vous l'aimez mieux, la *superstition* est cette espèce d'enchantement ou de pouvoir magique que la crainte exerce sur notre âme. Fille malheureuse de l'imagination, elle emploie pour la frapper les spectres, les songes et les visions; c'est elle, dit Bacon, qui a forgé ces idoles du vulgaire, les génies invisibles, les jours de bonheur ou de malheur, les traits invincibles de l'amour et de la haine. Elle accable l'esprit, principalement dans la maladie ou dans l'adversité; elle change la bonne discipline et les coutumes vénérables en mômeries et en cérémonies superficielles. Dès qu'elle a jeté de profondes racines dans quelque religion que ce soit, bonne ou mauvaise, elle est capable d'éteindre les lumières naturelles et de troubler les têtes les plus saines. Enfin, c'est le plus terrible fléau de l'humanité. L'athéisme même (c'est tout dire) ne détruit point cependant les sentiments naturels, ne porte aucune atteinte aux lois, ni aux mœurs du peuple; mais la superstition est un tyran despotique qui fait tout céder à ses chimères. Ses préjugés sont supérieurs à tous les autres préjugés. Un athée est intéressé à la tranquillité publique par l'amour de son propre repos; mais la *superstition* fanatique, née du trouble de l'imagination, renverse les empires. Voyez comme l'auteur de la *Henriade* peint les tristes effets de cette démence:

> *Lorsqu'un mortel atrabilaire,*
> *Nourri de* superstition,
> *A par cette affreuse chimère*
> *Corrompu sa religion,*
> *Son âme alors est endurcie,*
> *Sa raison s'enfuit obscurcie,*
> *Rien n'a plus sur lui de pouvoir,*
> *Sa justice est folle et cruelle,*
> *Il est dénaturé par zèle,*
> *Et sacrilège par devoir.*

L'ignorance et la barbarie introduisent la *superstition*, l'hypocrisie l'entretient de vaines cérémonies, le faux zèle la répand, et l'intérêt la perpétue.

La main du monarque ne saurait trop enchaîner le monstre de *superstition*, et c'est de ce monstre, bien plus que de l'irréligion (toujours inexcusable) que le trône doit craindre pour son autorité, et la patrie pour son bonheur.

La *superstition* mise en action constitue proprement le fanatisme, *voyez* FANATISME; c'est un des beaux et des bons articles de l'Encyclopédie. (D.J.)

TAILLE A VOLONTÉ *ou* **A DISCRÉTION, A MERCI** *ou* **A MISÉRICORDE**, *ad beneplacitum*, c'est une *taille* serve que le seigneur lève annuellement sur ses hommes. On l'appelle *taille à volonté*, non pas que le seigneur soit le maître de la lever autant de fois que bon lui semble, mais parce que dans l'origine le seigneur faisait son rôle aussi fort et aussi léger qu'il le voulait. Présentement il se fait *arbitrio boni viri*[1] et selon la possibilité. *Voyez* La Peyrère,[2] *Lettre* T. *n*. 8.

L'historique de cette imposition est court, mais les réflexions sur la nature de la chose sont importantes.

Les États généraux de France, dit M. de Voltaire, ou plutôt la partie de la France qui combattait pour son roi, Charles VII, contre l'usurpateur, Henri V, accorda généreusement à son maître une *taille* générale en 1426, dans le fort de la guerre, dans la disette, dans le temps même où l'on craignait de laisser les terres sans culture. Les rois auparavant vivaient de leurs domaines, mais il ne restait presque plus de domaines à Charles VII, et sans les braves guerriers qui se sacrifièrent pour lui et pour la patrie, sans le connétable de Richemont[3] qui le maîtrisait, mais qui le servait à ses dépens, il était perdu.

Bientôt après, les cultivateurs qui avaient payé auparavant des

[1] 'In the judgment of a good man.'
[2] Abraham La Peyrère (d. 1704), author of a legal work entitled *Décisions sommaires du Palais*.
[3] Artus de Bretagne, Comte de Richemont (1393–1458).

tailles à leurs seigneurs dont ils avaient été serfs, payèrent ce tribut au roi seul dont ils furent sujets. Ce n'est pas que, suivant plusieurs auteurs, les peuples n'eussent payé une *taille* dès le temps de Saint Louis, mais ils le firent pour se délivrer des gens de guerre, et ils ne la payèrent que pendant un temps; au lieu que depuis Charles VII la *taille* devint perpétuelle, elle fut substituée au profit apparent que le roi faisait dans le changement des monnaies.

Louis XI augmenta les *tailles* de trois millions et leva pendant vingt ans quatre millions sept cent mille livres par an, ce qui pouvait faire environ vingt-trois millions d'aujourd'hui, au lieu que Charles VII n'avait jamais levé par an que dix-huit cent mille livres.

Les guerres sous Louis XII et François Ier augmentèrent les *tailles*, mais plusieurs habitants de la campagne, ne pouvant les payer, vinrent se réfugier à Paris, ce qui fut la cause de son accroissement et du dommage des terres.

Ce fut bien pis sous Henri III en 1581, car les *tailles* avaient augmenté depuis le dernier règne d'environ vingt millions.

En 1683 les *tailles* montaient à trente-cinq millions de livres, ou douze cent quatre-vingt-seize mille deux cent quatre-vingt-seize marcs d'argent, ce qui fait sept pour cent de la masse de l'argent qui existait alors. Aujourd'hui, c'est-à-dire avant les guerres de 1754, les recettes générales de la *taille* et de la capitation étaient estimées à soixante et douze millions de livres, ou quatorze cent quarante mille marcs d'argent, ce qui fait environ six pour cent de la masse de l'argent. Il paraît d'abord que la charge des campagnes de France est moins pesante qu'alors, proportionnellement à nos richesses; mais il faut observer que la consommation est beaucoup moindre, qu'il y a beaucoup moins de bestiaux dans les campagnes, et que le froment vaut moins de moitié, au lieu qu'il aurait dû augmenter de moitié. Mais passons à quelques réflexions sur l'impôt en lui-même; je les tirerai de nos écrivains sur cette matière.[1]

---

[1] Most of this article is taken from the *Recherches et considérations sur les finances de France* (1758) of Véron de Forbonnais.

M. de Sully regardait l'impôt de la *taille* comme violent et vicieux de sa nature, principalement dans les endroits où la *taille* n'est pas réelle.[1] Une expérience constante lui avait prouvé qu'il nuit à la perception de tous les autres subsides, et que les campagnes avaient toujours dépéri à mesure que les *tailles* s'étaient accrues. En effet, dès qu'il y entre de l'arbitraire, le laboureur est privé de l'espérance d'une propriété, il se décourage; loin d'augmenter sa culture, il la néglige pour peu que le fardeau s'appesantisse. Les choses sont réduites à ce point parmi les taillables de l'ordre du peuple que celui qui s'enrichit, n'ose consommer, et dès lors il prive les terres du produit naturel qu'il voudrait leur fournir jusqu'à ce qu'il soit devenu assez riche pour ne rien payer du tout. Cet étrange paradoxe est parmi nous une vérité que les privilèges ont rendue commune.

L'abus des privilèges est ancien. Sans cesse attaqué, quelquefois anéanti, toujours ressuscité peu de temps après, il aura une durée égale à celle des besoins attachés au maintien d'un grand état, au désir naturel de se soustraire aux contributions, et plus encore aux gênes et à l'avilissement. Les privilèges sont donc onéreux à l'état, mais l'expérience de tant de siècles devrait prouver qu'ils sont enfantés par le vice de l'impôt, et qu'ils sont faits pour marcher ensemble.

Un premier président de la Cour des aides, M. Chevalier, a autrefois proposé de rendre la *taille* réelle sur les biens. Par cette réforme le laboureur eût été véritablement soulagé; ce nombre énorme d'élus et officiers qui vivent à ses dépens devenait inutile; les frais des exécutions étaient épargnés; enfin le roi était plus ponctuellement payé. Malgré tant d'avantages l'avis n'eut que trois voix. Ce fait est facile à expliquer. L'assemblée[2] était composée d'ecclésiastiques, de gentilshommes, de gens de robe, tous riches propriétaires de terres et qui, n'en connaissant pas le véritable intérêt, craignirent de se trouver garants de l'imposition du laboureur, comme si cette imposition leur était

---

[1] The *taille réelle* was a tax on land, whereas the *taille personnelle* was levied on estimated income.   [2] The *Assemblée des notables* of 1626.

étrangère. N'est-ce pas en déduction du prix de la ferme et de la solidité des fermiers que se paient les contributions arbitraires? La consommation des cultivateurs à leur aise ne retournerait-elle pas immédiatement au propriétaire des terres? Ce que la rigueur de l'impôt et la misère du cultivateur font perdre à la culture, n'est-il pas une perte réelle et irréparable sur leur propriété?

Les simples lumières de la raison naturelle développent d'ailleurs les avantages de cette *taille* réelle, et il suffit d'avoir des entrailles pour désirer que son établissement fût général, ou du moins qu'on mît en pratique quelque expédient d'une exécution plus simple et plus courte, pour le soulagement des peuples.

Il y aurait beaucoup de réflexions à faire sur l'imposition de la *taille*. Est-il rien de plus effrayant, par exemple, que ce droit de suite pendant dix ans sur les taillables qui transportent leur domicile dans une ville franche, où ils paient la capitation, les entrées, les octrois et autres droits presque équivalents à la *taille*? Un malheureux journalier qui ne possède aucun fonds dans une paroisse, qui manque de travail, ne peut aller dans une autre où il trouve de quoi subsister, sans payer la *taille* en deux endroits pendant deux ans, et pendant trois s'il passe dans une troisième élection.[1] J'entends déjà des gens de loi me dire que c'est une suite de la loi qui attachait les serfs à la terre. Je pourrais répondre que tous les taillables ne sont pas, à beaucoup près, issus de serfs; mais, sans sonder l'obscurité barbare de ces temps-là, il s'agit de savoir si l'usage est bon ou mauvais, et non pas de connaître son origine. Les rois trouvèrent avantageux pour eux et pour leur état d'abolir les servitudes, et comme l'expérience a justifié leur sage politique, il ne faut plus raisonner d'après les principes de servitude. (D.J.)

THÉOCRATIE, s.f. (*Hist. anc. & politiq.*).[2] C'est ainsi que l'on nomme un gouvernement dans lequel une nation est soumise

[1] Administrative district (for taxation purposes).
[2] Unsigned and generally attributed to Diderot, this article is probably by Baron d'Holbach (see Introduction, p. xiv).

immédiatement à Dieu, qui exerce sa souveraineté sur elle et lui fait connaître ses volontés par l'organe des prophètes et des ministres à qui il lui plaît de se manifester.

La nation des Hébreux nous fournit le seul exemple d'une vraie *théocratie*. Ce peuple, dont Dieu avait fait son héritage, gémissait depuis longtemps sous la tyrannie des Égyptiens, lorsque l'Éternel, se souvenant de ses promesses, résolut de briser ses liens et de le mettre en possession de la terre qu'il lui avait destinée. Il suscita pour sa délivrance un prophète à qui il communiqua ses volontés; ce fut Moïse. Dieu le choisit pour être le libérateur de son peuple, et pour lui prescrire des lois dont lui-même était l'auteur. Moïse ne fut que l'organe et l'interprète des volontés du ciel, il était le ministre de Dieu qui s'était réservé la souveraineté sur les Israélites. Ce prophète leur prescrivit en son nom le culte qu'ils devaient suivre et les lois qu'ils devaient observer.

Après Moïse, le peuple hébreu fut gouverné par des juges que Dieu lui permit de choisir. La *théocratie* ne cessa point pour cela; les juges étaient les arbitres des différends et les généraux des armées, assistés par un sénat de soixante et dix vieillards. Il ne leur était point permis ni de faire de nouvelles lois, ni de changer celles que Dieu avait prescrites; dans les circonstances extraordinaires on était obligé de consulter le grand prêtre et les prophètes pour savoir les volontés du ciel. Ainsi on réglait sa conduite d'après les inspirations immédiates de la divinité. Cette *théocratie* dura jusqu'au temps de Samuel; alors les Israélites, par une ingratitude inouïe, se lassèrent d'être gouvernés par les ordres de Dieu même; ils voulurent, à l'exemple des nations idolâtres, avoir un roi qui les commandât et qui fît respecter leurs armes. Le prophète Samuel, consulté sur ce changement, s'adresse au Seigneur qui lui répond, *J'ai entendu le peuple*; ce n'est pas toi qu'il rejette, *c'est moi-même*. Alors l'Éternel dans sa colère consent à lui donner un roi, mais ce n'est point sans ordonner à son prophète d'annoncer à ces ingrats les inconvénients de cette royauté qu'ils préféraient à la *théocratie*.

'Voici, leur dit Samuel, quel sera le droit du roi qui régnera sur vous: il prendra vos fils et se fera porter sur leurs épaules; il traversera les villes en triomphe; parmi vos enfants, les uns marcheront à pied devant lui, et les autres le suivront comme de vils esclaves. Il les fera entrer par force dans ses armées; il les fera servir à labourer ses terres et à couper ses moissons; il choisira parmi eux les artisans de son luxe et de sa pompe. Il destinera vos filles à des services vils et bas; il donnera vos meilleurs héritages à ses favoris et à ses serviteurs; pour enrichir ses courtisans, il prendra la dîme de vos revenus. Enfin vous serez ses esclaves, et il vous sera inutile d'implorer sa clémence, parce que Dieu ne vous écoutera pas, d'autant que vous êtes les ouvriers de votre malheur.' *Voyez Samuel, ch.* viii, *vers* 9. C'est ainsi que le prophète exposa aux Israélites les droits que s'arrogerait leur roi; telles sont les menaces que Dieu fait à son peuple, lorsqu'il voulut se soustraire à son pouvoir pour se soumettre à celui d'un homme. Cependant la flatterie s'est servie des menaces mêmes du prophète pour en faire des titres aux despotes. Des hommes pervers et corrompus ont prétendu que par ces mots l'Être suprême approuvait la tyrannie et donnait sa sanction à l'abus du pouvoir. Quoique Dieu eût fait connaître ainsi aux Hébreux les dangers du pouvoir qu'ils allaient conférer à l'un d'entre eux, ils persistèrent dans leur demande. 'Nous serons, dirent-ils, comme les autres nations; nous voulons un roi qui nous juge, et qui marche à notre tête contre nos ennemis.' Samuel rend compte à Dieu de l'obstination de son peuple; l'Éternel irrité ne lui répond que par ces mots, *Donne leur un roi*; le prophète obéit en leur donnant Saül. Ainsi finit la *théocratie*.

Quoique les Israélites soient le seul peuple qui nous fournisse l'exemple d'une vraie *théocratie*, on a vu cependant des imposteurs qui, sans avoir la mission de Moïse, ont établi sur des peuples ignorants et séduits un empire qu'ils leur persuadaient être celui de la divinité. Ainsi chez les Arabes Mahomet s'est rendu le prophète, le législateur, le pontife et le souverain d'une nation grossière et subjuguée. L'Alcoran renferme à la fois les dogmes, la morale et les lois civiles des Musulmans. On sait que Mahomet prétendait avoir reçu ces lois de la bouche de Dieu même; cette prétendue *théocratie* dura pendant plusieurs siècles sous les califes, qui furent les souverains et les pontifes des Arabes. Chez les Japonais la puissance du dairi ou de l'empereur ecclésiastique ressemblait à une *théocratie*, avant que le cubo ou empereur séculier eût mis des bornes à son autorité. On trouve des vestiges d'un empire pareil chez les anciens Gaulois; les druides exerçaient les fonctions de prêtres et de juges des peuples. Chez les Éthiopiens et les Égyptiens les prêtres ordonnaient aux rois de se donner la mort lorsqu'ils avaient déplu à la divinité. En un mot, il n'est guère de pays où le sacerdoce n'ait fait des efforts pour établir son autorité sur les âmes et sur les corps des hommes.

Quoique Jésus-Christ ait déclaré que son royaume n'est pas de ce monde, dans des siècles d'ignorance on a vu des pontifes chrétiens s'efforcer d'établir leur puissance sur les ruines de celle des rois; ils prétendaient disposer des couronnes avec une autorité qui n'appartient qu'au souverain de l'univers.

Telles ont été les prétentions et les maximes des Grégoire VII,[1] des Boniface VIII[2] et de tant d'autres pontifes romains qui, profitant de l'imbécillité superstitieuse des peuples, les ont armés contre leurs souverains naturels et ont couvert l'Europe de carnage et d'horreurs. C'est sur les cadavres sanglants de plusieurs millions de chrétiens que les représentants du Dieu de paix ont élevé l'édifice d'une puissance chimérique, dont les hommes ont été longtemps les tristes jouets et les malheureuses victimes. En général, l'histoire et l'expérience nous prouvent que le sacerdoce s'est toujours efforcé d'introduire sur la terre une espèce de *théocratie*; les prêtres n'ont voulu se soumettre qu'à Dieu, ce souverain invisible de la nature, ou à l'un d'entre eux qu'ils avaient choisi pour représenter la divinité. Ils ont voulu former dans les états un état séparé, indépendant de la puissance

---

[1] Pope from 1073 to 1085; he inflicted the humiliation of Canossa on the Emperor Henry IV.
[2] Pope from 1294 to 1303; he was involved in a conflict with Philippe le Bel.

civile; ils ont prétendu ne tenir que de la divinité les biens dont les hommes les avaient visiblement mis en possession. C'est à la sagesse des souverains à réprimer ces prétentions ambitieuses et idéales, et à contenir tous les membres de la société dans les justes bornes que prescrivent la raison et la tranquillité des états.

Un auteur moderne[1] a regardé la *théocratie* comme le premier des gouvernements que toutes les nations aient adoptés; il prétend qu'à l'exemple de l'univers qui est gouverné par un seul Dieu, les hommes réunis en société ne voulurent d'autre monarque que l'Être suprême. Comme l'homme n'avait que des idées imparfaites et humaines de ce monarque céleste, on lui éleva un palais, un temple, un sanctuaire et un trône, on lui donna des officiers et des ministres. On ne tarda point à représenter le roi invisible de la société par des emblèmes et des symboles qui indiquaient quelques-uns de ses attributs. Peu à peu l'on oublia ce que le symbole désignait, et l'on rendit à ce symbole ce qui n'était dû qu'à la divinité qu'il représentait; ce fut là l'origine de l'idolâtrie à laquelle les prêtres, faute d'instruire les peuples, ou par intérêt, donnèrent eux-mêmes lieu. Ces prêtres n'eurent point de peine à gouverner les hommes au nom des idoles muettes et inanimées dont ils étaient les ministres; une affreuse superstition couvrit la face de la terre sous ce gouvernement sacerdotal. Il multiplia à l'infini les sacrifices, les offrandes, en un mot toutes les pratiques utiles aux ministres visibles de la divinité cachée. Les prêtres enorgueillis de leur pouvoir en abusèrent étrangement; ce fut leur incontinence qui, suivant l'auteur, donna naissance à cette race d'hommes qui prétendaient descendre des dieux et qui sont connus dans la mythologie sous le nom de *demi-dieux*. Les hommes, fatigués du joug insupportable des ministres de la *théocratie*, voulurent avoir au milieu d'eux des symboles vivants de la divinité. Ils choisirent donc des rois, qui furent pour eux

---

[1] Nicolas Antoine Boulanger (1722–59), an engineer who contributed articles on a variety of subjects to the *Encyclopédie*. His posthumous *Recherches sur l'origine du despotisme oriental*, which is summarized in this paragraph, was published by D'Holbach in 1761.

les représentants du monarque invisible. Bientôt on leur rendit les mêmes honneurs qu'on avait rendus avant eux aux symboles de la *théocratie*; ils furent traités en dieux, et ils traitèrent en esclaves les hommes qui, croyant être toujours soumis à l'Être suprême, oublièrent de restreindre par des lois salutaires le pouvoir dont pouvaient abuser ses faibles images. C'est là, suivant l'auteur, la vraie source du despotisme, c'est-à-dire de ce gouvernement arbitraire et tyrannique sous lequel gémissent encore aujourd'hui les peuples de l'Asie, sans oser réclamer les droits de la nature et de la raison, qui veulent que l'homme soit gouverné pour son bonheur. *Voyez* PRÊTRES.

TRAITE DES NÈGRES (*Commerce d'Afrique*). C'est l'achat des nègres que font les Européens sur les côtes d'Afrique pour employer ces malheureux dans leurs colonies en qualité d'esclaves. Cet achat de nègres, pour les réduire en esclavage, est un négoce qui viole la religion, la morale, les lois naturelles et tous les droits de la nature humaine.

Les nègres, dit un Anglais moderne plein de lumières et d'humanité, ne sont point devenus esclaves par le droit de la guerre; ils ne se dévouent pas non plus volontairement eux-mêmes à la servitude, et par conséquent leurs enfants ne naissent point esclaves. Personne n'ignore qu'on les achète de leurs princes, qui prétendent avoir droit de disposer de leur liberté, et que les négociants les font transporter de la même manière que leurs autres marchandises, soit dans leurs colonies, soit en Amérique où ils les exposent en vente.

Si un commerce de ce genre peut être justifié par un principe de morale, il n'y a point de crime, quelque atroce qu'il soit, qu'on ne puisse légitimer. Les rois, les princes, les magistrats ne sont point les propriétaires de leurs sujets; ils ne sont donc pas en droit de disposer de leur liberté et de les vendre pour esclaves.

D'un autre côté, aucun homme n'a droit de les acheter ou de s'en rendre le maître. Les hommes et leur liberté ne sont point un objet de commerce; ils ne peuvent être ni vendus, ni achetés, ni payés à aucun prix. Il faut conclure de là qu'un homme dont l'esclave prend la fuite, ne doit s'en prendre qu'à lui-même, puisqu'il avait acquis à prix d'argent une marchandise illicite, et dont l'acquisition lui était interdite par toutes les lois de l'humanité et de l'équité.

Il n'y a donc pas un seul de ces infortunés que l'on ne prétend être que des esclaves, qui n'ait droit d'être déclaré libre, puisqu'il n'a jamais perdu la liberté, qu'il ne pouvait pas la perdre, et que son prince, son père, et qui que ce soit dans le monde n'avait le pouvoir d'en disposer. Par conséquent la vente qui en a été faite, est nulle en elle-même. Ce nègre ne se dépouille, et ne peut pas même se dépouiller jamais de son droit naturel; il le porte partout avec lui, et il peut exiger partout qu'on l'en laisse jouir. C'est donc une inhumanité manifeste de la part des juges de pays libres où il est transporté, de ne pas l'affranchir à l'instant en le déclarant libre, puisque c'est leur semblable, ayant une âme comme eux.

Il y a des auteurs qui, s'érigeant en jurisconsultes politiques, viennent nous dire hardiment que les questions relatives à l'état des personnes doivent se décider par les lois des pays auxquels elles appartiennent, et qu'ainsi un homme qui est déclaré esclave en Amérique et qui est transporté de là en Europe, doit y être regardé comme un esclave; mais c'est là décider des droits de l'humanité par les lois civiles d'une gouttière, comme dit Cicéron. Est-ce que les magistrats d'une nation, par ménagement pour une autre nation, ne doivent avoir aucun égard pour leur propre espèce? Est-ce que leur déférence à une loi qui ne les oblige en rien, doit leur faire fouler aux pieds la loi de la nature qui oblige tous les hommes dans tous les temps et dans tous les lieux? Y a-t-il aucune loi qui soit aussi obligatoire que les lois éternelles de l'équité? Peut-on mettre en problème si un juge est plus obligé de les observer que de respecter les usages arbitraires et inhumains des colonies?

On dira peut-être qu'elles seraient bientôt ruinées, ces colonies, si l'on y abolissait l'esclavage des nègres. Mais quand cela serait, faut-il conclure de là que le genre humain doit être horriblement lésé pour nous enrichir ou fournir à notre luxe? Il est vrai que les bourses des voleurs de grand chemin seraient vides, si le vol était absolument supprimé; mais les hommes ont-ils le droit de s'enrichir par des voies cruelles et criminelles? Quel droit a un brigand de dévaliser les passants? A qui est-il permis de devenir opulent, en rendant malheureux ses semblables? Peut-il être légitime de dépouiller l'espèce humaine de ses droits les plus sacrés, uniquement pour satisfaire son avarice, sa vanité ou ses passions particulières? Non.... Que les colonies européennes soient donc plutôt détruites que de faire tant de malheureux!

Mais je crois qu'il est faux que la suppression de l'esclavage entraînerait leur ruine. Le commerce en souffrirait pendant quelque temps, je le veux; c'est là l'effet de tous les nouveaux arrangements, parce qu'en ce cas on ne pourrait trouver sur le champ les moyens de suivre un autre système; mais il résulterait de cette suppression beaucoup d'autres avantages.

C'est cette *traite de nègres*, c'est l'usage de la servitude qui a empêché l'Amérique de se peupler aussi promptement qu'elle l'aurait fait sans cela. Que l'on mette les nègres en liberté, et dans peu de générations ce pays vaste et fertile comptera des habitants sans nombre. Les arts, les talents y fleuriront, et au lieu qu'il n'est presque peuplé que de sauvages et de bêtes féroces, il ne le sera bientôt que par des hommes industrieux. C'est la liberté, c'est l'industrie qui sont les sources réelles de l'abondance. Tant qu'un peuple conservera cette industrie et cette liberté, il ne doit rien redouter. L'industrie, ainsi que le besoin, est ingénieuse et inventive; elle trouve mille moyens différents de se procurer des richesses; et si l'un des canaux de l'opulence se bouche, cent autres s'ouvrent à l'instant.

Les âmes sensibles et généreuses applaudiront sans doute à ces raisons en faveur de l'humanité; mais l'avarice et la cupidité qui dominent la terre, ne voudront jamais les entendre. (D.J.)

VICE, s.m. (*Droit naturel, Morale, etc.*).[1] L'usage a mis de
la différence entre un *défaut* et un *vice*; tout *vice* est *défaut*, mais
tout *défaut* n'est pas *vice*. On suppose à l'homme qui a un *vice*,
une liberté qui le rend coupable à nos yeux; le défaut tombe
communément sur le compte de la nature; on excuse l'homme,
on accuse la nature. Lorsque la philosophie discute ces distinctions avec une exactitude bien scrupuleuse, elle les trouve souvent
vides de sens. Un homme est-il plus maître d'être pusillanime,
voluptueux, colère en un mot, que louche, bossu ou boiteux?
Plus on accorde à l'organisation, à l'éducation, aux mœurs
nationales, au climat, aux circonstances qui ont disposé de notre
vie, depuis l'instant où nous sommes tombés du sein de la nature
jusqu'à celui où nous existons, moins on est vain des bonnes
qualités qu'on possède et qu'on se doit si peu à soi-même, plus
on est indulgent pour les défauts et les *vices* des autres, plus on
est circonspect dans l'emploi des mots vicieux et vertueux, qu'on
ne prononce jamais sans amour ou sans haine, plus on a de
penchant à leur substituer ceux de malheureusement et d'heureusement nés, qu'un sentiment de commisération accompagne
toujours. Vous avez pitié d'un aveugle; et qu'est-ce qu'un méchant
sinon un homme qui a la vue courte et qui ne voit pas au delà
du moment où il agit?

VOLUPTUEUX, adj. (*Gram.*): qui aime les plaisirs sensuels;
en ce sens tout homme est plus ou moins *voluptueux*. Ceux qui
enseignent[2] je ne sais quelle doctrine austère qui nous affligerait
sur la sensibilité d'organes que nous avons reçue de la nature qui
voulait que la conservation de l'espèce et la nôtre fussent encore
un objet de plaisirs, et sur cette foule d'objets qui nous entourent
et qui sont destinés à émouvoir cette sensibilité en cent manières

[1] This unsigned addition to de Jaucourt's article, VICE, is presumably by
Diderot. It certainly hints very clearly at the deterministic attitude to ethics which
is to be found in various of his writings of this period which were not intended
for immediate publication (see p. 154, n. 2).
[2] Le Breton replaced 'nous prêchent' by 'enseignent' (Gordon and Torrey,
p. 107).

agréables, sont des atrabilaires à enfermer aux petites maisons. Ils remercieraient volontiers l'Être tout-puissant d'avoir fait des ronces, des épines, des venins, des tigres, des serpents, en un mot tout ce qu'il y a de nuisible et de malfaisant; et ils sont tout prêts à lui reprocher l'ombre, les eaux fraîches, les fruits exquis, les vins délicieux, en un mot les marques de bonté et de bienfaisance qu'il a semées entre les choses que nous appelons *mauvaises* et *nuisibles*. A leur gré la peine, la douleur ne se rencontrent pas assez souvent sur notre route. Ils voudraient que la souffrance précédât, accompagnât et suivît toujours le besoin; ils croient honorer Dieu par la privation des choses qu'il a créées. Ils ne s'aperçoivent pas que s'ils font bien de s'en priver, il a mal fait de les créer, qu'ils sont plus sages que lui, et qu'ils ont reconnu et évité le piège qu'il leur a tendu.[1]

[1] Before being censored by Le Breton, the last words read: 'leur a aussi bêtement que méchamment tendu' (ibid.).

INDEX OF ARTICLES